손안의 진리 8

『렌의 애가』

모윤숙 지음 · 송영순 엮음

서정시학

지은이 모윤숙(1909.3.5~1990.6.7): 함경남도 원산 출생 영생보통학교, 개성 호수돈 여학교, 이화여전 예과 졸업(1931), 경성제국대학 선과 수료(1935)하고 명신여학교(간도), 배화학교 교사를 역임, 경성중앙방송에 근무. 일제강점기에는 창씨개명 거부와 「이 생명을」, 「조선의 딸」로 옥고를 치르고, 「피로색인 당신의 얼굴을」(『동광』, 1931)로 등단. 『문예』지를 창간(1949), 국제 펜클럽 회장을 역임. 김기영 감독이 『렌의 애가』를 영화로 만들었으며, 홍성택이 오페라 『논개』를 국립극장에서 공연한 바 있음. 시집으로는 『빛나는 지역』(1933)과 『렌의 애가』(1937)로 문단의 주목을 받음. 시집 『옥비녀』(1947), 『풍랑』(1951), 『정경』(1959), 『풍토』(1970), 서사시집 『논개』(1974), 『황룡사구층탑』(1978), 소설 『그 아내의 수기』(1959), 수필집으로 『내가 본 세상』(1949), 『포도원』(1949), 『젊은 영이에게』(1963), 『구름의 연가』(1963), 『얼룩진 미소』(1967), 『밀물썰물』(1967), 『회상의 창가에서』(1968), 『호반의 목소리』 등이 있음.

엮은이 송영순: 현재 상지대학교 연구교수, 성신여대 출강. 저서로 『모윤숙 시 연구』, 『모윤숙의 서사지향성 연구』, 『현대시와 노장사상』, 엮은 책으로 『모윤숙 시전집』(공저), 『이동주 시전집』이 있음.

손안의 진리 8
『렌의 애가』

2011년 12월 26일 초판 1쇄 발행
지 은 이·모윤숙
엮 은 이·송영순
펴 낸 이·김구슬
펴 낸 곳·서정시학
편집·교정·최진자
인   쇄·서정문화
주   소·서울시 성북구 동선동 1이 48 백옥빌딩 6층
전   화·02-928-7016
팩   스·02-922-7017
이 메 일·poemq@dreamwiz.com
출판등록·209-07-99337
ISBN 978-89-94824-43-7 03810
값 9,900원
잘못된 책은 바구어 드립니다.

『렌의 애가哀歌』

책머리에

동서고금을 막론하고 '사랑'은 문학의 영원한 주제이다. 한국 문학사에서 '사랑'을 주제로 한 문학 작품은 적지 않았다. 이 중에도 『렌의 애가』는 한국인의 심금을 가장 뜨겁게 울려낸 서정 문학의 최고봉이었다. 『렌의 애가』의 그 열기는 한국전쟁의 포화 속에서도 한 송이 꽃처럼 의연히 피어 수많은 젊음을 위무했다고 전해진다.

이 작품은 1950-60년대는 베스트셀러 목록에 올랐으며, 1959년에는 한국 최초로 유네스코문학부 심사를 통과하여 영국 장마레 출판사에서 번역하여 81개국 도서관에 비치하기로 결정하였으나 소련의 반대로 무산되기도 했다. 이후 1980년에 미국 리치우드사에서 영역본을 출간했다. 또한 1968년에는 김기영 감독이 각색해서 영화로 만들기도 했다.

『렌의 애가』는 1937년에 시작하여 여러 차례 증보한 후 1980년에 결정판을 낸 작품이다. 1937년 일월서방에서 단행본으로 출간한 후 닷새 만에 재판을 찍었고, 독자들의 계속된 요구로 내용은 증보되어 청구문화사, 문성당, 삼중당, 일문서관, 한마당 문고, 양문서관, 마당문고, 지소림, 중앙출판공사 등 여러 출판사에서 다투어 출판하였으며, 1990년 중앙출판공사판이 90쇄의 기록을 남긴 이후 절판되었다.

　　본 작품의 판본은 시인이 생전에 간행한 전집인 성한출판사판(1986)과 결정본인 하서출판사판(1980)을 기본으로 삼고 증보 과정에서 수정된 어휘는 초판본을 따랐다. 출판 당시의 시대적 상황으로 삭제되거나 수정된 어휘는 창작 당시의 언어적 감각을 살리기 위해 수정 이전의 어휘를 선택한 것이다.

　　『렌의 애가』는 한 대상에게 바친 숭고한 사랑의 고백이며, 불멸의 사랑을 승화시킨 서정문학의 결정판이라 할 수 있다. 사랑의 풍속도는 시대에 따라 변하게 마련이다. 그럼에도 『렌의 애가』는 순수한 사랑을 향한 인간의 근원적인 열망 앞에 언제든 새롭게 높이는 불멸의 사랑서임을 의심치 않는다.

2011년 12월 8일
송영순 씀

서문

나는 인간이기에, 아니 그보다도 여성이기에, 미와 꿈에 대한 희구가 더했다. 더욱이 한국에 태어난 여자였기에, 나는 고민 속에 몸부림치는 꿈과 이상을 붙들고 항의치 않을 수 없는 운명에 있었다.

보이지 않는 꿈과 이상 속에 수수께끼처럼 숨어 있는 인생의 행복을 더듬으려 노를 저어 나선 것이 『렌의 애가』다.

렌의 앞에는 청춘이 다가왔다. 민족의 수난이 파도처럼 거세게 그 정신을 놀라게 하였다. 가난과 추방이 그의 생을 가로막았다. 수척해질 대로 수척해진 렌은 한 숭고한 이데아 때문에 해진 치맛자락을 끌며 그대로 자꾸자꾸 인생의 사닥다리를 걸어 올라간다.

나는 렌을 누구라고 지목하고 싶지 않다. 시몬을 어떤 남성에게도 비기고 싶지 않다. 모두가 이데아의 한 부분이기에.

한 여성의 지고한 정신의 노력이 어디까지 도달할 수 있는가 하는 시험인가 한다면, 나는 대답 대신에 침묵하겠다.

렌은 행복을 시몬에게 물었다. 영원과 거기 따르는 선을 시몬에게서 찾으려 했다.

민족의 앞날을 시몬에게 부탁했다. 그러나 시몬은 렌의 청춘과 함께 몰락해 간다. 지상에 움직이는 모든 생물의 최후가 그렇듯이 그러나 나는 렌의 최후를 시몬의 몰락과 함께 숨결을 거두게 하고 싶지는 않았다.

나는 모른다. 렌, 그는 후에 누구를 찾아 어떠한 길을 걸을지! 나는 내가 바라보는 거울 속에서 내 맘에 비치는 그대로 이 『렌의 애가』를 썼다는 것만을 약속해 둔다. 끝으로 미발표였던 부분을 포함한 『렌의 애가』를 이에 다시 체재와 장정을 새롭게 하여 내 주신 하서출판사에 감사를 드린다.

1980년 12월
모윤숙

* 저자는 『렌의 애가』 단행본을 증보할 때마다 머리말을 남겼는데 위의 글은 단행본으로는 마지막본인 하서출판사판의 서문이다.

◈ 차 례 ◈

책머리에 / 5
서　문 / 7

제1부 그대 내 등불 가까이 오라 ······················ 11
제2부 별과 미풍의 계명 ······················ 47
제3부 살로메의 피 ······················ 83
제4부 풍운의 목가 ······················ 149
제5부 초원의 밀어 ······················ 179
제6부 갈매기의 흰 날개로 ······················ 197
제7부 죄스러운 기록 ······················ 223
제8부 렌의 <렌의 애가> 후편 ······················ 239

자작의 변: 미완성(未完成)의 백서(白書) ······················ 323
해설: 운명을 담보한 불멸의 사랑가─송영순 ············ 339

제1부

그대 내 등불 가까이 오라

제1신

시몬!

이렇게 밤이 깊었는데 나는 홀로 작은 책상을 마주 앉아 밤을 새웁니다. 눈을 들어 하늘을 쳐다보면 작고 큰 별들이 떨어졌다 모였다 그 찬란한 빛들이 무궁한 저편 세상에 요란히 어른거립니다. 세상은 어둡습니다. 우리가 살고 있는 땅 위는 무한한 암흑 속에 꼭 파묻혔습니다.

이렇게 어두운 허공 중에서 마치 나는 당신의 이야기 소리를 들으려는 듯이 조용히 꿇어앉았습니다.

광명한 밤하늘 저편으로부터 어둠을 멸하려는 순교자의 자취와 같이 당신은 지금 내 적막한 주위를 응시하고 서신 듯도 합니다. 이 침묵의 압박을 무엇으로 깨치리까? 밤바람이 주고 가는 멜로디가 잠깐 램프의 그늘을 흔들리게 합니다.

아직 나는 뜰 앞의 장미를 볼 수 없습니다. 당신이 심어 주신 그 장미를!

여름 신의 애무가 있기 전에 장미는 나에게 향기를 전할 수 없을 줄 압니다.

이런 밤 장미가 용이하게 내 곁에 가까이 있다면 나는 그 숭고한 향기로 당신을 명상하기에 기쁨이 있었을 것입니다.

책을 몇 페이지 읽으려면 자연 마음이 흐트러지려 합니다.

그것은 책 속에 배열해 놓은 이론보다 당신의 산 설교가 더 마음에 동경되는 까닭입니다.

시몬!

그러나 저는 책보다 당신을 더 동경해서는 안 될 것을 알아요. 저 하늘에 윤회하는 성좌의 비밀을 알기 전에 당신이란 환상의 비밀을 알려고 고민함이 의롭지 못함인 줄 잘 압니다.

시몬!

당신의 애무를 원하기보다 당신의 냉담을 동경해야 할 저입니다. 용서하셔요, 그러나 저는 당신의 빛난 혼의 광채를 벗어

나서는 살 수 없습니다. 당신이 알려준 인생의 길, 진리 평화에 대한 높은 대화들을 떠날 수는 없습니다. 당신은 때로 내 생명을 장성시켜 주는 거룩한 사도이기도 합니다. 신에게 향한 이 신앙의 비애를 마음속으로부터 물리치려고 때론 노력합니다. 당신은 저에게 고독의 벗이 되라고 일러 주셨습니다. 감정을 초월한 곳에 우리 인생이 들여다볼 수 있는 영원한 나라가 있다고, 인생을 젊음으로 사귀지 말라시던!

시몬!

죽음 위에 이 생명을 빛나게 조각할 수 있도록 순결한 몸과 마음으로 인생의 관문을 지나치고 싶습니다.

종교 예술 철학을 설명하는 진리의 일부분이나마 이 뇌수로 해득하여 그것으로 평생의 양식을 삼을 수 있다면 그것은 저의 가장 큰 욕망이요 소원의 최후입니다.

이 소원을 달하는 데에 당신은 큰 도움을 주시기 때문입니다.

당신의 말씀과 같이 저는 제 자신을 바르게 하는 데 힘쓰고 제 의무에 노력하다가 세상을 마칠 수 있도록 힘써 보오리다.

램프는 피곤한 듯 좁니다

벌써 새로 두시.

시몬!

들으셔요. 성당에서 부활제의 종이 웁니다. 불안한 육체 속에 폐쇄되었던 영혼이 천성문의 암시를 기다리듯 창문 옆에 가까이 기대었습니다. 저는 오늘밤 침상으로 가기보다 저 거룩한 음향으로부터 들을 수 있는 내 운명의 암시와 함께 탁자에서 밤을 보내렵니다.

시몬!

당신이 좀 더 내게 가까이 계셨다면! 그리고 숭엄한 저 종소리를 함께 들으셨다면! 그러나 시몬! 당신은 너무 제게서 멀리 멀리 계십니다. 내 창문은 너무 당신이 알지 못하는 곳에 세워져 있어요.

두 번째 종이 웁니다. 빈 벌판에 유랑의 나그네가 되어 가던 카추샤의 애처로운 심정도 이 새벽종이 다시금 알려 주는 애련한 소식이 아닐 수 없습니다.

시몬!

당신이 걸어 주시고 가신 수정 십자가를 만져 봅니다.

검은 구름이 가까운 하늘에 돌고 있습니다.

이제 창문을 닫습니다.

오늘밤 당신을 연상함으로 어두운 밤 시간을 행복으로 지냈습니다. 날이 오래지 않아 밝아 올 테니 아름다운 수면으로 이 밤을 작별하소서.

제2신

우주에 광명이 찼습니다. 서러운 밤이 지나고 밝은 아침이
왔습니다.

창공으로 향한 창백한 창에 혼란하지 않은 맑은 빛이 새어
들어옵니다. 당신을 만나 뵈오려던 오늘, 병석에 누워 계신다는
소식을 당신의 적으신 편지 속에서 발견했습니다.

시몬!

이렇게 아름다운 날에 당신의 건강한 얼굴을 못 뵈옵고 저
혼자 이 잔디 위에 거닐게 됨은 괴로운 산책이 아닐 수 없습니
다. 가까운 곳에 계실, 아니 오랜 시간을 허비하지 않고도 당신
의 창문을 두드릴 수 있건만 왜 저는 못 가 뵈옵니까? 이렇게
마음은 초조히 아무 범람이 없이 당신의 어린 아가들이 노는 방
과 당신의 신발이 놓여 있을 뜰가로 달려가고 있으나! 눈물 어
린 채 곱게 빛나는 청공 아래 남북으로 서 있는 두 줄의 산기슭
을 저 혼자 배회합니다. 솔밭에는 미풍이 걸어갑니다. 이 산에
서 저 산으로 바람이 스쳐갈 때마다 송림은 매혹적 춘정에 가만
히 못 있듯이 가느다랗게 노래를 부릅니다. 간혹 가다 발부리에
채이는 작년 한 시절에 슬픈 노래 부르던 낙엽이 우수수 굴러가
기도 합니다.

벗을 찾아 머리 드는 푸른 잔디는 이 무거운 발길의 유린도 모르듯이 황홀한 적막 속에 고이 잠들었습니다. 함빡 깨지 못한 버들은 아직 춘몽을 어찌 못함인지 회백색 빛깔인 채 그대로 있습니다. 그 위로 날아가는 명랑한 새의 한두 마디 소리가 유난히 어떤 종류의 환희를 퍼붓는 듯도 싶습니다. 우울하게 반영되는 멧비둘기 소리조차 오늘의 나에겐 크나큰 봄의 선물이 됩니다. 묵은 잔디밭 함빡 적신 땅에서 몽롱하게 증기가 천공을 향하여 안심하고 뻗어 갑니다.

시몬!
나비를 보았어요. 무슨 기적을 목도하는 자의 감회로 나는 진실로 이 나비를 가만히 쫓아갔습니다. 날개의 3분의 2가 황색에 물들었고 나머지 3분의 1이 우윳빛에 젖은 나비를!

빛 가진 나비를 쫓아간 제 심리를 책망 마세요. 이도 이 봄의 생명이 가르쳐 준 약동의 흥분된 자아임을 아실진대 시몬! 당신은 이해의 남은 힘을 빌릴 수 있지 않으리까?
가만히 잔디 위에 누웠습니다. 새 생명을 담고 올라오는 땅의 미온을 느끼며 평화로운 심정으로 이 산에 누워 눈감고 있는 저를 상상하여 보세요. 안개 어린 먼 하늘로 퍼져간 내 시야에는 가장 온화하게 자연스럽게 시몬 당신의 얼굴이 떠옵니다. 동경만을 담을 수 있는 저 지평선 뒤의 하늘! 당신과 저를 위해서만 황홀한 공상이 제공될 수 있는 슬픔도 괴로움도 없는 서늘한 처소! 푸름이 차 있는 동경의 나무 밑! 시몬! 당신의 이야기 속에 즐겨 나오는 보석별의 웃음이 차 있는 곳! 언제나 저도 그곳에 제 감정을 끌어올려 당신의 속삭임을 들을 수 있으리까?

시몬!
실제를 떠나서만 당신을 자유로 생각할 수 있는 일, 이것이 정말 당신의 말씀대로 산 호흡을 가진 인간의 이상이리까? 당신의 몸은 병들어 누웠고 영혼은 지금 제 앞에 와 계십니다.
시몬!
이제 제게서 돌아가세요. 저도 이 자리를 떠나 한적한 내 방으로 돌아가겠습니다. 당신에게 보낼 아무 위안도 지금 준비되지 못했습니다.

제3신

당신은 제게 탄식을 남겨 놓고 가셨습니다. 탄원이 없는 유쾌한 웃음을 어제는 들을 수 없었어요.

당신은 저의 생명을 찬미하기보다 저라는 여성을 검은 비밀의 방 속같이 응시하고 계셨습니다. 당신의 눈은 의아와 슬픔에 젖어 실망한 듯이 천장에 엄숙한 회의를 그리셨습니다. 병약으로 말미암은 신경관계인 줄 아오나 시몬! 당신은 전에 없이 약한 심정을 제게 보여 주고 가셨습니다. 왜 제가 당신에게 의문의 존재로 존재할 수 있으리까? 밝고 힘찬 반려(伴侶)로 당신의 머릿속에 살아 있을 수는 없을까요? 인간이 인간됨으로 괴로움을 당하는 괴로움이라면 무엇이나 달게 받으리라. 우리들의 어머니나 할머니들이 못 지나쳐 본 이 감정의 성문 앞에서 오늘이 우리에게 주는 고달픈 우수를 곱게 가슴에 받아들일 결심이에요.

시몬!

우리들의 비극은 우리들의 본성이 유약함으로만 원인되지 않을 때도 있음을 아서야 할 것입니다. 당신의 현실 앞에 부여된 검은 제단 앞에 힘껏 고민하소서, 당신의 슬픈 눈이 무엇을 기다리시는지 저는 아직 그것을 모릅니다. 그것은 너무 당신의 슬픔이 깊은 마음 숲 속에 숨겨 있어 내 눈으로는 뵈지 않는 까닭입니다. 나는 여성이 된 까닭에 당신과의 긴 우정을 계속 못할지도 모릅니다. 이 퇴폐된 세기 한구석에 외로이 자라갈 여성이기에 당신의 비애를 마음껏 동정하여 맞아들일 수도 없는 저입니다.

시몬!

가만히 파동되어 가는 조선 여성의 근심스러운 노래를 들을 수 있습니까? 정돈되기에는 너무도 먼 거리를 두고 얽히어진 이 사회제도, 그 침울한 그늘 밑에서 자라가는 저들의 비애를! 우리에게 피를 나누며 손을 이끌어 줄 지도자가 있습니까? 우리의 정의감은 때때로 돛을 잃은 배같이 이 현실 위에 파탄되고 맙니다. 우리에게 힘찬 설교를 들려주는 종교가 있습니까? 생명의 존재조차 신앙할 수 없는 미로에서 우리의 정신은 어지럽습니다. 우리를 참된 인간으로 인정하여 사랑해 줄 애인이 있습니까?

우리들 주위의 연인들은 우리의 젊음과 형식미가 쇠해질 때 아무 소식 없이 문을 열고 나가버립니다. 낡은 동양의 채찍을 들어 우리의 가슴을 치고 달아납니다. 수인(囚人)의 꿈속에서나 희망할 수 있는 일같이 이 고달픈 세계에서 놓여 나갈 날이 있기를 고대함이 헛된 바람이리까?

우리의 거리는 적막하여 명랑한 발자취를 들을 수 없습니다.

보셔요. 아무 인생미도 모르는 채 기계처럼 현대 직장에서 피곤의 날을 보내는 저들을! 그들에게 유쾌한 웃음을 제공할 준비가 있습니까? 인정을 가지고 저들을 애무해 줄 참된 벗이 있습니까?

아침부터 저녁까지 우수(憂愁)로 그 가슴은 차고 피곤으로 맥을 잃습니다. 우리들이 하고 싶은 말을 이 사회는 거절합니다. 그들을 사랑한다는 연인들은 그들의 참된 생활의 대화를 즐겨하기보다 향수와 분으로 장식한 헛된 이야기를 사랑합니다. 그래서 저들은 저들의 연인을 위하여 대담하게 거짓을 배양하고 실력없는 미를 제조하기에 힘쓸 때도 있습니다. 그럴 때마다 우리들의 산 감정은 싸늘히 떨다 흩어져 버리고 허위로 양심을 싸므로 사람들에게 유쾌한 환영을 받는다는 것이 한때 진리로 파급되는 수도 있습니다. 시몬! 그러나 양심의 횃불을 들고 검은 현실을 정복해 가며 광명한 미래를 건설하려는 여성인들 없으리야 있겠습니까? 우리들의 숨결은 고독한 생활로부터 끊어질 듯 괴로운 때도 있으나 진리와 정의를 가슴에 두고 숭고한 여성미를 높이 세우려는 활약도 있습니다. 저도 이 수많은 수난 속에 묻혀 사는 오늘의 조선 여성입니다.

시몬!

헤매던 혼이 당신을 보았습니다. 당신을 생각함으로 유쾌하게 하늘과 별, 높은 이상을 추구할 수 있도록 된 저는 모든 다른 여자보다 행복합니다. 온갖 생활고를 가득히 담은 제 이야기가 때로 당신을 우울하게 할지도 모릅니다. 그러나 이것도 과도기를 걷는 우리들의 살려는 고백임을 아실진대 관대히 용납될 줄로 압니다.

바람이 붑니다. 방은 여전히 침묵하고 간간히 꿈결에 들리듯 아픈 여인의 신음이 들립니다. 당신이 앉아 계시던 의자도 가고, 들려주시던 보들레르 시의 소리도 갔습니다.

내일은 제 마음에 슬픔을 제거해 주실 당신의 건강하신 글발을 기다리겠습니다. 뵈올 때까지 안녕하소서.

제4신

묘지에는 해도 비치지 않은 채 구름 빛만 가득히 덮였어요. 폭풍이 지나간 바다의 침묵같이 혼란한 인생을 거치고 난 생명 뒤에 그렇게도 잔인한 시간 눈물 날 듯이 흘러넘침은 무서운 감각의 체험이었습니다. 사랑하는 벗 S의 무덤 곁에는 작은 꽃 하나도 허락되어 있지 않았습니다. 그 처녀가 살았을 동안 지극히 즐겨하던 라일락도 이제 거친 무덤 앞에서는 아무 빛도 발하지 못하고 시들었습니다. 낡아가는 S의 묘지! 그는 망각과 허무의 시간 속에 차차 파묻혀 갑니다. 맘이 저리도록 괴로울 때면 저는 친한 벗 S의 묘지 곁에서 황혼을 지내기 보통입니다. 돌아오는 길은 너무 고요했어요.

흰 구름의 이야기와 저녁 광선의 남은 비밀! 잠자코 있는 이 산소 옆에 이렇게 파동이 심한 가슴을 안고 걷기는 너무 신기한 모순이 아니라 할 수 없습니다.

시몬!

내 머리카락이 길게 길게 연장될 수 있어 당신의 발밑까지 닿을 수 있다면 당신은 지금 저의 비애를 아실 듯도 합니다. 이 같은 비탄의 세월이 제 청춘을 유린할진대 이 땅, 이 강, 이 산들은 너무 조상의 인정(人情)에서는 멀고 먼 황지(荒地)와 다름 있으리까? 당신의 환영은 뚜렷한 별같이 작은 가슴에 자리 잡았습니다. 그러나 그 별은 눈물에 잠긴 별!

영원한 슬픔에서 구원받을 수 없는 운명이오매 시몬! 당신의 음성은 이 귓가에 가까이 오기를 주저합니다.

왜 제가 눈물을 흘립니까? 당신 앞에서 그다지도 담대하던 제가 당신이 안 계신 빈 시간 속에서는 끝 모를 슬픔에 흐느낍니다.

시몬!

그대의 말씀대로 귀한 독서에 뜻을 두고 자연을 의지 삼아 인생을 넓게 크게 헤아리렵니다. 이런 교훈을 주시는 당신이기에 그 인격을 존경하고 위하면서도 저 자신의 심중에서 이를 뜻과 같이 실행하지 못하는 고민!

이 모순된 심리!

이를 무엇으로 풀어 알 수 있으니까!

당신은 저에게 우주의 섭리, 시내, 강, 별, 달의 윤회설을 설명함에 항상 떳떳하셨습니다. 민족과 사회를 즐겨 논하시는 당신의 모든 이야기 속에서 왜 생의 행로의 일부분인 이 가슴의 고민 그 혼란된 심정의 설명을 찾을 수 없습니까? 시몬! 당신의 충고대로 살아간다고 굳게 약속했습니다. 그래서 종일 학교에서 학생들을 대할 때도 당신이 전해주신 그 고마우신 훈화를 그들에게 전해 줍니다. 마치 당신의 작은 사도나 된 것같이.

그러나 시몬!
마음에 비애가 왔습니다. 빛과 유(類)를 알 수 없는 신기로운 비애가. 단순히 당신의 훈화만을 마음에 담고 기뻐하던 그때가 너무 애달프게 저를 떠나고 말았습니다.

시몬!
당신의 의심, 저의 의아, 이 두 괴로움이 합쳐 근일 당신과 저의 만남은 명랑한 데서 떠나 침묵과 우울의 세계에 배회하지 않습니까?

지혜 깊으신 시몬!
애닲습니다.
당신이 가신 뒤면 오랫동안 하늘 저편에 머물러 있는 렌의 눈! 확실히 인생의 피곤(疲困)이 침입한 것이지요.

어제 석양엔 당신의 애기가 꽃을 가지고 와서 "아주머니, 선녀 애기"하면서 졸랐습니다. 이상하게도 시몬의 형상과 같이 생긴 이 소녀를 오랫동안 제 곁에 두는 것으로 마음의 행복을 느낄 수 있었습니다. 저는 한참이나 희랍 신화에 나오는 간단한 이야기를 해주고 아빠의 소식을 물었습니다.

시몬!

당신의 소녀는 지나치게 내 맘을 감동시켜 나도 모르게 그 고운 머리털에 눈물이 내렸습니다. 그다지도 어여쁜 아가를 두신 당신은 큰 행복을 가지신 아빠입니다. 저는 아기의 눈에서 음성에서 당신을 만나 봅니다. 당신이 맘속에 동경될 때 이 아가의 얼굴을 대함으로 슬픔은 제거될 것도 같습니다. 그러나 아가는 어머니가 내게 오면 야단한다는 핑계로 오래 있지 않고 달아나 버립니다. 한없이 삭막한 방에서 마음의 빛을 찾으려 애쓰다가 성서를 들고 혼란된 머리를 진정시켜도 봅니다. 어느 날인가 시몬! 기억하세요? 결혼은 하지 말고 평생을 깨끗이 마쳐라 하시던 말씀! 남자를 아는 지식이 예민한 여자일수록 불행하다고. 그 말씀대로 제 마음의 흔들림을 붙잡으려고 노력합니다.

황혼이 창문에서 사라져 갑니다. 어디서 잠자던 바닷물이 갈매기의 날개에 흩어질 듯도 할 때입니다. 시몬! 들으세요, 이 마음에서 떠는 흰새의 고요한 울음을! 조금 있으면 이슬이 내리고, 시몬 그대 좋아하시는 흰 박꽃이 눈같이 잘 필 것! 꿈길을 밟고 가만히 오실 그 길은 길이 이 머릿속에 늙지 않으리다.

이러한 초저녁엔 온 세상에 아무 풍랑도 없을 듯합니다. 아무 비극도 연상치 않은 채 처녀들은 푸른 풀 위에 밤을 속삭일 것입니다. 시몬! 오랫동안 못 뵈온 채 기다란 동경이 내 세계에 가득 찼습니다.

다음에 뵈올 때는 번역해 보셨다는 하프트만의 단편을 들려주세요. 웬일일까요? 저 길로 오시는 이가 당신의 아내 아니시라고요?

혹시 내 방 앞을 지나시다 지나치는 말끝에 당신의 안부나 들을 수 있었으면 합니다. 차차 제 창문 가까이 오십니다. 아마 저를 만나러 오시나 봅니다. 다시 쓸 때까지 건강하시길 빕니다.

제5신

가장 큰 악에 속하는 고뇌는 자기를 해석할 수 없는 무지에서 오는 것인가 합니다. 밤이 새도록 심령의 혼란을 반성해 보았습니다. 죄를 죄와 같이 감각할 줄 모르는 저 자신을 붙들고 밤이 다 가도록 아픈 채찍을 가하였습니다. 고해(苦海)의 언덕에서 허덕이는 것이 인생의 운명이라 하오나 허영과 패덕(敗德)이 없이 선의 위무만을 동경함에도 무한의 괴로움이 연장되어 있음은 알 길 없는 법칙이옵니다.

시몬!

귀하신 아내의 간곡하신 충고! 생명과 청춘, 건전한 사회의 의무를 위해, 시몬을 가까이 하지 말라시던 그 말씀이 지금도 엄숙히 귓가에 남아 있습니다. 복과 향기로 채워졌던 뜰에, 우울이 침입한다 할 때, 저는 아무 대답없이 울었습니다. 계획 없이 일어난 이 생의 파랑이 제 영혼을 찢기 시작합니다. 저는 모든 것을 굳세게 단념한다고 맹세했습니다. 그는 내 말을 믿고 아무 불안도 가지심이 없이 돌아가셨습니다. 죄송함과 미안함이 제 마음을 칼질하였음이 헛된 이야기가 아닙니다.

시몬!

렌은 당신의 정원에 월계화가 곱게 피기를 축원하고, 그 가정의 번영을 큰 즐거움으로 알았을 뿐이옵니다. 그러나 세상은 제 양심 위에 죄의 흑막을 드리우고 조롱하기를 주저하지 않더이다. 죄 아닌 죄의 형벌이 검은 빛을 띤 창녀의 심고(心苦)보다 더 큼을 보십니까?

가혹한 숙명의 슬픔!

죄의 동무로 그늘 길을 밟고 가는 저를!

시몬!

이렇게 공간과 시간을 초월하여 또다시 당신을 향하여 글을
씁니다. 이제는 이 글을 부칠 길도 없고, 이를 전해 줄 의로운
사람도 없는 세상에서 그래도 이야기를 계속합니다. 긴 허공,
영원히 침묵한 하늘 저편을 향해 이를 길 없는 기원을 보내며.

시몬은 저의 젊음을 사랑함이 아니옵고 저의 영혼을 아시고
그 고갈한 생의 욕망을 이해하시는 까닭이에요. 이 동반(同伴)의
자연성을 무슨 무기로 끊을 수 있으리까.

저는, 시몬이, 육체를 가지고 세상호흡에 달려 사시는 것이
슬픈 일 중의 하나입니다. 당신의 영혼이 계신 곳, 무형, 무성
속에 소요하시는 그곳에서 저는 당신의 거룩함을 보고, 진실을
듣고, 진리에 목말라 하시는 참된 마음을 대할 수 있는 까닭입
니다. 그럼으로 화려한 세상의 풍정과 허영이 당신에게 임할 때
당신은 이단자의 제단 앞에 양심을 감출 때도 있음을 아십니까?
헛된 기쁨을 저와 함께 동경하기를 원하심을 아셨나이까?

사탄의 불이 때때로 우리 혼을 태우려 할 때 멀리 인생의 항
구에서 오는 순간의 복락을 안으려고 고심한 적은 없었습니까?
그러나 곤비한 평생을 가지신 채 이 모든 심란(心亂)을 이기신
시몬이십니다. 구원받은 과거…… 이는 우리의 생명이 끝날 날
까지 산등이 되어 푸르러 있을 것입니다.

시몬!

영원히 들어 주실 길 없는 이야기가 작은 가슴에 이렇게 차 있습니다. 저는 지난 토요일에 P호반을 향해 왔습니다. 한 일 개월 간 쉬라는 학교의 허락도 있고 하여 일주일째 이 호반에서 잠시 삽니다.

백여 리 넘는 수면에 밤이면 창백한 별무리들이 소복이 그 광채를 가져옵니다. 하늘과 땅이 온통 침묵하고 물소리 없는 검은 밤이 이 호수의 신비한 풍경이라 합니다.

이 밤도 그렇게 부드러운 암흑이 호수를 둘러싸고 오직 그 속에 당신의 속삭임이 저를 부르옵니다.

시몬!

우리는 서로 멀리 있으나 한 오리 길 위에 우리의 혼은 얽히어 서 있지 않아요? 거기서 저는 허물 많은 여성체를 벗어나, 광채나는 행복을 봅니다. 고독한 즐거움 속에 당신이 계십니다. 당신의 음성이 저의 생명을 이끌고, 당신의 빛이 영리하지 못한 처녀의 생로를 밝혀 줍니다.

시몬!

불행히 내 사는 동안 이 빛이 신앙을 잃게 하는 날이 있다면 렌의 혼 속에 남겼던 태양이 죽어 버리는 순간이 아닐까요?

시몬!

어느 날 그 바위 앞을 걸으시며 무심히 던지신 말씀, "허물 많고 변하기 쉬운 인생을 어이 믿느냐고, 못 믿을 인생을 믿는 곳에 슬픔이 온다고" 하나의 진리라고 저에게 말씀하셨습니다. 렌이 당신에게 슬픔을 제공해 드릴 미래를 상상하시고 하신 말씀인 줄 알아요.

그러나 제가 홀로 아는 시몬이시여!

내 영혼의 전당이여!

그대 의(義)의 사도일진대 잠깐 지나갈 사막의 공허함을 웃어 버릴 수 없으리까?

흙으로 돌아가는 날 이 무거운 육체를 떠나는 날, 우리에게 외로움이 없고, 비애도 없을 것입니다.

시몬!

당신의 영혼의 문을 두드립니다. 푸른 광채에 영원히 안겨 있을 당신의 혼에 티끌의 고민이 침범치 못하리라. 눈물이 지나가지 않은 당신의 눈동자에, 가엾은 처녀의 기도를 담아 주소서.

시몬!

산림이 중얼거리고 작은 등불이 다해 갑니다. 저는 지금 흘러가는 신비한 시간 속에서 저들을 봅니다. 헐린 성터에 등불 가진 예루살렘 처녀의. 그들은 만년 긴 꿈에 파묻힌 산 추억을 마시옵니다. 연약한 허리에 매인 역사의 긴 줄이 아침이 되면 햇빛 아래서 학대를 받건만 깊은 암흑 속에서는 산 광채를 잃지 않고 저들의 어머니가 됩니다. 이리하여 암흑은 저 처녀들의 위안뿐 아니오라, 동방 작은 시내 옆에 누운 저의 침실에서도 위대한 반성과 사고를 일으켜 줍니다. 나에게 이러한 의지의 사고(思考)가 지나간 후면 당신은 백의(白衣)의 승복을 입으시고 제 꿈에 오십니다.

시몬!

길이 꿈을 양식 삼아야 하옵니까? 당신의 형상을 뵙지 않기로 생각했습니다. 하프트만의 번역물을 들려주신다 하시던 날 당신이 찾아오실 내방에서 저는 떠났습니다. 당신을 귀히 아오매 당신의 눈에 멀리 섭니다. 당신은 홀로 사원의 긴 종소리를 들으시며 제 뜰앞을 소요하실지도 모릅니다. 약속에 충실할 의무보다 죄에 가까이 가는 이 형체의 고뇌를 피하도록 함이 더 급한 의무였던 까닭입니다.

뜨거운 눈물의 유혹을 받으면서도 나를 억제할 힘이 강해지기를 기도합니다.

제 영혼의 동무 시몬!

당신 아내의 말씀과 같이 결혼하는 것이 시몬을 멀리하는 유일한 방도가 된다면! 아프고 흔들리는 이 마음이 진정될 길이 된다면 저도 모든 여성이 밟고 간 그 길에 서오리까? 내 평생 중에 이러한 순서를 집어넣음이 사탄의 작회 외에 무엇이리까 만은 당신에게 평안함이 된다면 무엇인들 사양하오리까? 불러 못 본 만가(晩歌)의 슬픔이 멀리 들려옵니다. 이미 늙어버린 자가 되지 못한 저의 한은 여기 있습니다. 그러나 순결한 행복을 가진 지금의 뇌수는, 길이 타락되지 않을 것을 믿습니다. 젊음도 가고 인생의 복락도 가나 천 년의 환몽을 담은 제 기쁨은 큽니다. 당신과 한 세상에 처해 있음도 렌에게 큰 복이 아닐 수 없습니다.

시몬!
내 희망을 붙들어 주소서! 지옥의 등대 옆에 제 혼이 고달픕니다.
지하에서 악의 꽃을 만날 때마다 당신은 저의 손길을 끌어주소서.
빗방울이 창문을 칩니다. 눈을 감으렵니다.

5월 3일 일기의 일절(一節)
우리들의 혼은 가련하게도 서로 포옹할 줄도, 가까워질 희망도 없이 오랜 명상에 잠겨 있다. 최고 환희의 광채를 기다리면서도 덕과 이지에 중압되어 긴 주저와 함께 고민하고 있다. 우리는 속세의 낙을 맞아들이기 위해 서로 동경하고 애처로운 달초(撻楚)를 받아 본 적은 없지 않은가? 그의 사념은 높은 수목위에 걸린 태양의 일점같이 항상 고귀한 정열에 타오르고 있다. 그를 추상할 때 나는 현실의 한계를 모른다. 너무 많은 창공의새가 우리를 위해 노래해 주지 않는가? 먼 들에서 건너와 높은산을 넘기까지 저들은 내 들창에 수많은 비밀을 알리고 사라진다. 마치 구원받지 못할 나의 멜로디같이! 창백한 청춘이다. 별이 저렇게 많이 깔린 하늘이 더구나 애달프다. 마음은 눈물과비탄으로 창가에 숙여져 있다. 침묵이 작은 방을 누르는 동안새겨진 최후의 기원은,

> 오직 그대 내 등불 가까이 오라
> 내 등불 가까이 오라
> 침묵의 흰 하늘 그 달빛지는
> 수림의 언덕 사이로 그대여 오라
> 물먹은 보리수(菩提樹) 그늘 아래
> 표류하는 흰! 어둠에 고달프리
> 오직 그대 내 등불 가까이 오라

5월 8일

칠 줄 모르는 피아노를 두드렸다.

슈만의 노베리티!

그러나 거기서도 유쾌한 애무는 얻을 길 없다. 그는 예언자와 같이 신비한 눈을 가졌다. 단순한 행복만이 거기 깃들지 않고 고독한 자의 기도를 명상하는 눈! 강렬(强熱)한 환상이다. 나의 풍경 속에서 누가 미소를 찾을 수 있을까? 크나큰 인생의 파편을 보고 서 있는 운명은 무한한 고뇌를 직선으로 하고 있다. 그 사람의 영(靈)의 사랑은 이렇게 내 가슴에 은색으로 빛나건만 정신이 마비되도록 자아설교에만 굴하려는 작은 여인! 밤 사이에 떠다니는 반딧불이보다 그 운명은 더 차다. 이 괴로움을 어루만질 자연이 없다. 벗이 곁에서 멀다. 표류하는 한 여인의 혼이 그 사람의 사랑을 차지하려는 야심으로 충만하다.

5월 9일

사랑하는 자여!

잠들어 갈 조용한 순간 나의 탄식의 전부는 그대였노라. 구름밭과 별의 순결 속에서 그대의 음성을 찾았으나 기다란 수풀의 밤 노래가 나를 속였을 뿐이었노라. 내 가슴에서 솟아나는 기도의 전부도 그대 위한 번고(煩苦)의 외침이었노라. 나는 나를 조롱하며 고독의 신이 거하는 동굴 안에 반역한다. 그러나 나는 여전히 현실에서 도망할 수 없는 사색으로 적막한 그림자 위에 떠 있다. 나는 쓰고 찢고 쓰고 찢고 하며 광란의 하루를 허비한다. 다함 없는 꿈의 일부를 먹칠하기 위한 약한 노력인지 모른다. 사랑하는 자여! 어제 황혼의 진동이 아직도 공간에 길게 울린다. 그대와 같이 작은 삼림 길을 걸을 때 미풍의 나래는 잠시 낙원의 안내자였다. 행복이 잠시 우리 혼을 따뜻이 어루만져 주었을 때 합쳐진 두 개의 혼이 태양같이 빛남을 보았다. 어이해 행복스러운지도 모르면서 감촉되는 행복의 초점이 다시 마음을 유혹하고 있다. 어제는 우리들 최후의 이별을 위해 애처로운 하늘과 구름이 존재하였다. 가냘픈 미소가 있었으나 서로의 혼은 깊은 설움 중에 울고 있었다. 나는 돌아와 긴 여로를 생각해 보았다.

달이 떠오를 때 그대 창문은 어둠에 닫혀 있었다. 그대는 혹시 평원에서 저녁별을 호흡하기 위해 들가에 서 있는지도 모르겠다. 모두를 잃은 듯한 나는 어둠이 스며드는 작은 혼에게 등불의 방향도 알 수 없어 혼수(昏愁)의 몇 순간을 지냈노라. 아무 기꺼움도 감촉하지 못한 채 내 치마는 찬 벽에 외로이 돌아와 머무노라. 그러나 희망의 전부를 그대 문 밖에 두고 왔음을 그대는 돌아오는 길에 알 것이다. 푸른 길 위에 약속 없이 인(印)쳐진 발자국을 본다면! 상사(喪紗)로 얼굴을 가리고 바람 사이에서 그대를 부르노라. 눈물에 젖은 이 얼굴을 보이고자 함이 아니라, 멀리 가는 마지막 이 혼의 고백을 들어 달라 원함이다. 그대 정령(精靈)은 지금 내 앞에 와 서 있다. 설움에 흔들리는 내 어깨를 어루만지고 끝없는 탄식에 젖은 이 얼굴을 응시하며! 문을 열어 환각의 조롱을 떨어뜨리려고 애쓴다, 그러나 지각과 의지의 힘으로는 어찌할 수 없이 그대 눈동자는 이 혼을 태우고 있다.

내 영(靈)은 순전히 다른 사물이거나 생활의 일체(一切)를 위해 성의를 잃어버린 모양이다. 알 수 없는 신의 섭리 아래 온순히 굴하는 것이 나의 의무인가?

6월 6일

나는 그대에게 향한 정열을 그릇되다 후회해 본 일은 없다. 그러나 새로운 시간 위에 더 연장하기를 원하지 않는다. 우리의 사랑은 종내 이 세상에서는 평행으로 각기 외로운 생을 갈 수 있으되 일행(一行)이 될 수 없는 운명을 가진 까닭이다. 불사의 환영을 따라 나는 나머지 인생을 여수(旅愁)로 끝마치려 한다. 내 혼이 죽지 않는 한 그대 사랑도 소멸될 수 없는 것이다.

들으라, 미풍은 저다지나 고독한 창문에 꿈을 날리고 안개 속에 흘러내리는 달빛이 여로에 질식된 행인의 숨결같이 차지 않은가? 먼 앞길이 침묵하여 아무 해답을 주지 않는다. 램프의 친근한 미소를 받으며 그대 병상 옆에서 밤비 소리를 듣던 밤! 그도 벌써 시간의 거품이 되었다.

밤이 깊도록 앉아 커튼에 수를 놓았다. 결말 없는 공상의 문(紋)을 한 올 두 올 수틀에 올린다. 조금만 정신이 들면 그대 음성이 흩어졌다 모였다 한다. 창을 열어 보나 가슴은 여전히 컴컴하고 천지는 아무 즐거움도 알리지 않은 채 너무 냉혹하다. 여기는 수산나의 집이다.

수산나는 버들가지처럼 섬세한 성격을 가진 동방의 전형 여성이다. 놋촛대에 불을 켜 가지고 숲 사이로 다니기를 좋아하는 처녀다. 오늘 밤도 놋촛대를 가지고 나가서 아직도 돌아오지 않았다. 수산나에게서 배운 애급의 자수는 오늘 저녁까지 다 마쳤다. 긴 여행의 한 꾸러미 속에 이 자수도 속절없는 세월을 허비할 것이다. 바람이 인다. 시몬의 혼은 어느 대기 속에 윤회하고 있을까? 마음의 괴로움을 덮기 위해 축음기를 틀었다. 방안 가득 그 음향은 내 혼을 에워싼다. 바이블이 한 손에 들린 채 등불을 껐다.

6월 7일

시몬의 글을 읽다. 지나간 날의 미소는 아직 펜 자국마다 살아 있다. 없어지지 않은 생명의 환희가 가슴에 흰 길을 파고 간다.

제6신

시몬!

나는 오늘 수산나의 집에서 떠납니다. 수산나는 나를 위해 제 옷 두 벌을 여장 속에 넣어 주고 수상집 한 권을 길에서 보라고 들려줍니다. 여기서 떠나면 시몬! 그대 계신 땅에서는 더 멀어지는 곳으로 향하는 셈입니다. 태양이 세차게 내려 흔들립니다. 물빛이 흐렸습니다. 그립던 강반(江畔)을 오늘에야 떠나며 그대 위해 올려 둔 기도의 한 폭도 이 깨끗한 사막에 영원히 살아 있으라 빌고 갑니다. 시몬! 후일 혹시 이 길을 걸으시게 되면 수산나의 집을 찾으시게 되는지도 모릅니다. 방향없이 떠가는 한 여자를 위해 신은 양식과 자연에 배부름을 줍니다. 고향 뒷산의 오랑캐 진달래도 다 가고 연푸른 신록이 물들어 갈 때입니다. 잔잔한 미풍이 마음대로 오고 가고 산과 들이 흡족히 들어앉은 그곳에 내 혼은 항상 소요합니다. 시몬! 애수(哀愁)의 날이 또 저물어 갑니다. 창도 없고 지붕도 없고 땅에서 이슬과 함께 이 밤을 건널 작정입니다. 떠다니는 생이 끝날 때까지 나는 이러한 여러 밤을 맞이할 것입니다.

시몬!

결코 당신은 나와 떠나 있을 존재가 아니라고 생각됩니다. 그대 세계에 내 혼의 방초(芳草)는 영원히 마르지 않습니다. 물결 소리가 들려옵니다. 가까운 곳에 강이 흐르나 봅니다.

제7신

별빛이 한없이 높아졌습니다. 마음에 새겨진 외로움, 말없이 별들에게 하소연하고 서 있는 가련한 형체를 연상해 보세요. 그대 주신 책을 펴들고 황홀한 나라의 새로운 생을 발견합니다.

저녁이 되면 해가 서산을 넘고, 아득한 밤 초원에 이슬이 내리는 가장 평범한 진리가 왜 이다지 애연스럽습니까? 옛 마을 길을 천천히 걷고 있으면 어린 날의 작은 한(恨)까지 하나하나 다시금 살아와 명랑한 노력에 핏물이 들 것 같습니다.

손에는 길에서 주운 낙엽 하나! 머리엔 자욱한 혼란함이 싸였습니다. 천리 길을 흘러 왔거니 거듭 피로한 머릿속엔 의미 모를 한이 뭉쳐 풀릴 길이 없나 봅니다. 꺼져 가는 석양, 시름없이 배회하던 몸이 이제 자유를 얻은 듯이 촛불 앞에 무릎을 꿇었습니다. 캘린더는 초겨울 문턱을 알리나 여기는 흰 눈이 오래 전에 쌓여 있습니다. 이곳저곳에서 방영되는 이국의 바람결이 찬란한 풍경을 말살시키는 마수(魔手)도 됩니다.

때로는 바람에 휩쓸린 이러한 풍경들이 제 혼의 양식이 됩니다.

모든 것을 생각에 올리면 올릴수록 생각은 더욱 황량해갑니다. 「좁은 문」의 작자인 앙드레 지드는 드디어 '좁은 문'을 통하여 용인되기 어려운 자신을 발견했습니다.

진리는 흔히 진리 그대로 인간에게 너무 가혹한 형벌을 체험하게도 해 줍니다.

시몬!

옛날은 무의식한 어린 애기의 꿈같이 무심한 일동일정(一動 一靜)이었던 것이 후일엔 이렇게도 잃어버린 엄마의 젖가슴같이 애달피 그리고 절망적으로 소생되는 곱다란 눈물의 씨였음을 우리는 몰랐던가요! 이 생애에 애끊는 옛날이 다시금 추억되어지는 일층 서러운 설움의 현재가 있습니다. 애련한 거울 앞에 여위어 가는 자아의 혼을 봅니다.

싸늘한 정에 냉각된 한 처녀의 혼을 안으시고 천국의 문을 열어 주시라. 다사로이 오직 정성을 모아, 마음 한가운데 거룩한 화단을 길러 어느 때 님을 향하려던 가련한 과거에서 이제는 의미조차 잊어버린 생명의 한 폭이 어설프게 북국 한 모퉁이에 흘러와 있습니다. 그러나 오직 살아서 한 개의 인간으로의 의무를 다하려는 노력만은 단순히 남아 있어요. 저들이 창문 앞에 모여 설 때마다 웃음을 잃지 않고 가갸거겨를 불러 봅니다.

하늘에 달이 살아 있는 동안, 인간의 낭만적 근성이 소멸될수 없음같이 시몬! 당신이 계신 우주 안에선 어디를 가나 눈물의 맥이 꺼질 날이 오지 않음도 당연한 일이겠지요. 우리는 언제 어느 때 죽음과 삶의 중간을 배회하는 좀 먹은 사유를 버리고, 간단한 이 명제를 체득할 것입니까? 시몬! 당신의 친근한 발자취가 원이 됩니다.

눈 날리는 광야! 회회교도의 밤 기도 소리가 멀리 중얼거리고 악대가 차고 가는 작은 방울의 음조가 리본처럼 풀려 갑니다. 작은 들창은 만 리를 헤엄칠 수 있는 행복을 담고 내 벽에 달려 있어요.

말없이 돌아서 온 저였습니다. 예의를 갖추지 못할 우리이기에…….

"길이 잘 있어라, 내 사랑아!"

이 말을 하며 목메어 몇 번이나 울었건만 그대는 의미를 모르듯이 떠나는 저를 응시(凝視)하셨을 뿐입니다. 당신의 신비한 눈동자만이 가슴속 소복이 박혀 있습니다. 천성문을 여는 날 신은 이 괴로움의 비밀을 해득해주실 줄 압니다. 북국의 노역(勞

役)이 끝나는 날 나는 가벼운 몸으로 세상에서 물러갈 것입니다. 유랑하는 조선 사람이 많습니다. 그들에게 적은 지식을 제공하는 것이 큰 위안입니다. 토요일이면 그들과 함께 눈 위로 썰매를 타고 몇 시간씩 유쾌한 시간을 보내는 것이 가장 큰 기쁨 중의 하나입니다.

본래 건강이 좋지 못한 저는 오랫동안 시달리고 오느라고 더 건강을 상했습니다. 약 한 첩 얻어 볼 길 없는 곳이 되어서 몸에 열이 생기면 생명의 초조함을 느끼게 됩니다.

시몬!
나의 이상 속에 당신의 환희가 있습니다. 조선을 아끼시는 뜨거운 정열을 잊어버리지 않으시길 바랍니다. 당신이 바라는 의(義)의 세계, 옳음의 전당을 그 땅 위에 세우시도록 노력하소서. 의로운 병사가 되어, 최후의 소원을 위해 싸우시고 건전한 시몬으로 평생을 마치소서.

그리운 조선 땅입니다. 그러나 영원히 못 만나 볼 그 땅이기도 합니다. 이국 풍토의 찬 눈을 맞으며 내 고향을 서글피 부르는 운명도 자신이 타고난 한이기에 탓할 곳이 어디리까?

당신의 영원한 건전을 위해 당신의 주위에서 사라져 버린 형체, 이 괴로운 형체를 아시오면 그대 시몬은 값 있는 정열을 정의, 평화를 위해 희생해주실 줄 압니다.

시몬!

만 리를 격한 천공(天空)이 너무 애달피도 우리 사이를 격하였습니다. 운명의 짐은 아직도 무거워 내려놓을 곳이 없나 봅니다.

시몬!

찬 눈을 밟으며 함께 걷던 그때도 우리 과거 속에 있습니다. 무성한 국화 송이가 우리를 부르던 낡은 궁전의 오후를 기억하세요? 빛깔 거친 투구와 창이 여기저기 걸려 당신의 심서(心緖)를 써늘하게 압박하던 퇴색한 그 빌딩 속! 눈을 감으시고 비참한 기원에 사무쳐 애쓰시던 그 비애를 저는 눈물 없이는 보지 못했습니다. 당신의 불행을 잘 압니다. 가정과 집단에서 화락을 가지실 수 없으신 시몬이십니다.

애수를 머금은 노예의 하늘이 그대 영혼을 둘러싸고 인정 없는 동방의 시내 줄기를 껴안으신 생의 초달(楚撻)를 아옵니다.

시몬!

그러나 운명을 부인하소서. 그리고 새 표어를 가슴속에 새기시고 돌진하소서. 이것이 나의 가장 큰 희망이요, 소원입니다.

렌은 이렇게 몸이 약하나 당신의 사업을 위해 좀 더 오래 세상에 머물기를 바라고 있습니다. 그러나 병을 다스릴 길 없는 황량(荒凉)한 천지에서 어찌 길게 살기를 원하오리까?

죽음은 가까운 곳에서 저를 기다리고 있는 듯합니다. 이따금 캄캄한 무서움 속으로 빠져 들어가는 공포를 느끼고 의지를 온통 잃어버리는 일도 있습니다.

시몬! 죽음이 내게 가까이 못 오도록 해 주세요. 십자가의 의미를 알기 전에 죽음으로 돌아가기는 차마 원치 않는 일입니다.

시몬!
심한 열이 몸에 왔습니다. 화병에 잠겼던 꽃가지가 무참히도 바람에 넘어집니다. 저렇게 심한 바람이 어디로부터 옵니까? 아래 뜰 작은 방에 사는 노파의 긴 한숨이 들려옵니다. 지나치게 한적함이 마음의 초점을 흐려줍니다.

시몬! 헛된 눈물이 펜을 정지시킴을 용서하세요.

강한 여성이 되라 하신 그대의 말씀을 거역함은 아니건만, 천래의 유약한 성격으로 눈물을 피할 길 없습니다.

시몬! 당신이 오셨으면 성스러운 음성을 들음으로 나는 편히 잠을 이룰 것도 같습니다.

「폭풍의 기도」라는 시를 읽어 주시던 생각도 다시 머리에 떠오릅니다. 당신이 만지시던 작은 인형은 여전히 추억도 없이 내 테이블에 서 있습니다.

당신의 눈이 거쳐 간 낡은 책들도 그대로 저 책장 속에 넣어 있어요. 당신의 이데아를 가진 내 소유의 물상은 이 마음의 혼란을 길이 목도하겠어요.

그러나 시몬! 어디 계셔요? 당신은 어느 세계에 계시나이까?
내 생명 안에 광채 가진 당신의 위무, 헛된 소원이 다시 가슴을
파고듭니다.

멀리 말채찍이 웁니다. 혹시 그가 당신이십니까?

제8신

여인은 젊었을 때 고독 앞에 통곡한다고 사람들은 일러 오더
이다. 여인이 가진 생명의 비밀을 찾기 위해 타조와 사슴이 산
에서 뛰어내리고 저들의 정수리를 돌아나 물가에 던질 때 마을
의 훼방이나 나라의 명령이 이를 정지하지 못하더이다. 그러나
저들도 긴 호흡의 찬란한 숲 사이를 거닐고 보면 다시 황혼 깃
든 인생의 혼을 만나게 됩니다. 비록 잠시의 영화로움이 모든
동경과 쌓인 슬픔을 거두어준다 하되 그때 저들은 오래 기다리
던 선의 음향을 잃어버린 자가 아닐까요? 피부와 뼈가 쇠하여
갈 때 그들의 혼도 어둠 중에 헤매어 갈 것입니다.

시몬!
수고로운 사랑을 마시고 사는 자처럼 절망된 삶이 다시없을

듯이 생각한 것은 선과 미에 대한 동경이 불순하였던 까닭인가 하옵니다.

내가 늙어 헐어진 성문에 기대어 앉아 남은 인생의 날을 졸고 있을 때 당신은 나에게 노래를 권하지 않을 것이오며 다시 내 손목을 이끌어 푸른 가나안을 손짓하지 않으리다. 내 청춘의 성이 무너지는 날 나는 번뇌와 애통하는 터 위에 서서 당신의 성스러운 오른손의 신호를 밝혀 알아볼 줄 압니다.

시몬!

명상 속에서도 곤고한 탄식을 물리칠 수 없던 우리의 과거!

영혼의 사망을 감각할 줄 모르던 옛 시절이었습니다. 형체 가진 당신이오매 받은 고민이라면 아직도 내 심령에 티끌이 소멸되지 않은 까닭인가 합니다.

시몬!

모든 철학 종교의 설교도 이 존재유무에 관한 고민의 일부분이 아닐까요? 연약한 제가 사람과 신의 갈림길에 서서 애통함이 무궁한 시일 속에 허비될지라도 어찌 이를 끝낼 날이 오겠습니까?

시몬! 당신을 통하여 찾으려던 선의 고향! 미의 전당! 이는 당신이 유형한 인간성을 가진 자임으로 슬프게도 찾을 수 없는 미로(迷路)에 다다르게 되었을 뿐입니다.

시몬!
당신 아닌 무형한 신 앞에 내 눈이 열리기 소원입니다.
저 밝은 성소 안에는 항상 신이 소요하시리까? 그 앞에 내
육체를 불사르고 눈에 보이는 아름다운 것을 살육하고, 고요한
영혼만을 남기게 할 수 있으리까? 그러면 찾으려던 선과 미의
하늘이 보입니까?

시몬!
우리가 범죄함이 없이 청춘의 면류관을 벗었으니 재앙의 잔
이 우리 앞에 오지 않으리다.

제2부
●
별과 미풍의 계명

　어느 기슭에선가 찬바람이 스며 온다. 엷은 옷이 바람과 같이 동요한다. 렌은 시몬의 가슴에서 어제 황혼을 지냈다. 시몬은 지옥에 선 인부같이 무서운 열에 떨고 있었다.

　렌은 시몬의 눈 속에 몸을 잠그고 아기처럼 즐거웠다. 외따른 길, 활 등같이 굽은 고개에서 둘이는 마주 뵈는 별빛을 마시며 저녁 길을 가지런히 걸었다. 시몬은 렌에게 스승의 두려움을 보이지 않았다. 성서를 외우지도 않았다. 렌은 시몬의 옷자락을 붙들고 소녀처럼 동화를 기다렸다. 렌은 고개를 넘을 때까지 그저 하늘과 별과 미풍의 마을이 밤새껏 계속되는 줄 알았다. 녹다버린 눈석이 틈으로 젖은 눈을 발등에 느끼며 영원을 걷는 그림자들이었다. 렌에게 인가(人家)는 적이다. 인가 중에는 시몬의 냄새를 탐내는 욕심쟁이들이 있다. 시몬은 오래 전에 벌써 인가 중의 한 주인이 되어 버린 풍속인이다.

렌은 시몬이 가진 풍속에서 이따금 질식을 느낀다. 어젯밤 여덟시쯤 되었을 때, 시몬과 렌은 그 명랑하고 선량한 마음씨를 더 오래 계속하지 못하고 파도에 부딪쳤다. 그것은 불이 연붉게 피어 나오는 어느 창문 가까이 갔을 때 시몬을 부르는 여자의 목소리가 들렸기 때문이다. 시몬은 그 여자의 목소리를 듣자 손을 들어 반가운 인사를 보낸 후 그 집으로 들어갔다. 렌은 바람처럼 떨어져 혼자 걸었다.

3월 9일 밤

시몬!

어디서 푸성귀 냄새가 이처럼 배어듭니까? 미온(微溫)의 봄 소리가 눈물을 자아냅니다.

시몬!

안녕히 들어가셨습니까? 따뜻한 불빛과 깨끗한 정겨움 속으로 나는 당신을 보내면서 끝없이 즐거웠나이다. 행복하였나이다. 내가 당신을 떠남으로 당신에게 전개되는 세계는 지금까지 내가 경멸하던 인생의 한 폭의 화면이었으나 어젯밤에 극도로 솟는 동경의 한순간을 부정할 수는 없나이다. 시몬! 문풍지가 가는 바람에 울고 등불 주위로 바람이 산들거립니다.

나는 무엇을 생각하고 있는지, 내 정신의 내용이 무언지도 모르고, 그저 천장을 쳐다보고 묵묵한 채 던져져 있습니다.

시몬!

지금은 아홉시 반, 당신의 아기들은 잠이 들었을 것입니다. 한없이 부드러운 당신의 숨소리가 아기와 그리고 당신의 사랑하는 아내의 수면(睡眠) 위에 떠돌 때입니다.

이렇게 멀리까지 당신의 숨소리는 안위의 날개가 되어 스며들지 않습니까?

이는 눈물이 제 시야에 보이는 당신의 얼굴을 흐리게도 합니다마는 따뜻한 가정에 계신 당신의 웃음진 얼굴이 보일 때는 제 가슴도 기쁨에 뛰고 있습니다.

그러나 시몬!

나 아닌 다른 여자가 당신의 곁에서 당신의 위안자가 되어 있다는 현실이— 비록 오래 전부터 알고 있는 사실이나— 새로 발견된 일처럼 저는 비틀거리는 심리를 누를 길이 없습니다. 이 마음이 왜 이리 평정치를 못합니까? 당신이 분열되어 무서운 환영으로, 또는 해석할 수 없는 어떤 도화역자(道化役者)로 생각되는 때에 제 마음에 모시던 시몬을 잃어버리고 말았습니다. 그리고 내 자신의 가련한 얼굴, 약한 현실이 보일 뿐입니다.

시몬!

저를 버리고 당신의 아내와 함께 한 지붕 밑에 앉아 이야기를 주고받을 때는 렌은 하잘것없는 당신의 비웃음이 되고 맙니다.

시몬!

이런 것을 다 알면서도 피곤해서 돌아누웠을 때는 졸음이 스르르 옵니다. 벽에 걸린 아베마리아의 초상이 더 멀리 보이고, 그 아래로 흰 강이 흐릅니다. 그 강 옆에는 언제나 보이던 시몬이 서 있지 않습니까? 일어나 벽에 가서 몸을 부딪쳐 봅니다. 그리고 그 흰 강 옆에 서 있는 당신을 따라 어딘지 자꾸 걸어갑니다.

시몬!

당신은 내 눈물을 씻어 주십니다. 그리고 당신의 두 팔 안에 저를 안아 주십니다. 더욱 더욱 눈물이 쏟아져 당신의 손등과 옷은 젖었습니다. 길에는 냉이, 달래, 바위 틈에서 진달래 봉오리가 터지고 있습니다.

시몬!

나는 당신을 붙들고 내가 악몽을 꾸었다는 얘기와, 당신에게는 저 외에 지극히 선량하고 예쁜 짝이 있어서 혼자 떨어지게 되고, 그래서 빈 방에 돌아와서 울었노라고 했습니다.

시몬은 눈물진 뺨을 만지며…… "렌보다 더 사랑하는 이는 이 세상에 없다. 더 나를 위로할 이도 이 우주엔 없다"고 하십니다. 어디로 걸었는지 시몬과 같이 걸으며 머리를 더 시몬의 가슴에 묻고 울었습니다.

그리고 시몬더러 인가도 없고 동네도 보이지 않는, 더구나 내 가슴을 송두리째 무너뜨리는 그 예쁜 아내가 있지 않은 길로 가자고 졸랐습니다. 시몬은 그렇게 한다고 제 머리를 쓰다듬었습니다. 아직도 걸어보지 않은 길, 오직 렌과 시몬의 발길만 남길 수 있는, 영원히 지워지지 않을 자국을 지으며 가자고 했습니다. 내게서 뜨거운 눈물이 자꾸 흘러내리는 것은 시몬의 팔이 더 힘있게 내 허리로 돌아갔고 그 눈이 크나큰 슬픔을 참느라고 더 핫핫하게 빛났던 까닭입니다. 나는 시몬을 다시 놓아 보내지 않으려고 누가 시몬의 거처를 알까 보아 겁이 났습니다. 시몬이 병이 들었더라도 저는 아무에게도 처방을 묻지 않고 제 피와 제 살을 에어 약을 쓰도록 하려 했습니다. 어제 저녁처럼 시몬이 다시 내 곁에서 이유 없이 떠나간다면…… 다시 한 번 그런 일이 있다면…… 나는 꼭 길에서 엎어질 것만 같아서 시몬의 옷을 손이 에어지도록 잡았습니다. 거기는 어딘지 모르나 냇물이 있었고, 옥색빛 나는 새들이 왔다갔다 했습니다.

나는 시몬의 얼굴이 모두 신비로운 것만 같이 생각되었다는 것은 잠시라도 잊어버렸던 동안이 너무 애닯게 서러워서 그 정신의 표현인 동경의 피부를 한 군데도 놓치지 않고 바라보았습니다. 시몬에게 예쁜 아내가 있다는 사실은 아무리 먼 길을 걸어도 용이하게 머리에서 떨어지지 않는 애달픈 걱정이었습니다. 시몬에게 아이가 있다는 일은 어디까지나 안심되었으나, 이따금 시몬이 자기도 모르게 이야기 속에라도 '내 아내가 이러이러하다'고 하는 구절을 드러낼 때는, 나는 가슴이 아팠던 까닭이었습니다. 거기가 어딘지 아무 구속없이 나는 시몬더러 이야기를 할 수 있었고 속에만 두고 새기지 못하던 괴로움을 털어 말할 수 있었습니다. 나는 오던 길로 다시 갈 것 없이 여기 앉았다가 물구지나 도토리 삶은 것을 인가로 팔러 내려갈 사람이 있을 것이니 기다려 요기를 하자고 시몬을 끌었습니다. 시몬은 주저하더니 다시 먼 뒷산을 돌아다보며 "집에는 아기가 앓고 있어서 가 보아야겠노라" 하고 돌아섭니다. 나는 바위 등에 혼자 남았습니다.

시몬!

잠을 깨고 나니 창이 훤합니다. 마리아 초상 밑에 흰 강이 흐르던 것도 환영이었고, 당신과 함께 울고 걷던 그 길도 다 이 세상 길이 아닌 길이었습니다.

물지게 소리가 들리고, 건넛방 할멈이 부엌에서 그릇 씻는 소리가 납니다.

시몬!

나는 다시 이제 당신을 만날 수가 없을 듯합니다. 만 리 천리 밖에 떨어져 있는 당신이 다시 새 면목(面目)을 갖추어 저를 만나실 듯도 싶지 않기 때문입니다. 꿈에는 마음 놓고 당신에게 내 속엣말을 다 해드렸으나, 꿈 아닌 이 시간엔 당신이 다정하거나 미덥다는 생각을 감히 가질 수가 없습니다.

시몬!

나는 빈 천지에 혼자 서 있는 실체입니다. 넘어질 듯한 고목 밑에라도 쉴 자리만 있다면 이 괴롭고 눈물지는 순간을 바꾸고 싶습니다.

낮 정오가 지났습니다. 자주 찾아오던 혜명(慧明) 씨가 오늘도 찾아왔습니다. 그의 음성조차 의미없이 들리던 것이 오늘은 그의 목소리가 반갑게 들린 것은 어인 까닭입니까? 그에게서 나는 자주 시몬의 논을 듣고 또 시몬의 인생관과 가까운 논의를 듣는 것으로 반가웠으나 그 외에도 그는 저를 귀중한 친구로 생각해 주는 때가 있었습니다. 혜명은 가냘픈 체구를 가진 청년으로 서양 도학(道學)에 맛을 들여서 오랫동안 연구를 했다고 합니다. 그가 말을 할 때나 웃을 때는 탄력 있는 표정을 나타내지 못하는데 그것은 그가 책 읽는 정력 때문에 젊음을 잃어버린 때문이라고 생각하였습니다. 혜명은 바로 요 뒷산 너머 조용한 여사(旅舍)에서 몸을 쉬며 공부하는 것이 그의 업입니다. 몇 번 찾아와서 30분 내외로 자기 연구하는 과목 이야기를 하고는 가버렸었는데 오늘은 한 시간 동안이나 이야기를 하고 석양이 좋으니 산보를 떠나자고 했습니다.

시몬!

혜명의 연구 세계는 제 마음을 약간 끌고 있었습니다. 그것은 시몬 당신의 말씀 중에 나오던 인생의 이상과 거의 같은 데가 있어서입니다. 나는 혜명으로부터 당신의 어려운 말씀들을 되풀이 해석해 들을 기회를 얻었습니다. 혜명은 아무 구속을 받지 않는 사람이라 아무리 오래 앉아 이야기를 하더라도 아무도 방해하지 않습니다. 그러나 산보를 하면서도 제가 슬픈 것은 이론이 그치면 그에게 아무 흥미도 감흥도 일어나질 않아서 이따끔 그가 제 생활을 묻는다든지 앞으로는 어떻게 살 계획이냐 할 때는 얼굴이 새파래지도록 노여움이 피어오릅니다.

오늘도 나는 예의를 저버리고 "그런 것은 묻지 마시오" 하고 그를 섭섭하게 하여 돌려보냈습니다. 학리(學理)를 떠난 이야기 외에는 그와 대담하기가 싫은 까닭입니다. 나의 내부의 어떤 심리 세계로 그가 부딪치려 할 때는 왜 그런지 노여움이 솟게 됩니다. 무슨 까닭인지 저도 모릅니다. 시몬을 위한 대담자로밖에 저는 그가 필요하지 않습니다. 일전에도 그가 산국화라고 손수 겨우내 방에서 길러낸 화분을 보낸 일이 있는데 거기 쓴 글도 보지 않고 그대로 돌려보낸 일이 있습니다. 그때도 내 생각엔 이 방에 시몬을 위한 물건 외에는 두기가 싫었던 심리에서 그러한 것입니다. 그래도 그는 그런 반환쯤은 으레이 있을 일같이 여기었던 것처럼 평범하게 다시 찾아오고 이야기를 펴고 하는 것입니다. 이론도 품위도 다 갖춘 청년이나 시몬, 당신이 가진 생명성은 갖추지 못한 것 같습니다. 헤어져 돌아와서는 싸늘한 조각을 만지다 온 것처럼 허전하였습니다. 그래도 나는 왜 그와 오랫동안 산보를 할 수 있었는지 알 수 없습니다.

시몬!
비 온 뒤라 풀잎은 물빛에 더 파랗고, 바위에 덮인 이끼도 오래 품었던 웃음빛을 뿜어내고 있습니다. 이 동네는 내 마음속에 간직했던 전설의 마을과도 같습니다. 조용함 속에 수없는 빛깔과 음향이 살아 있고 명랑한 생의 요소들이 은은히 떠돌고 있습니다.

시몬!
당신에게서 풍기는 말없는 설명이 당신의 창문을 통하여 바위와 나무, 오래간만에 뵈옵는 당신을 나는 어떻게 뵈어야 할까

하고 발자국을 옮길 때마다 망설입니다. 잠자던 웃음의 봉우리들이 머리를 들고 움직이기 시작합니다.

잡아맸던 억제의 줄이 이처럼 풀어져 버리고 당신이 살고 계신 듯한 울창한 기적의 삼림 속으로 내 생각은 또다시 달아나고 맙니다.

당신을 찾는 일이 진리를 향해 가는 생의 욕구와 꼭 같은 동기에서였다면, 이 동기의 원인과 연대를 굳이 분별해 가며 낯선 윤리와 타협함으로 평형을 설명하려는 것은 무슨 일일까요?

시몬!

당신은 시정의 습관과 도덕의 위신을 가장 미화시킴으로 생활의 진전을 이상하시는 줄 압니다. 이 이상 하나를 바라보고 노력하는 당신이시매, 위대한 당신의 정열도 희생되는 줄 압니다.

당신이 가시는 생의 길에 당신의 정열은 푸른 나무가 되어 질서 있게 피어오를 것을 믿으시기 바랍니다. 렌은 당신의 마음속에 피어오르는 푸른 가지에 배태된 한 개 운명의 생존이라 믿어 주시면 그만입니다.

오늘 저를 만나는 길로 무슨 말씀을 들려주시려는지요. 새 사상! 새 미(美)를 이 마음에 기다립니다. 장미 가시가 치마를 잡아끕니다.

이 언덕길엔 누가 이처럼 들장미를 가꾸어 놓았을까요? 푸른 잎새 사이론 붉고 노란 장미가 한없이 뻗어 올라갔습니다. 모두가 우리의 외로운 마음같이 생각됩니다.

당신이 계신 집 가까이 담 밑에까지 왔습니다. 사람의 발자국 하나 보이지 않는 흰 뜰이 조용히 잠든 듯 묵묵합니다.

나는 지금 당신이 문을 열고 바람보다 더 빠르게 내게로 감겨 주기를 얼마나 바라겠습니까?

시몬!

잠이 드셨습니까? 전번에 드린 편지를 받으셨으면 오늘은 저를 꼭 기다려 주실 줄 믿는데요. 주인의 환영도 없이 들어가는 것이 다시금 예의를 생각하게 합니다. 당신의 뜰가에 기다린 이 저녁의 엄숙이 당신의 마음이 제게서는 멀리멀리 통할 수 없는 먼 곳에 떨어져 있는 것을 상징하는 듯합니다.

첩첩이 닫힌 문은 모두가 당신의 숨결로 굳게굳게 걸려 있는 듯, 무겁고 가혹한 압박이 제 손을 주저케 합니다. 그래도 나는 당신의 문을 열지 않고는 돌아갈 수가 없습니다. 음성이 떨리는 대로 나는 당신을 부릅니다.

아무 대답도 없습니다. 나는 최후의 용기를 내어 당신의 문을 노크합니다. 그래도 대답이 없습니다.

저는 하나의 무례한 여자라는 염치를 헤아릴 새도 없이 문을 열었습니다.

시믄!

창연한 방안에 촛불이 하나, 뒤로 앉은 당신의 모양, 그 흰 옷이 유난히도 눈이 부십니다.

당신의 눈은 어느덧 제 얼굴에 와 닿았습니다. 펼시야 시인의 시집이며 수없는 고전이 당신의 작은 책상 위에 무거이 쌓였습니다. 이 책은 모두가 당신의 마음의 동란과 전쟁을 안정케 하는 무형한 무기같이 보였습니다. 그렇습니다. 자기의 욕심을 소멸시킴으로 재생의 빛을 보게 되는 방법, 열반의 경지에 도달하는 술(術). 이것만이 곤고로운 인생이 찾는 최후의 등대, 해탈의 도가 되는 줄 압니다.

시믄!
렌은 당신의 욕심의 내용입니까?
렌은 당신이 찾는 해탈, 재생의 부정입니까?
앞을 가로막는 어둠입니까?

그러면 어찌해서 신은 사랑 속엔 비밀이란 신비를 가하지 않고는 이루어질 수 없도록 창조했을까요? 내가 당신의 범연한 가슴속을 눈물지며 바라보는 슬픔은 당신의 깨끗함을 존경하는 의미도 있으나, 나는 어찌해서 당신이 저를 볼 때 태연하신 것처럼 태연할 수가 없을까 하는 자책의 슬픔입니다. 수양의 피와 힘이 부족했던 탓이라고 생각하면, 그저 당신을 또다시 찾아온 제가 한없이 잘못된 듯합니다.

시몬!

내 호흡 속에는 아직도 도시의 질풍과 문화의 행복감이 혼선되어 있습니다. 이런 내 눈에는 시몬! 당신은 이 시대의 정서에 사는 렌에게는 너무 가혹한 선생이십니다.

시몬!

내 청춘의 요람 안에 풍기는 대기! 꿈! 자유의 섭리는 당신의 우주 안에 생존하고 있습니다.

당신의 종교, 당신의 승리, 당신의 정열, 당신의 평화의 최후가 되고 싶은 렌입니다.

당신은 그러나 저의 천국에 들어오실 수 없고 나는 또 당신의 낙원에 들어갈 수 없음을 잘 압니다. 당신의 지금 평정하신 모습은 이 낙원에 불리는 미풍, 흔들리는 생명의 화초를 망각해 버리려는 숭고한 단련인 줄 압니다.

오랫동안 내적(內的)으로 목이 말랐던 저는 당신의 이야기로 다시 소생되는 듯했습니다.

아홉시가 지나서야 나는 당신의 집을 떠나지 않았습니까? 아무 표정도 없으신 당신의 눈은 그대로 당신의 정신의 창이었습니다.

흰 구름 떨기 사이로 늦달이 활짝 나왔을 때 나는 어느 격언보다도 반가웠던 당신의 얼굴을 기억합니다. 숭엄한 지혜의 상징이었습니다.

당신의 정관적인 무관심!

이것이 렌을 진실한 완성으로 이끄는 데 필요한 애무입니까? 당신이 아내 가진 남성이라 하여 압박을 느끼던 때보다 저는 당신 자신 속에 있는 미지의 채찍으로 제 영혼이 더 아프게 눌리는 듯했습니다. 당신은 내가 싸고 싸 있는 정의 핵심을 엿보셨습니다. 그리고 당신의 눈은 분명히 나에게 독신자가 되라는 바람으로 빛났습니다.

시몬!

밤 시내가 차가운 명랑을 속삭이며 흘러갑니다. 달 그늘이 은은히 흔들리는 삼림 속으로 나는 당신을 뒤로 하고 내려왔습니다. 오늘밤 따라 내 집에 들어오기가 왜 이리 싫습니까! 구석구석마다 나를 비웃는 신의 눈이 있을 것 같고 덕과 인격에 불근신한 내 심적 권태를 모질게 고문하는 의지가 말을 토하는 듯합니다.

시몬!

저는 위대한 신앙에는 참되지 못하였고 당신이 가지신 사람의 미덕엔 만족하였습니다. 위대한 신비, 심원(深遠)한 종교의 동산에 정신적인 산책자로선 아직 저는 자신이 없습니다.

시몬!

여자는, 모든 여자가 그렇듯이 자기가 사랑하는 사람의 굳센 팔 안에 몸과 마음이 꼭 품겨져야 완전한 여자의 인격을 이룬다고 생각합니다. 제가 당신을 향해 제 몸과 마음이 다가서 닿을 만한 항구가 되어지기를 소원하는 것은 혹시 무조작(無造作)한 생명의 요구인지도 모릅니다. 그러나 이러한 사고가 한 번도 저에게 비겁이거나 수치의 감을 일으킨 적은 없습니다. 아무 꿀림 없는 자연적 사고 내용이었습니다.

시몬!

당신의 신학적인 사교성 그 법리도 더 공부해야겠습니다. 그러나 시몬! 나는 이제 학교를 갓 나온 어린 여학생은 아닙니다.

시몬!

벽에 걸린 당신의 사진에 가만히 뺨을 대어 봅니다. 가슴속엔 눈물이 소복이 고여 오릅니다. 초여름 풀 향기가 뜰에 가득 찼습니다. 이렇게 월계 냄새가 풍겨오지 않아요? 나는 언제까지나 이런 고독의 베일 속에서 당신을 예배해야 됩니까?

시몬!

당신은 혹시 허무 속에 안정을 구하는 것이나 아닙니까? 푯대도 의지할 곳도 없는 사막에 앉아 양심의 배부름을 찾지나 않으십니까? 의지의 행복이란 이론으로만 교육될 수 있는 형태가 아닐까요?

시몬!

한 여자의 최대의 선과 행복은 위대한 피의 흐름을 가진 한 사람의 완전한 소유가 되는 때에 실현된다고 봅니다. 저는 당신의 길을 해득할 때까지 지혜를 기다립니다. 지금은 다만 당신의 얼굴을 이 마음에 품음으로 행복을 지속하려 합니다.

이 편지 받으시면 이 주소로 회답을 주시기 바랍니다. 그리고 펠시야 시인집도 함께 부쳐 주시기 바랍니다.

— 렌 올림

시몬!

바람과 눈과 비의 들판 위에서 제 마음과 몸은 거칠어질 대로 거칠어졌습니다.

산이 그립습니다. 물 철철 흐르고 난초꽃이 마음껏 피는 그 따뜻한 산과 땅이 보고 싶습니다.

저 아득한 지평선에 남은 햇빛이 주홍색으로 땅을 물들일 때면 만주 계집아이의 말 달리는 소리가 더 유난히 가슴을 설레게 합니다.

황혼이 시작됩니다. 눈이 모자라 잘 보이지도 않는 아스름한 풀빛 하늘에 정다운 별 하나, 당신의 이름을 부르지 말자고, 잊어버리자고 산과 들에, 그리고 저 높은 별들에게, 그리고 제 마음 맑은 제단에 얼마나 많은 맹세를 하였겠습니까?

다시 당신께 나를 연락시키지 말자는 노력의 최선을 다 하였나이다.

그러나 시몬, 당신은 나를 떠난 때가 없었나이다. 아이들을 가르치는 그때 묻고 낡은 교실 안에서도 당신의 얼굴은 언제나 계셨고, 돌아와 외로운 등불 밑에 당신의 모습은 언제나 떠남이 없었나이다.

눈물의 칠 년, 그러나 즐거운 칠 년이었습니다. 눈물로 내 마음을 적실 때 당신은 웃음으로 제 마음 안에 피어나기 때문입니다.

당신은 어떻게 어떠한 모습으로 변하셨는지 모릅니다. 또 어떠한 생각으로 그 동안 조선을 대하셨는지 모릅니다.

나는 오직 옛날에 렌을 가르치던 그 시몬, 조선의 이름을 아파하시던 그 시몬을 찾습니다.

이제 몸부림치던 전쟁이 쉬는 동안 조선은 잠시 놓여났다 하지 않습니까?

시몬!

아픈 것을 아프다 말 못하고 벌레의 대우를 받으며 눈물을 삼키던 그때의 나는 오직 당신의 얼굴을 바라보며 그 얼굴 그 표정에서 풍기는 암시로 조국을 알았고 한국을 이해했었나이다. 당신이 한국의 불행을 슬퍼하시는 그 진실하신 마음에 감동하여 당신을 사랑하지 않고는 견딜 수 없었던 과거…… 자신의 약함을 비웃으면서 당신의 인간성을 정확히 파악하지 못한 채 머나먼 길을 떠나는 저였습니다.

시몬!

당신의 조국 조선은 영원한 채찍에 신음할 나라는 아니었던가 봅니다. 이제 흉흉한 태평양과 대서양의 물결은 인류의 괴로운 비명을 안고 잠잠하여졌습니다. 이 비명 속에 가장 비참한 비명을 감추고 있는 나라가 조선이었습니다.

시몬!

당신이 가르쳐 주신 삼천리 지도, 당신이 가만가만 불어넣어 주신 단군의 역사책을 빼앗기고, 뺨을 맞으며 시멘트 바닥에 꿇어앉아 가시 채찍을 등에 받으면서 당신을 생각하고 즐겁던 그때의 심경! 지금도 그 환희는 걷잡을 수 없는 추억을 이 가슴에 일으키고 있나이다.

시몬!

길이 막히고 통신이 끊긴 지도 어언 오륙 년, 이 만주에 온 지 칠 년 만에 해방된 조국을 향하여, 아니 사랑하는 당신을 생각하고 글을 쓰는 이 심회, 눈물이 앞을 가려 무슨 말을 먼저 쓸지 모르겠습니다. 여기 사는 조선 사람들은 마치 이스라엘 백성이 가나안을 찾아가듯이 조선으로, 고국으로 돌아간다고 날마다 짐 실은 마차가 저의 창문 앞을 지나갑니다.

시몬!

오랫동안 유랑하던 이 방랑의 무리는 과연 지금 젖과 꿀이 흐른다는 가나안으로 향하는 것입니까. 그들이 돌아가는 조국의 하늘은 반가운 웃음으로 그들을 맞이해 줄 것입니까.

오늘도 어제도 보따리를 등에 진 채 아이들을 업고 그립던 조국이라고 희망에 웃으며 떠나가는 이 무리들! 아아, 그들을 안아 눕힐 자리가 준비되어 있나이까?

시몬!

저는 당신을 잊으려 여기 왔습니다. 또 조선을 잊으려 여기 왔습니다. 외로운 어린 아이들과 함께 불덩이 같은 햇볕 아래 뜨거운 모래사장으로 마적 떼들에게 몰려 도망 다니던 때도 있었고, 일본 헌병에게 감금되어 어두운 지하실에서 생명의 혼수를 느낀 때도 한두 번이 아니었습니다.

함박눈 날리는 황막한 벌판에서 저녁 길이 늦어져서 소리쳐 울어본 때도 한두 번이었겠습니까. 그러나 이 괴로움, 이 어려운 고생도 당신의 얼굴, 당신의 음성을 단념하기에는 아무러한 효과도 없었습니다. 내 잠재의식 가운데 시체가 된 듯 고요한 당신의 생명은 때로 머리를 들고 저의 고독을 질문하고 저의 청춘을 심판하였나이다.

나의 죽음은 외로운 땅에서 끝마칠지나 저의 정돈되지 않은 인간성을 당신에게 보이기가 싫어 나는 조선을 피해 떠나왔나이다.

당신에게 향한 저의 감정을 위험시하던 제 주위의 제재는 이제 해방과 함께 자유로워졌을까 의문입니다.

나의 진실한 마음대로 하라면 한걸음에 뛰어가 당신과 함께 남은 목숨을 당신과 민족을 위해 바치고 싶나이다. 가난한 한국, 의지없는 조선, 우리가 서로 위하고 서로 도와서 허물없는 조선을 만들어야 하지 않으리까.

열강이 우리를 엿보려 하나 우리 민족이 한 줄에 서서 같은 정신, 같은 목적으로 이를 대항한다면 누가 우리를 막으리까. 가난하면 가난한 대로 우리끼리 살림을 차려 살도록 마련이 될 것입니다.

어제 조선서 오신 K씨의 이야기를 듣고 저는 참으로 놀랐습니다.

38선이 생긴 것만 해도 무서운 일인데 70여 개의 정당에 분열 모략이 심하다 함을.

시몬!

그 말이 정말입니까. 우리가 바라던 조선이 이것이었습니까. 당신의 마음속에 있는 조선!

그 아름다운 조선이. 지금 당신의 아픈 핏속에는 당신의 부드러운 기도가 흐르고 있지 않았나이까.

시몬!

옛적에는 우리가 남의 나라 사람 때문에 고민하고 못 살았으나 지금은 우리 때문에 우리가 괴로움을 도리어 당한다니 더욱더 망극하나이다. 돌팔매를 맞아 상한 몸은 고치기가 쉽되 제 몸 속에서 생긴 병은 고치기가 어렵다는 진리를 우리는 왜 모르나이까.

시몬!

조선이 보고 싶습니다. 조선 사람끼리 살 길을 의논하는 그 믿음직스러운 조국을 보고 싶습니다.

시몬!

조선의 산맥에서는 여기저기 아름다운 샘이 풍기고 있습니다. 그 강에 자유롭게 노젓는 소리가 못 견디게 그립습니다.

당신의 소리는 조선의 소리, 당신의 슬픔은 조선의 슬픔이었으니, 이제 당신에게 영화가 온다면 그 영화와 행복은 당신 개인의 영화와 행복이 아니요, 온 조선의 행복이요 영화일 것입니다.

저도 여기 외로운 아이들만 아니면 가까운 장래에 가보고 싶습니다. 그러나 제 마음에 그리던 행복된 조선이 정말 제 눈앞에 나타날 때 나에게 혹시 절망을 주지나 않을까 무서워 나는 주저하고 있습니다. 아침 저녁 목이 타도록 독립을 위해서 싸우시는 당신의 모습을 봅니다.

수난의 과거를 밟아온 시몬!

당신을 바로 알고 쫓아갈 청년남녀가 과연 얼마나 되나이까. 덕의 힘이 부족한 우리 사람들, 오랫동안 옳은 성격은 잊어버리고 왜곡된 자가당착(自家撞着)에서 민족의 판단을 그르치기 쉬운 우리입니다. 이 혼란의 가시덤불에 끼어 민족의 윤리조차 잊어버리려는 이 위태로운 이때 시몬! 당신의 조선을 위하는 방책은 어느 정도로 구체화 되었나이까.

시몬!

탁자가 부서지도록 민족을 찬양만 마시옵소서. 찬양을 찬양하는 감격으로 독립이 될 시기는 지났나 봅니다. 피와 땀, 제 실력을 보태고 빛내는 데서 이것이 한덩이로 움직이는 때 비로소 민족은 살고 민족은 번영하는 것은 아닐까요. 우리 민족의 살길은 오직 일하는 데 있습니다. 제 땅을 위할 줄 아는 사람이라야 일할 열심도, 부지런해야겠다는 결심도 생길 것입니다.

이런 사람은 비록 말은 없으나 그 행동이 벌써 만 사람을 감격시킬 웅변이요, 그 행동이 벌써 조선을 사랑한다는 증거입니다. 이런 산 애국자, 즉 알고 일하는 애국자가 모인 데가 아니고는 우리의 이 기회도 헛되리라 믿습니다.

시믄!

우리는 나 자신부터 우수한 인간이 먼저 되기를 계몽해야 합니다. 그리하여 우리 생활도 계몽이 됩니다. 골목과 골목 거리와 거리마다 풍기는 더러운 냄새 산더미 같은 쓰레기가 오직 가난하여서만 이 더러움이 우리나라에 쌓여 있다면 가난한 대로 깨끗한 나라를 만들 수도 있지 않습니까. 우리 마음에 더러움을 그대로 두고 무관심하게 지내는 까닭이 아닐까요.

가령 또 산업조합 같은 것을 만들고 지체 높은 사람이나 낮은 사람이나 이 조합원이 되어 산에 나무를 심고 논에 물이 마르지 않도록 수리공사를 하여야 합니다. 머리에 수건을 동이고 조합원으로서 땀 흘리며 망치질 하는 것이 독립운동이요, 우리나라를 뚜렷하게 하는 전조입니다. 이제 운명이 독립을 만들 수 없으며 아무리 깨끗한 민족관념을 가지고 떠들어도 이것을 높이 보고 감복하여 독립을 승인할 나라 없습니다.

그리고 촌촌 면면에 학교를 세워 공부를 시키고 과학적인 국민을 양성해야 하겠습니다. 오늘의 세계는 과학의 성능과 물리학의 성능으로 지배되고 있습니다. 총을 가진 자만이 강한 주인이 아니요 이 총을 어떻게 쏘는 것을 아는 자가 총의 주인이요 우월한 인간입니다. 배우고 일하고 이 두 가지 일밖에 없습니다. 그래서 우리 민족의 우울하던 머리가 밝아지고 어둡던 생활이 명랑해지면 우리는 우리끼리 우리나라를 운전해갈 수 있을 것입니다.

시몬!
해방된 조선을 보지 못한 저는 부질없는 안타까움과 몸부림에 가슴이 아픕니다. 이 모든 얘기를 밤을 새워가며 당신과 함께 이야기할 수 있다면 나의 기쁨은 그 도가 너무 클 것입니다. 나의 아끼고 높이는 시몬! 사나운 물결에 휩싸여 고민하는 한국 속에서 당신의 아픈 음성을 듣습니다.

그러나 아무 야심도 환락도 바라지 않을 당신이오매 노동복에 검은 발을 하고 힘없는 한국을 밀고 가는 모습을 마음으로 바라봅니다.
나에게 아직도 순결한 마음이 당신을 위해 남아 있다면 만리 먼 곳이라 다르리까.

당신의 용기와 활기를 꽃피우기 위하여서라면 침묵으로 무슨 일이든 당하오리다.

시몬!

너무 오래 못 뵌 듯합니다. 한없이 한없이 가까이 서 있고 싶은 마음입니다. 등잔에 기름이 다했나 봅니다.

다시 쓸 때까지 몸 성하시기 비오며.

만주서 렌은 올립니다.

그대는 그대의 천국, 행복의 나라가 쉬 임할 것을 예언하셨습니다. 애통한 풀피리를 불던 옛 곡조는 바람과 함께 영원히 가버렸다 하였습니다. 그러면 저 애수(哀愁)롭기만 하던 저녁노을이 이 나라의 청춘을 황홀한 밤으로 인도할 수 있는 서곡이 될 수 있는 것입니까.

시몬!

이 나라와 가장 친근한 이가 누구입니까.

고달픈 역사의 수레를 끌고 묵묵히 걸어갈 사도는 누구입니까. 당신을 만나러 한국엘 다시 왔습니다. 아니 찬양하고 노래할 나의 나라! 그리운 어머니의 땅이 보고 싶어 다시 이 조선 땅에 왔습니다. 어딜 가야 당신을 만나볼지 몰라 나는 오늘도 여러 아는 사람들에게 당신을 물었습니다. 묻는 사람마다 당신이 계신 곳과 하시는 일을 모른다 합니다.

시몬!
서울까지 오던 길은 너무 힘이 들었습니다.

38선을 넘던 밤은 비 내리는 어둔 밤이었습니다. 보따리와 짐들을 진 이북 사람들이 도적같이 행장을 하고 산마루를 타고 넘느라고 숨도 못 쉬던 광경! 육십이 다 된 노할머니 한 분이 떨리는 목소리로 "멀었니? 고개가 보이오?" 하던 그 가엾은 광경! '멀었니고개'는 전에 없던 산마루턱의 이름입니다. 38선 넘기가 너무 힘들어 이남 쪽으로 붙은 고개를 '멀었니고개'라 이름을 지었다 합니다. '아직도 멀었느냐?'는 탄원(嘆怨)의 명사입니다. 저도 노인들과 '멀었니고개'를 바라보면서 나무숲 사이로 밤을 타고 넘어왔습니다. "지옥의 행로가 이러리라" 하며 밤을 새워 걸었습니다. 조선 땅을 밟던 순간 나의 피곤과 울음은 다 스러지리라 믿었으나 갈라진 삼천리 허리를 넘을 때 오직 캄캄함과 울분이 가슴을 미여지게 할 뿐이었습니다.

서울에 와도 친히 맞아줄 곳 없는 저는 전에 기숙했던 영국 수녀원 기숙사 문을 두드리지 않을 수 없었습니다. 성서의 비밀을 속삭이던 그 뜰의 포플러는 '아무런 풍우도 없었다'는 듯이 늙음이 없이 바람에 잔웃음을 웃고 서 있습니다. 당신이 찾아오시던 낡은 일각대문도 여전히 뒤뜰 장독대 옆에 변함없이 세워져 있습니다. 제 꿈과 영상의 동무였던 라일락 나무도 옛정을 반기는 듯 비에 나부끼고 서 있고요. 어디를 가나 여장을 풀어야 하는 운명이냐 38선에서 이런 저런 이유로 모조리 짐을 빼앗긴 저는 오직 단신으로 풀어 놓은 짐이나 손에 가진 돈 한 푼 없는 신세가 되었습니다.

시몬!

다 빼앗긴 공허함보다 이 어인 마음의 공허가 걷잡을 수 없나이까. 따뜻한 피와 정을 잊어버린 나라에 무슨 소망을 예약할 수가 있으리까. 내 옷과 돈을 떳떳하게 달라 한 사람은 외국 사람이 아니라 모두가 조선 사람이었습니다. 나는 빼앗길 이유가 있어서 빼앗기거니 하면서도 너무나 낯설고 무서운 표정으로 일관하는 이 조선 사람들의 태도에 오직 아연하였고 2년도 못 되는 세월 동안에 그 순하던 백성들이 이처럼 변한 데는 어떠한 이유가 있으려니 하면서도 소름끼치던 감상은 억제할 길 없나이다. 우리 조선 사람에게야 무슨 허물이 있으랴 모두가 국제 정세에 몰려 필연적으로 그리되었으리라 믿으려 하는 것입니다. 그러나 어딜 가야 이 허전한 마음을 안정시킬 수 있을까요.

시몬!

바로 8년 전에 거처하던 그 방에서 저는 당신께 또 다시 글을 씁니다. 옆방에 있는 낯선 친구에게 당신의 이름을 말하고 안부를 물었더니 좀체로 만날 수 없을 뿐 아니라 숨어 다니는 듯하다고 전합니다. 나는 얼마나 조선의 정세가 위험하다는 것을 알았습니다. 친한 친구는 R의 집을 방문했습니다. R은 옛처럼 친한 친구가 아니었습니다. 해방 후엔 물론 서로 통신 왕래가 없었으니까 R이 어떻게 변한 것을 몰랐습니다. R은 벌써 나를 만나기 전부터 나는 한국에 적당치 않은 사상계통에 서 있는 여자라고 단정해 버린 듯합니다. 우리는 서로 의견이 다른 것으로 두 시간이나 격론한 뒤 R은 다시 아연한 말끝에 "시몬 같은 사람은 지금 조선에서는 추방을 당해야 옳을 것이라" 말하고 "새 정부가 서면 민족 반역자 열에 들 사람이라" 합니다. 이유는 해방 후 아무와 결탁하여 조선을 어느 나라에 팔아먹을 일을 한다는 것입니다. 나는 R을 나무랄 아무런 답변도 준비되지 않았고 답변할 용기도 나지 않았습니다. 나는 웃는 낯으로 "그런 격분은 다 나라를 위해서 한 말이겠으나 남의 선동만 믿지 말자고" 권하고 그 자리를 떠나면서 입던 치마 하나를 빌려달라고 R에게 청하였습니다. 만주에 가 있는 동안 이 친구는 해방 바로 앞서까지 소포로 옷과 식료품을 서로 교환하면서 지내온 터라 이 말 한마디는 결코 지나치는 청이 아니었습니다. 그러나 나는 의외의 R의 대답에 다시 놀라지 않을 수 없었습니다. 농민의 피만 빨아먹을 공작만 하는 시몬 일파에게서 좋은 옷 좋은 생활품이 제공될 터이니 자기 같은 무산운동하는 여성에게 구구한 청을 하지 말라는 것입니다.

나는 이 비웃음으로 찬 말을 들으며 귀를 막고 싶도록 괴로 웠습니다. 그는 R의 교양정도엔 맞지 않는 유치한 말이기 때문 입니다. 해방 조선이 이처럼 우수한 사상의 노선에다 여성들까 지 끌어올리는 역할을 할 줄은 몰랐습니다. '계급투쟁의식'은 우정도 어버이의 도도 넘어서서 당당히 인정과 의리를 마음대 로 위협하여도 무방하게끔 되었습니다. 이는 인간의 본성이 발 휘할 수 있는 윤리를 무시하고 나아가서는 '도의 세계'에서 동 물의 무법천지로 돌아가도 무관하다는 말이나 같다는 해석이 아니겠습니까. "일언이 폐지하고 잘 먹는 사람은 잘 못 먹는 사 람의 원수다" 이 얼마나 단순한 투쟁관념입니까. 조선엔 잘 먹 는 사람보다 잘 못 먹는 사람이 물론 더 많습니다. 우리야말로 어느 나라 민족보다 같이 잘 먹기 위하여 생명을 내걸고 싸워야 할 의무가 있습니다. 그러기 위해선 제 나라가 먼저 있어야 한 다는 당신의 길을 따라야 하리까. 나라야 있든 없든 우선 도탄 에 빠진 민생을 위해 유산계습을 없애고 너나없이 꼭 같이 살아 야 할 운동을 일으키자는 R의 이론에 쫓아야 하리까.

시몬!
과연 조선에 우리가 미워해야만 할 훌륭한 특권계급이 있습 니까. 우리가 소탕해야 할 자본가 무리가 있습니까. 식민지 노릇 사십 년에 조선 사람에게 축척된 재물이 한곳에 몰릴 수가 있었을까요. 나는 R에게 작별 인사를 하고 나오면서 옛날에 천진했던 우리 우정이 그리워 뺨 위에 흐르는 눈물을 금할 길이 없었습니다.

시몬!

이 서울 한복판이 비바람 설치는 만주 벌판보다 더 거칩니다. 나는 나의 잘못이 무엇인지 알기도 전에 죄인처럼 가슴이 울렁거리고 남의 눈치가 보여지고 마음 조심 몸 조심에 억압을 느끼나이다.

길거리에 몰리고 몰리는 그 많은 한국 사람의 얼굴은 모두가 차디찬 방황의 빛으로 얼이 없어 보입니다. 오히려 남의 나라에 잠시 와 있는 외인들의 발걸음이 더 활발하고 자연스럽습니다. 바라고 쫓아온 조국의 품은 이처럼 냉혹하고 불안합니다. 40년 침묵하던 조선 혼의 내부는 이처럼 가난하고 누추한 것으로 채워져 있었던가요. 동에서 서에서 모여든 애국지사의 성명은 바람처럼 허무한 음향을 줄 뿐입니다. 이 피곤한 혼을 어느 언덕에 쉬어야 하리까.

시몬!

부드러운 저녁바람이 불어옵니다. 성당 십자가 위로 멀리 피어나는 초저녁 별들! 고울 줄 모르는 이 땅을 비치기엔 너무나 지나치게 맑고 깨끗한 우리의 하늘입니다. 맑은 푸름이 차 있는 저 공간에 당신을 동경하고 어루만지던 꿈은 산산이 깨어져버린 조각돌이어이다.

폭풍에 휩쓸리는 당신의 모습을 정처 없는 세기의 방랑객이 될 것도 같습니다. 이해 없는 환경에서 뭇 사람의 오해를 입은 채 파문은 옷자락을 끌고 어디로인지 어둠의 세계로 몰락되어 가는 듯이 생각됩니다. 당신의 자유는 압박에서 외로웠고 당신이 선물로 받은 해방은 자기 겨레의 쇠사슬에 얽매여 다시 신음하고 있습니다. 그러나 시몬이시여! 기름진 우리의 빛나는 땅에서는 부풀어 오르는 샘이 쉬임없이 솟습니다.

땅은 죽지 않았습니다. 맥이 뛰고 피가 도는 채 이 지구의 한 모퉁이를 떠받들고 있습니다. 저 인왕산 높은 봉엔 우리 민족의 숨결로만 자라가는 소나무가 푸르렀습니다. 조선의 육체는 이 땅 산 냄새와 물줄기! 그 부드러운 화기 속에서만 자라고 번성할 수 있습니다.

그러니깐 조선은 조선 사람이 가져야 합니다. 조선 혼을 떠난 조선 사람의 투쟁과 희망은 있을 수 없습니다. 저는 당신의 용기와 그 불붙는 의지와 산 성격을 믿습니다. 아시아의 혼란이 조용해질 때 우리의 어둠도 밀려갈 것을 압니다. 문밖에 K여사의 음성이 들립니다. 아마 나를 찾아보려고 오신 듯싶습니다. 글월 다시 올리겠사오나 쉬 만나 뵈옵기 바라오며 이만 그치나이다.

구월 열흘 밤
서울서 렌 올림

시몬!

몇 해가 지났습니까? 몇 날 몇 밤의 지루한 세월이 아무 변화도 없는 채 그대로 지나는 동안 당신은 어디서 이 세월을 흘려보내십니까?

노을이 고운 무늬를 하늘에 수놓은 애끓은 옛날을 추억하게 하는 저녁때입니다.

당신이 사시던 마을에 나는 옛 꿈을 더듬어 거닐었습니다. 당신이 사시던 방은 진한 밤빛에 안겨 어둠으로 차 있었습니다. 당신의 눈이 다정스레 빛나던 그 엷은 창도 조용한 공간에 그대로 말이 없습니다.

하늘도 땅도 내 고독도 다 같이 어둡습니다.

나는 초밤별이 나무 사이로 빛나는 그 잊을 수 없는 우리의 길로 혼자 돌아와 제 방까지 이르렀습니다.

시몬!

이렇게 앉아 당신을 부르는 시간이 너무 길어 괴롭습니다. 그리움 속에서는 당신을 찾는 신음이 들립니다. 이 신음이 내 가슴을 모질게 흔들어 놓을 때는 나는 그대로 초상같이 혼을 읽고 맙니다.

　눈을 감으면 당신이 오십니다. 남루한 옷을 감으시고 수척한 얼굴로 어디로부터 오시는지 저를 향해 오십니다. 나는 아무 준비도 없이 당신을 바라보며 어서어서 가까이 오시기를 기다립니다. 이 아무것도 차림없는 빈 방엔 시체같이 앉았는 내 몸이 있을 뿐 흘러내리는 더운 눈물이 당신을 위한 나의 즐거움입니다. 샘처럼 흘러넘치는 눈물의 광선을 타고 당신의 얼굴은 밝고 환한 빛을 비칩니다. 그 수척해 보이는 얼굴이 내 눈물 속에서 젊어지고 반가워짐은 무슨 이치오리까?

　나는 내 눈이 은빛, 사념 속에 행복되어 감을 느낍니다. 내 눈이 가는 곳에 당신이 웃고 오시지 않습니까? 거기는 꽃과 희망과 사랑의 잔잔한 멜로디가 서려 있습니다. 당신은 이 길을 통해서 아무 방해도 없을 내 영혼의 밀실에 들어오십니다.

　하늘도 물도 강물도 모두 제 길을 가는 신의 밤인가 봐요. 그러기에 당신은 오늘밤 외로운 저의 길로 또 그렇게 외롭게 오시지 않습니까? 흰 꽃 같은 설움을 안으시고 내 슬픔을 어루만지며 오시지 않습니까?

내 머리 올로 당신의 피곤한 발을 씻고 향을 피워 당신의 수란(愁亂)을 위안하려는 이 순간입니다.

밤마다 저 높은 별 아래 나 혼자 꿇어앉은 외로운 제단 위엔 오늘밤도 흰 촛불이 웃고 있습니다.

시몬!

친구도 사회도 나라도 아무 의미가 없는 불행한 내 생명은 기계처럼 유령처럼 허수아비처럼 정열을 낭비해 가며 삽니다.

당신 때문에 선과 미의 길을 알았고 당신 때문에 민족과 사리에 대한 의무를 깨달은 저입니다. 그러나 당신은 부닥치는 풍우 속에 흘러간 곳을 모르오니 내 꿈은 영원히 이대로 슬퍼야만 하오리까?

시몬!

야학을 가르쳐 보고 공장에도 가보았습니다.

아무것도 모르는 사람들과 배우자고 알자고 투쟁도 해 보았습니다. 그러나 나는 당신을 만나 당신의 시선에서 받은 가르침이 필요합니다. 아무러한 우수한 이론도 이 머리를 유혹할 수는 없어 나는 눈을 감아 오히려 이 현실을 잊으려 하였던 것입니다.

시몬!

그러나 오래지 않아 당신은 내 앞에 나타날 것만 같습니다.

잿빛 같은 나직한 하늘색 가운데는 애기별이 더 나직히 떠와서 '외로운 밤과 함께 외로운 사람이 온다'고 속삭입니다.

밤 새가 창에 와서 '너는 아름다운 여인이 되어 팔에 안긴다'고 지저귑니다. 바람이 날아와 내 흩어진 머리를 어루만지며 '사랑하는 이가 오시는 밤이니 매무새를 단정히 하라' 합니다.

나는 일어나 거울을 봅니다. 당신이 즐겨하는 치마를 입어봅니다.

먼 데 귀를 기울입니다. 혹시 먼 바다에 풍랑이 일어 오시는 길을 방해하지나 않나 하여. 아닙니다. 조용한 밤길입니다. 그러기에 이렇게 당신이 오시는 바다 위에 물새가 고운 노래를 부르고 있지 않습니까.

고개와 산봉엔 잔잔한 바람이 당신을 부르고 있습니다.

어서 오세요, 저 촛불이 다 닳기 전에 가까이 오셔서 내 혼이 즐거워 뛰는 곡조를 들으세요. 밤이 갑니다. 당신의 환영도 갑니다.

이처럼 헛된 즐거움도 소리 없이 갑니다.

시몬!

밤바람이 찹니다. 어서 따뜻한 마음의 온실로 들어오세요. 박해와 절망에 걸려 당신의 생명이 더러워졌어도 나는 홀로 그 더러워진 생명을 껴안고 행복하려 하나이다.

제3부
●
살로메의 피

1950년 7월 15일

시몬!

밖에는 그대로 하늘이 있고, 구름이 흘러가고, 바람과 숲이 존재해 있습니까?

어둠, 공포, 적막으로 이루어진 이 괴로운 압박과 싸우기 오늘이 닷새째입니다.

괴뢰집단 내무서 수용소에 감금된 지 닷새째 되는 오늘 나는 더 눈을 뜰 기운도 손가락 하나 움직일 힘도 상실된 것 같습니다. 여름 한 복철이건만 이 시멘트 바닥은 몹시도 제 몸을 춥게 합니다. 옆에서 들리는 애끓는 울음, 신음, 아픔에 못 이겨 우는 젊은 남자 여자의 소리, 누가 누구인지 알아볼 길 조차 없는 무서운 부자유 속에서도 그게 모두 우리 편이거니 하면 그 아픈 소리가 이처럼 다정히 느껴집니다. 어느 젊은 여자 하나는 어느 장관의 조카며느리라는 구실로, 또 아메리카 스파이였다는 혐의로, 여자로 당하지 못할 참혹한 고문을 당하다 그대로 숨이 끊어졌다 합니다. 시간이 어느 방향에 이르렀는지도 모르게 이 방은 네 벽으로 캄캄하게 둘러싸여, 캄캄한 채 죽음을 기다리는 대한민국의 죄수들이 꿇어앉았습니다.

시몬!

렌은 너무 영리치가 못하여, 피하는 남쪽 길에 몸을 감추지 못하였습니다. 순식간에 돌변한 서울 천지를 통곡한들 소용이 없어, 남산 기슭 숲 속에 숨었다가 어떤 내무서원이란 젊은 청년에게 잡히었습니다. 그는 제가 누구인 것을 모르면서, 무조건 서울에 남아 있는 여자를 체포하는 서슬에 저를 끌어넣었던 것입니다. 첫날, 이튿날, 그들은 다 저의 얼굴을 몰라보았습니다. 죽음을 앞에 둔 자의 심리로는 못 할 것이 없으리라는 최후 마음에서 나는 저의 형상을 최선을 다해 변형시켜 보았습니다. 내 머리 뒤에는 소나무 가지로 만든 비녀가 꽂혀 있었고, 몸에는 삼베 치마와 해어진 모시 적삼이 붙어 있었을 뿐입니다. 생이란 얼마나 비겁한 것인가? 죽음을 피하려는 인간의 심정이란 이런 때에 가장 솔직하게 표현되는 것을 속일 수는 없었습니다.

그들은 복도에서, 혹은 심문하는 사무실에서 가끔 저의 이름을 부르며, 그 여자를 찾아오라고, 오늘 밤 열두시까지 여맹원을 동원시켜 서울을 뒤집어서라도 찾아내라고 호령호령했습니다. 나는 가슴이 내려앉고, 눈이 어두워지고, 몸이 자지러지듯이 놀라서, 그들의 말이 들리지 않게 할 도리가 없을까 하고, 떨리는 몸을 간신히 진정하였습니다.

단순한 무서움뿐이었습니다. 그러다가 제 얼굴을 알아보면, 나는 무서운 악형을 당한 끝에 숨이 끊어지려니 하고, 그 아픈 처벌을 다 상상해 보고는 한숨을 쉬었습니다.

"몸이 끊어지고 살이 무너져 내려도 나는 저들에게 나 자신을 팔아먹는 여자가 되지 말아야 한다" 하는 양심의 소리가 맑게 차게 저의 귀를 때리고 있습니다. 그들은 저를 잡으면 살을 찢고 몸을 끊어 어디로 어디로 회순(回順)을 돌린다고 호령했습니다. 나는 이 모든 어려운 고난이 다 내일을 위해 당할 운명이거니 하면, 그냥 태어났다 죽는 평범한 죽음보다는 낫지 않은가 하고 스스로 위로를 받으려 했습니다.

그러나 시몬!
저같이 무가치하고 아무것도 아닌 일개 여자가 무슨 장한 일에 모범이 되었다고 이렇게 죽어야만 하나? 생각할 때엔 또 가슴이 미어지도록 억울하기도 했습니다. 이럴 줄 알았으면 좀 더 나라를 위해 힘찬 싸움을 할 것을. 이렇게 일이 되고 보니 한 일은 없고 상대에게 받은 처형은 너무나 큰 것 같아 오히려 당신과 조국에 대해 부끄럽습니다.

잠깐 감방 안이 조용합니다. 어느 틈으론지 서늘한 바람결이 잠시 머리에 감촉됩니다.

시몬!
보리밥 덩이도 오늘은 안 주어 몸에 힘이 없으니, 바람, 아무 데나 불어가는 바람이라도 먹고 싶습니다. 목이 너무 덥고, 몸에서 이는 불 같은 열이 너무 달아오르기 때문입니다. 바람을 보내 주셔요…… 당신이 마실 수 있는 바람, 그 푸른 바람을 조금만 저에게 주셔요. 너무 목이 갈합니다.

당신이 어디 계신지도 모르며 이 글을 씁니다. 만약에 당신도 서울에 있다가 혹시 이런 일을 당하게 되었다면 렌은 이 감방 안의 고통보다 더 무서운 고통의 체험을 했을 것입니다. 어디서나 당신 몸이 잘 보호되어서, 무너져 가는 조국의 기둥을 일으켜야 합니다. 당신의 의, 용기, 그 영원한 신에 향한 신앙으로 이 어지러운 조국의 운명을 건져야 합니다.

시몬!

조국은 사기, 음모, 허욕적인 현실에게 암살되려 합니다. 이런 경우에 죽음을 당한다는 일은 얼마나 구세기적인 야만적인 약점입니까! 이런 허위 모략적인 침략이 약소국가를 집어먹는 일은 이 세계가 아직도 이런 악의 세계를 정복할 힘이 준비되지 못하였다는 것을 증명하는 것밖에 아무것도 아닙니다. 아시아는 너무 도의와 윤리로만 인간과 국가를 처리하려 하였습니다.

도덕도 윤리도 무시하는 폭력이 장차 세계를 어떤 불행으로 이끌어갈지 모르고, 자기 종교, 자기 도덕과 윤리에만 도취되어 앉았던 아시아의 하늘 위엔, 우리가 이해할 수 없는 대폭력의 선풍이 지금 민중의 혼을 뒤집고 있습니다.

시몬!

달게 받겠습니다. 조국이 당신의 젊어지실 영광스런 십자가라면, 이 캄캄한 감방에서 이 아픈 고초를 달게, 즐겁게 받겠습니다. 초조와 안타까움이 신경을 압박하고 있으나 이는 비겁한 저의 생에 대한 애걸 때문이라고 생각하고 보람 없이 살아온 생이나마 이제 마지막 안식의 길을 신게 빌겠습니다. 그러나 이 참혹한 죽음이 오기 전에 나는 또 당신의 얼굴을 한 번만 만나 뵙고 싶은 강한 충동에 괴롬을 받고 있음은 웬일일까요? 감방에서 받는 이 육체의 괴롬보다……

시몬!

나는 당신을 그리는 애탐으로 마음의 아픔이 더 컸습니다. 이 원수의 감방은 제 운명이 허락한다면 혹시 벗어날 길이 있을지 모르나 영원히 벗어날 수 없는 이 마음의 감방 안에 홀로 신음하는 그대와 저의 사랑은 놓여날 길도 풀릴 길도 없다 생각하매 이 감방의 고초는 오히려 의미 없는 고초일뿐입니다. 나는 왜 이렇게 아픈 사랑에 목메어 웁니까? 당신을 못 뵈온 지도 무척 오랜 세월이 흘렀습니다. 어디 계신지는 모르오나 이렇게 암흑과 무서움이 둘러싼 이 현실의 내 나라와 그리고 당신의 사시는 곳이 너무 멀고멀어 이 사정을 아실 길도 없는 일이 생각하면 할수록 슬퍼집니다.

시몬!

견디기가 어려워 쓰러집니다. 감방 안이 좁아 옆으로나 모로나 쓰러질 곳도 없습니다. 옆에 앉은 저보다 젊은 여자 하나가 속으로만 나를 알아보았던지 보리밥 덩이 하나를 손에다 꼭 쥐어 줍니다.

"용기를 내세요. 그리고 불리어 나가거든 본명은 말하지 마세요. 내가 어떻게 도와 드릴까요?"

힘없는 목소리나 세상에 나서 이처럼 고마운 말은 처음 들었습니다. 나는 보리밥을 먹었습니다. 목이 갈하고 배가 몹시 비어서 눈에 아무것도 보이지 않았기 때문입니다. 먹고 나니 목이 더 갈합니다. 물이 그립습니다. 한방울의 물만 있으면 온몸이 소생할 것만 같습니다. 나는 아까 어떤 여자 하나가 물을 좀 달라 했다고 그 큰 나무 판자로 그 여자의 머리를 사정없이 두드리던 것을 보았기 때문에 무서움에 질려 간수에게 물을 청할 용기가 없습니다. 그리고 그 여자는 즉시 엎어져 코피를 흘리고 혼수상태에 빠진 것을 아무렇게나 짐승처럼 끌어내 가는 것을 보았습니다. 이런 것을 보고 생각한 끝에 죽어도 물을 청하지 말자 하고 입술을 깨물어 맹세했습니다. 나무 판자로 아무렇게나 때리는 그것이 무서워서가 아닙니다. 당신의 이데아를 담은 이 머리를 그 무지로운 채찍으로 파괴하기 싫어서입니다. 이까짓 머리 하나쯤 깨어져 없어진들 무어 그리 원통하오리까마는, 이 아무것도 아닌 머릿속에 그래도 제 조국이 살아 깃들어 있습니다. 그리고 당신의 초상이 영원한 채 내 머릿속에 살아서 있기 때문입니다.

시몬!

이렇게 당신께 중얼거리면서도, 그래도 물이 먹고 싶습니다. 강물이라도, 바다라도 앞에 있으면 다 퍼서 마실 것만 같습니다. 밖에서는 요란한 따발총 소리. 아마 밤은 삼경이 넘었나 봅니다. 이렇게 수선스런 소음은 항상 깊은 밤에 들려온다는 것이 여기 들어와 얻는 시간의 암시입니다. 많은 사람의 겁에 질린 발자국 소리들이 쿵쿵거리며 층계를 울리고 지나갑니다. 저 속에는 제가 잘 아는 문인들도 교수들도 끼여 있으려니 하면 소름이 끼칩니다. 이 지옥의 감방 안으로 끌려오는 우리의 친구들은 모두 저처럼 목이 마르고, 꿇어앉아 밤낮을 지내고, 눈도 귀도 움직이지 말아야 할 죄수들입니다. 한 사람이라도 더 이곳에 들어온다는 것은 그만큼 대한민국엔 큰 손실이 아닙니까? 그래서 약해지고 못나지는 나라가 되지 않겠습니까? 누구들일까요? 창도 문도 열 수 없고 또 누구에게 물어 볼 수도 없는 이 감방 안의 괴로운 밤의 서곡은 저 슬픈 행렬들로 시작이 되는 것입니다. 아아 가엾고 불쌍한 내 민족의 신세입니다. 눌리고, 시달리고, 눈치보며 살다가 또다시 이런 풍우에 휩쓸려 애매히 처참한 길을 가는 이 백성의 운명은 너무 가련한 신의 섭리가 아닐 수 없습니다.

시몬!
가슴에선 반항의 불길이 소리치고 일어납니다. 몸이, 혼이 다 타도록 불길은 타오르고 있습니다. 밖에선 여전히 발 구르는 소리, 따발총 소리로 요란합니다.

1950년 7월 25일

저는 이제부터 무슨 이유로인지 몸 하나 서기에도 비좁은 작은 방에 혼자 있습니다.

신문을 받을 때마다 제 얼굴을 모르는 사람들 앞에 서게 된 것이 그 또 하나의 행운이랄까요? 그래서 나는 아직 본명을 알리지 않고 사소한 질문에만 견딜 힘을 가지면 되게 되었습니다. 어서 저 자신이 알려지기 전에 나는 무슨 힘을 빌려서라도 도망을 가든지 자살을 하든지 해야 할 준비를 해야겠습니다. 너무 극치의 고와 악이 제 정신을 미치게 합니다. 치마 주름 속에 감추어 둔 독약 세 알을 가만히 수시로 만져 보며 적당한 때 먹고 세상을 떠나려는 것이 저의 결심이건만 그래도 어떻게 이 생을 도피시킬 길이 있을까 하여 구원의 도구인 이 약을 먹는 일만은 아직 연장시키고 있습니다.

시문!
누가 와서 사나운 노크를 합니다. 나오라는 명령입니다. 말은 확실히 우리가 쓰는 같은 말입니다. 그러나 음성만은 가혹한 이방인의 냉담한 음성이었습니다. 오직 명령에만 복종하라는 음색이었습니다.

한평 방, 과히 크지 않은 곳으로 끌리어 갔습니다. 나와 보니 내가 와 있는 곳은 늘 와서 책을 읽던 도서관 내부라는 것을 알았습니다. 인생과 거기 따르는 여러 가지를 연구하고 독서하던 이 정신의 고향이 어찌하여 이처럼 무서운 악의 수라장이 되고 말았을까요?

시몬!

나와 같이 앉은 자는 모스크바에서 장교학을 마치고 나온 가장 유력한 공산주의자라 합니다. 어깨에 붙은 금빛 별이 가장 그의 자랑인 듯했습니다.

그는 나의 사회 성분을 물었습니다. 나는 할 수 있는 대로 나를 감추기 위해 이름을 변하고, 또 아무것도 모르는 남의 집살이 하던 여자라고 설명을 했습니다. 언어와 태도를 가능한 범위 내에서 무식하게 표현하고 그의 질문에 향하여 아무 흥미도 식견도 없는 것을 분명히 표현했습니다. 몸은 쇠약했으나 마음은 죽음을 앞에 둔 순간이라 나는 신을 부르며 그 자리가 무사하기를 빌었습니다. 아무리 물어야 모른다는 일관한 대답에 그들은 아연하였던지 그만 들어가 생각해 보라고 이르면서 모모 여성들의 거주와 그들이 어디 숨은 것만 알려주면 놓아 준다고 공갈을 했습니다.

그 모모 여성 중엔 불행히도 제 이름자가 두 번째로 가장 노여운 음성을 통해 뿜어졌습니다. 나는 머리가 하늘로 올라갈 듯이 쭈뼛하고 다리가 헛 놓이도록 걸을 수가 없었습니다. 그러다가 나를 알면 나에게 향할 악형은 더 크려니 하매 이대로 자수를 해 버릴까? 하는 충동도 느꼈습니다.

자수가 얼마나 비겁한 일입니까? 그러나 이미 이것을 피하기엔 너무 이 험악한 분위기에 마음이 약해진 듯했습니다.

시몬!
정체가 드러나서 몸이 만 조각이 나서 죽더라도 자수는 안 해야 옳을 것입니다. 나는 내 감방에 돌아와 머리가 풀어진 채 벽에 엎디어 울었습니다. 쏟아지는 눈물은 옷을 적시고 몸을 적시고 기대인 벽까지 적시지만 나는 어떻게 해야 할지 아직 마음을 정할 수가 없었습니다. 가만히 당신에게 눈을 감고 멀리 물어 봅니다. 당신의 그 침묵의 눈으로,

"차라리 죽음을 택하라."
하는 당신의 암시는 얼마나 마음 아픈 괴로운 최후의 암시이리까?

시몬!
나는 여하한 일을 당하더라도 그 앞에 자수하는 것을 단념했

습니다. 그리고 즐겁게 또 처참하게 죽을 모든 모습을 가슴으로 달게 받으며 최후를 마치기로 맹세했습니다. 당신은 나를, 이 감방 속에 있는 외로운 나를 더 외로우라 하시고 죽으라 권하시었습니다. 그러나 나는 이 무서운 외롬과 어두운 죽음도 당신을 위해서라면 달게 받을 신앙을 준비하고 있습니다.

시몬!

이렇게 생이 이유 없이 쓰러질 수 있는 일은 얼마간 살아 있었다는 생존의 의미를 또한 무시하는 일이 되고 마는 것일까요? 생, 사, 모두가 의미 없이 윤회하는 바람결이더이까?

그러면 나는 아무 뜻 없이 저 하늘과 별과 태양, 비, 구름, 노을, 달빛들과 작별을 해도 옳을까요? 그렇게 속삭이던 밤하늘의 별떨기들과 흘러가는 물 위에서 만나던 모든 진리의 추억을 아무렇지도 않았던 것처럼 망각해 버리고 가야 옳단 말입니까? 그리고 당신과 당신의 혼의 전당인 그 의로운 조국도 모르는 듯이 버리고 가야만 옳을까요?

시몬!

전해들은 말에 의하면, 내일 밤 일곱시까지 여기 들어온 사람은 다 유죄로 인정하고 사형 혹은 어디로인가 보낸다 합니다. 나는 이미 마음의 스승인 당신의 뜻을 따라 어디로나 내 조국을 안고 죽음이거나 유형이거나 달게 받기로 결정을 지었으나 수많은 우리 친구들의 오늘 밤 고민을 누가 알아주리까? 잠시나마 잃어버린 조국이! 그들 마음에 정다울 리 없습니다.

조국보다 생을 구걸하는 그들의 심리는 모두가 애국자가 아니라는 이유만이 아닙니다. 인간은 날 때부터 세력이나 폭력보다는 약하게 만들어진 생물이어서 어떤 악의 집단적 세력이나 폭력이 덮어 올 때는 그대로 생리적으로 자연히 약해지는 것이 본질이 아닐까 합니다. 더구나 죽음을 통해서 볼 수 있고 만날 수 있는 행복의 감각을 미처 깨닫지 못한 사람들에게는 죽음이란 얼마나 무서운 최후의 저주이겠습니까?

민족의 지도자인 당신이어든 이 평범한 백성들이 당하는 애매한 고와 슬픔, 죽음의 형벌을 뼈아프게 체험하실 줄 압니다.

시몬!
어서 이 괴로운 처소에서 숨이 지기를 고대합니다. 어제보다 아까보다 저의 생명은 더 어두워 옵니다. 감각은 둔해지고 머리는 희미해집니다. 밖에서는 성이 무너지는 소리, 공기와 바람을 통해 아우성치는 서울 사람들의 통곡이 들려옵니다. 하늘에선 쉴 새 없는 폭격. 곳곳에서 들리는 신음 소리.

아아!

이 성은 소돔과 고모라의 거울이더이까? 무슨 일로 이런 고
(苦)의 시달림에 우리 민족이 죽어야 합니까? 서로 잃고 방랑하
여야 합니까?

시몬!

자꾸 불리지는 당신 이름은 어찌하여 그처럼 멀리 멀리에만
계시옵니까? 죽음과 유형의 시간이 가까워 옵니다. 시몬! 한번
만 나타나 내 손길을 잡아 주셔요. 한번만 그 그리운 음성을 이
귀에 들려 주셔요. 그러면 나는 저 무서운 손에 죽더라도 아무
괴롬을 모른 채 가버리겠습니다. 환영이 되어 저를 안아 주시던
당신은 오늘 밤엔 환영으로도 나타나지 않습니다.

시몬!

이렇게 무서움과 아픈 채찍이 몸에 감기는데 계신 곳이 어디
입니까? 제가 즐기던 장미 나라와 바라던 희망, 미래가 모두 이
것이었더이까?

시몬!

졸음도 아닌 깜박거림이 몸을 끕니다. 어디로인지 내 혼은
눈물 빛깔같이 어른거리는 강을 건너 당신을 찾아갑니다. 거기
는 이 성에서 피해 간 여러 친구가 있고 또 당신의 가족이 있는

곳일 것입니다. 구름이 이끄는 대로 동인지 서인지 모르며 나는 그저 제 마음 가는 대로 갔습니다.

숲이 있고 그 여러 시냇물이 중얼거리는 동네를 지나서 당신을 찾으러 제 혼은 이처럼 방황합니다. 잠긴 성문을 넘어 아무렇게나 서 있는 울타리를 지났습니다. 몸에선 울타리에 찢긴 탓인지 붉은 피가 다리를 물들입니다. 달빛에 보이는 길과 산은 모두가 당신이 계신 곳만 같아서 어디로인지 정처없이 갔습니다.

시몬!
내 혼은 지쳐서 숲 속에서 쓰러졌습니다. 바람과 구름 떨기 멀리 우는 밤새의 울음이 내 혼을 둘러쌌습니다. 이슬에 젖은 치마와 적삼이 몸에 오한을 일으켜, 더 걸을 수도 없습니다.

시몬!
나는 어두운 감방으로 다시 돌아가야겠습니다. 슬픔과 압박과 사슬로 인간을 경멸하는 그 어두운 감방으로 제 혼을 끌고 돌아가야겠습니다.

피곤했습니다. 그러나 당신을 찾아다니는 나의 꿈은 그대로 감방 안에서도 즐거운 생의 환희였습니다. 여전히 불행의 연못

속 같은 감방 안엔 아픈 신음 소리 끓어오르는 반항의 고함들이 얽히어 시간이 갈수록 그 도가 더욱 심해 갑니다. 지옥을 거쳐 오는 그 모든 한숨 소리는 감방마다 차고 넘쳐서 졸아드는 생명을 초초 분분이 더 초조하게 할 뿐입니다.

시몬!

새벽인지 아침인지 모르겠습니다. 감은 내 지쳐진 눈에 당신이 나타나셨습니다. 태양처럼 빛나는 눈으로 새 얼어 있는 괴롬을 어루만지며 내 앞으로 가만히 걸어오셨습니다. 내 수척한 정신 엎으러지던 마음은 당신이 오시는 대로 기운을 내어 일어나기 시작했습니다. 나는 허리에 손에 묶인 사슬을 깜짝할 새도 없이 당신이 나타나심에 풀리어 버렸습니다. 당신은 가만히 또 하나의 작은 십자가를 내 목에 걸어 주셨습니다.

시몬!

우리들의 골고다!

저 먼 골고다의 길은 너무 춥고 외롭고 너무 사나운 짐승의 울음소리로 이 혼을 질식케 합니다.

시몬!

같이 가셔요. 그 먼 황량한 길을 저 혼자 어찌 가라 하십니까?

시몬!

떠나지 마셔요! 그대로 이 감방 안 제 옆에 저에게 죽음이 올 때까지 당신의 가슴에 이 혼을 껴안아 주셔요. 나는 당신의 가슴에 안겨 조국의 운명을 신께 부탁하며 저 영원한 길로 당신의 이미지를 안고 가겠습니다.

시몬!

당신은 왜 이렇게 목마른 나에게 한모금의 물도 안 주시고 아픔의 십자가만 걸어 주시나요. 지금도 이렇게 당신 옆에 있으면서도 제 혼은 목이 마릅니다. 어서 물 한방울만.

○월 ○○일

눈을 뜨니 나오라고 누가 소리를 지릅니다. 자기들께 충성을 다 할 맹세를 나와서 쓰라고 합니다. 그것을 못 하겠으면 사람에 따라 사형 혹은 유형을 당한다 합니다.

저의 대답은 극히 간단하였습니다.
"나는 이미 충성을 기울이기를 작정한 조국이 있으매, 이 맹세서를 쓸 수 없노라"는 것이었습니다.

그들은 단번에 나에게 하오 7시에 트럭을 타고 이북으로 가야 한다 합니다. 거역할 수 없는 명령이었습니다.

수많은 대한민국의 청년 남녀들이 뜰에 나와 조사를 받고 있었습니다. 거기는 문인 R씨, K씨, O씨 들이 보였고, 내가 아는 여교장 몇 분도 섞여 있었습니다. 우리는 서로 눈을 피하느라 애를 쓰고 서로 누가 누구인 것을 말하지 말자는 굳은 암시를 눈으로 주고받곤 했습니다.

무서운 찰나였습니다. 그러나 뜻과 맘이 한데 뭉쳐서 살던 우리들은 죽음을 무릅쓰고 이 비밀을 지키기에 최선의 노력을 다하는 것이 분명하였습니다. 누가 어디로 무엇 하러 가는지도 모르게 우리는 끌려가는 트럭에 몸을 실어야 했습니다. 나는 팔목을 묶인 채 그대로 방에 들어와 잠시 기다렸습니다.

지옥으로 가는 길이라도 이 어둡고 갑갑한 감방을 피해서 잠시라도 하늘을 보며 어디로 끌려간다는 일은 최상의 낙이 아닐 수 없었습니다. 시베리아라도 그 어느 감옥 속이라도 하늘을 보며 어디로인가 갈 수 있다는 것은 나의 한없는 위안이었습니다.

시몬!

눈을 떠서 하늘을 오래 마시었습니다. 변함없이 푸른 윤곽을 가진 다정한 공허였습니다. 일곱시가 되기를 나는 얼마나 고대고대하였으리까? 나의 오직 하나의 희망은 이 감방에서 나가서 다른 처소로 옮겨 간다는 사실뿐이었습니다, 비록 죽음이 거기서 나를 기다리고 있더라도 이 어두운 감방 안은 죽음보다 싫은 곳이었기 때문입니다.

시몬!

일곱시가 되었습니다. 길다란 미국 트럭에 백 명도 넘는 사람들이 울며울며 끌려 올라탔습니다. 얼른 올라타지 않으면 발길로 차고 때리고 하여 어떤 노인 한 분은 그대로 뜰가에 혼수 상태가 되어 울고 있었으나 아무도 그를 가서 일으킬 수도 어루만질 수도 없었습니다.

우리 대한민국 백성들은 그들이 지어주는 이름 그대로 그런 죄명을 쓰고 각각 지어 주는 대로 벌을 받아야만 되게 되었습니다. 내가 트럭에 올랐을 때까지 그 넘어진 할아버지는 그대로 일어나지 못하고 흐느껴 울고 있었습니다. 내무서 서원들이 오다가다 한두 번씩 그 우직한 구둣발로 머리와 몸을 마음대로 차고 밟고 굴리고 합니다. 아마 그 노인은 너무 늙고 병든 자기 몸을 생각해서 이북으로 가지 않게 해 달라고 애원을 하였던 모양입니다. 그래서 한 번 더 반역도의 죄명을 쓰고 그처럼 모진 학대를 받는 모양입니다. 트럭에 올라탄 우리 눈에선 그 노인에게 향한 측은한 동정과 눈물이 쉴 새 없었으나 팔을 묶이고 입의 자유가 없는 우리는 한마디 말이나 눈치도 보일 수가 없었습니다. 이처럼 괴로운 악의 시련은 누구를 위해 무엇 때문에 우리가 받아야만 하는 것입니까?

트럭에 탄 사람들을 잠깐 둘러보아야 하나도 이름 있던 사람들은 아니었습니다. 최상의 죄인이라야 동회 회장급이요 그 외엔 모두 남으로 피하지 못한 가난하고 세력 없는 순진한 백성들이었습니다. 애국심이거나 적개심이거나를 완전히 분간할 수 있는 식견조차 없는 부류에 속하는 사람들같이 보였습니다. 얼굴엔 수척한 기운 외엔 무조건 항복과 생에 대한 애원만이 어른거리는 본능적인 표정들이었습니다. 나도 그들처럼 평범한 감정을 가진 채 트럭에 몸을 실었습니다.

열도 더 되는 트럭이 열을 갖추어 길을 떠날 준비를 하고 있는 것입니다. 어디로 가는 것입니까? 평양? 만주? 시베리아? 물을 수도 없는 이 길! 알지도 못하는 이 길을 저녁놀과 함께 바퀴를 굴리며 떠나가는 것입니다. 내 곁에 서 있는 40 남짓한 남자 한 분은 남로당으로 많은 일을 남한에서 해왔건만, 북로당과 충돌이 생겨 결국 ○○○역도배들과 함께 정처 없는 유랑의 길을 가게 되었습니다.

시몬!
아무것도 아닌 저도 그들의 조국을 조국이라 부르지 않고 섬

기지 않았다는 죄명으로 유형의 무서운 처단을 받게 되었습니다. 개성을 향해 떠나는 길입니다. 길이 험한 탓도 있겠으나 될 수 있으면 트럭에서라도 저절로 죽어서 인수를 줄이자는 이들의 계획은 일부러 트럭 바퀴를 험하게 굴리고 있었습니다.

해가 지고 하늘에서는 별이 나오기 시작했습니다. 창자는 등에 붙고 목은 더 마르고 눈에는 아무것도 보이지 않았습니다. 푸른 숲이라도 멀리서 눈으로 빨아들여 이 갈한 목을 축이려 했으나 푸른 숲은 어둠에 가리어 이 약한 시선에 하나도 보이지 않았습니다.

어딘지 모를 지점에 트럭이 닿았습니다. 우리를 끌고 가던 보안서원 감시원들은 일제히 내려 한 곳에 모여 앉더니 빵과 삶은 고기를 내놓고 먹기 시작하는 것입니다. 그들은 레코드까지 틀어 가며 수백 명되는 우리 앞에서 그 고기와 빵과 밥을 희희낙락하며 먹는 것입니다. 그리고 우리에게 그리로 자세를 돌려 세워 놓고 다른 데를 보거나 돌아서면 처벌한다고 명령을 하는 것입니다.

시몬!
저도 밥이 먹고 싶었습니다.
엄마의 젖처럼 그리운 밥이 몹시도 먹고 싶습니다. 그들이 먹다 남은 밥이라도 던져 주면 달게 받아 먹을 것만 같습니다. 분함도 모욕이라 생각키는 감정도 없었습니다.

배고픈 생명에겐 자존심도 염치도 없었습니다. 그저 단순히 밥이 먹고 싶었습니다. 그들은 밭고랑에 논두렁에 먹고 남은 밥을 통으로 그대로 쏟아 버리고는 다리를 들고 "하하, 유쾌, 유쾌!" 하며 소리를 쳤습니다. 이 광경을 바라보지 않는 사람이 하나도 없었습니다. 어떤 사람은 정신의 이상을 일으켰음인지 마주 손뼉을 치며 웃는 이도 있었습니다.

초승달이 나왔습니다. 오늘이 무슨 날인지 수은 빛을 띤 초승달이 내 뺨의 눈물을 빨아 갑니다.

시몬!

이런 밤에 나는 곱게 내 목숨을 거둘 수가 있다면 얼마나 행복할까요? 그러나 죽으면 내 시몬은 어디 가서 만날까 하니 당신 때문에 연장되는 이 목숨을 숨지게도 못하고 이렇게 가고 있습니다. 이제 가면 어느 지점에 가서 나는 무엇을 하게 되는지요? 강제 노동 수용소? 이렇게 약해진 몸을 가지고 어떻게 노동을 합니까? 그러나 나는 목숨이 살아 있는 날까지 그들의 계획이 무엇이며 그들의 야심이 어떤 내부 활동을 하고 있나 알아보고 싶습니다. 내 나라를 살리기 위해서라면 만 가지 고와 천 가지 슬픔을 참아 가며 그들의 세계를 알아보겠습니다.

시몬!

밤이 꽤 기울었는데 그대로 길 위에 서 있는 우리는 빈사 상태에서 일어나지 못하고 앉을 수도 설 수도 없이 허둥거리고 있습니다. 사리원 어느 강제 수용소 문 앞이라 합니다. 또다시 감방으로 들어가야 합니다. 팔목은 쇠사슬에 오래 감긴 탓으로 검은 무늬가 생겼습니다. 머리는 쓸어 넘길 수도 없이 어깨에 가슴에 산란히 흩어져 있어 바람이 와서 잠시 날려 주고 지나갑니다.

시몬!

어디 계시든 이런 데로 발길이 향해지시지 마셔요. 나는 당신의 곁에 당신의 깊은 마음속에 언제나 웃고 피어 있습니다. 이렇게 고생하는 렌이라고 슬퍼 마셔요. 아기들과 조용한 아내의 옆에서 당신의 생이 곱게 뻗어가기만 빕니다.

○월 ○○일 일기

나는 작업복을 입었다. 돌도 끌어 모아오고 때로는 수용소 부엌일도 하라는 명령을 받았다. 순순히 무어든지 다 하겠노라고 했다. 만약 여기에 불복하면 더 먼 곳으로 유형을 가야 한다는 것이 그들의 명령 조건이다. 그리고 부엌 노동이나 처음 시킨 일을 잘하면 여자에 한해선 고관들의 주택의 부엌 노동까지라도 승급시킬 수가 있다는 것이다.

나는 최후의 희망을 거기에 두었다. 밥은 하루에 두 끼를 얻어먹을 수 있어 과히 배는 고프지 않았고 안으로 생긴 정신적 투쟁만이 오로지 외로웠고 고달팠다. 어떤 일을 해서라도 저들의 눈에 들어 이 무서운 악의 세계를 피하는 것만이 나의 유일한 소원이다.

그렇다!

여기서 피해 내 나라로 못 간다면 나는 영원히 시몬을 만나지 못한다. 들으니 여기선 남한에서 조금만 명성 있는 사람이면 납치를 해다가 자기들이 유용하게 쓰고 벼슬을 주고 해서 훌륭한 생활을 하게 해준다는 말을 들었다. 그러면 그 여러 명사 혹은 국회의원들은 지금 나처럼 강제 수용소에서 노동은 하지 않을 것이 아닌가? 그 대신 그들의 유혹에 넘어가 호의호식의 생활을 하고 있지 않을까? 나는 무서운 생각이 들었다. 우수한 학자 문인과 정치가가 많이 잡혀왔다는데 그래서 그들이 그렇게 이용이 되고 만다면? 나는 점점 모골이 송연한 감을 아니 느낄수가 없었다. 돌을 깨뜨리며 밥을 지으며 그 쓰디쓴 김치 무 조각을 도마에 썰면서도 나는 시몬이 어디서나 편하기를 기도했다.

○월 ○○일

시몬! 시몬! 시몬!

당신은 무엇 때문에 여기에 오셨습니까? 누가 데려오더이까? 어젯밤 수용소 안에서 당신이 여기 납치된 후 그들의 우대를 받고 있다는 소문을 들었습니다. 그리고 오늘 아침 수용소 벽보에 당신의 커다란 이름이 붙고 당신의 자수서가 붙은 것을 보았습니다. 물론 거짓말이겠지요? 당신을 끌어다 고기 미끼 모양으로 자기네의 선전 도구로 사용하려는 것을 누가 모르리까? 당신은 며칠 안에 모스크바로 여행을 떠나도록 되어 있고 거기따라 무슨 커다란 벼슬을 갖게 되었다고 라디오는 선전하더이다. 이것이 꿈이리까? 생시의 일이리까?

시몬! 시몬!

그물에 얽혀 맘과 몸을 꼼짝 못 하는 당신의 운명을 나는 잘 아옵니다. 그러나 이 모든 유혹에 당신의 마음이 조금이라도 흔들리고 유혹된다면 나는 어떻게 이것을 보고 견디랍니까? 덕과 의와 인내의 화신인 나의 시몬이시여! 이 모든 당신의 교양과 굳센 정의의 힘이 이 무서운 세력 밑에 그 허위 모략에 잠시라도 도취될 수가 있다면 그때에 저의 슬픔은 조국의 땅을 잃어버린 슬픔보다 더 큰 슬픔에 사로잡힐 것을 아시나이까?

시몬!

조국으로 가십시다. 어떻게 해서라도 나는 당신을 데리고 다시 우리들의 하늘로 가야만 할 것 같습니다.

시몬!

거기 함께 두고 온 우리의 옛 고향으로 가십시다.

○월 ○○일

시몬!

숨이 찹니다. 찬 물소리를 듣는 때처럼 가슴이 서늘해집니다.

시몬!

저는 지금 당신의 식탁을 시중하는 하나의 부엌 여자입니다. 저들의 붉은 기가 바람에 화려한 춤을 추며 당신이 참석하시는 이 연회를 맞이하고 있는 이 찰나 나는 어찌하여 자살을 못하고 이 광경을 다 목도하여야 합니까? 넓은 홀에는 유리잔에 철철 넘치는 샴페인과 술이 손님을 기다리고 있습니다. 나는 술잔과 식탁 준비를 맡은 하나의 노예의 계집아이로 오늘 밤 이 연회를 보지 않을 수 없게 된 것입니다. 당신은 진실로 이들에게 매수되어 이들과 함께 술을 마시고 붉은 깃발에 충성을 다할 용의가 계십니까?

아닙니다.

시몬!

당신은 속으셨습니다. 무서운 허위와 진실 같은 선전에 속으셨습니다. 아니 속으셨을 수가 없습니다. 나는 당신을 어떤 악희(惡戲)에게 허위에게 빼앗기는 공포심으로 가슴이 떨립니다.

시몬!

나는 앞치마를 입었습니다. 주인이 하라는 대로 오늘 밤 노예로 시중꾼 노릇을 하지 않을 수 없는 운명에 다다랐습니다. 혹시 당신이 이 홀에 나타나시더라도 나는 당신을 알아볼 수가 없겠지요? 그러나 이처럼 가난하게 초조하게 변해 버린 내 행색을 감히 상상도 못하실 것입니다.

만약 당신이 이들의 저녁 유혹에서 벗어날 길이 없다면 어찌합니까? 이 최후의 안타까운 구원을 누구에게 맡기오리까? 그들은 영리하고 부지런합니다. 지성인은 지성인 대로 훌륭한 대우를 해서 이용하려 합니다. 소위 그들이 말하는 사회 성분의 가치로 보아 백 퍼센트 당신은 그들의 정치적 의욕을 충족시키는 데 만족한 인물이 될 것입니다. 당신의 종교, 학식, 탁월한 인격, 지도성, 그 천분의 재질, 민족에게 향하는 양심의 구실을 그들은 남한의 정치가들보다 더 잘 알고 있는 것입니다.

시몬!

웅장한 군대 행진곡이 시작됩니다. 저 발코니에는 벌써 은빛 금빛 훈장을 단 그들의 애국자들이 벅찬 얼굴로 모여듭니다. 당신을 향해 사방의 시선은 다정하게 또 친절하게 쏠려 오고 있습니다.

시몬!

당신은 그들의 친절과 그 웃는 얼굴을 믿으십니까? 당신은 그들 중앙에 서서 무슨 이야기인지 대담하게 진실한 태도로 하고 계십니다.

왜 당신은 그들과 진실한 미소를 교환하십니까? 나는 멀리서 당신의 외로운 운명을 통곡하며 섰건만 당신은 어이해 그들의 환대에 만족하려 하십니까?

나의 착각이겠지요? 너무 나의 당신에게 향한 신앙이 높은 데로만 지향하고 있던 탓에 인간인 당신을 이해 못하는 저의 어리석은 착각이겠지요? 당신은 지금 그 현실의 노예가 된 죄인입니다. 당신의 정신과 두뇌를 도적하려는 강도들의 야연(夜宴)입니다. 당신을 유혹해서 이쪽의 비밀을 말하게 하고 조국을 향한 당신의 높은 사랑을 말살케 하자는 수단인 것입니다. 이 모든 마술을 당신이 모를 리가 없습니다.

시몬!

나는 안심하고 당신의 식탁에 밥과 고기를 나르겠습니다.

저기 선 저 얼굴, 붉은 러시아 군인이 당신을 몹시도 응시하고 있습니다. 군데군데서 당신에 대한 수군거림이 시작됩니다. 나는 지금 창백해 가는 당신의 얼굴을 봅니다. 음악은 귀를 꿰뚫듯이 울리고 예쁜 무희들이 체코의 댄스를 하며 모여 들어옵니다. 화려한 미희들입니다.

이런 대접을 한 번도 못 받아 보던 당신의 감정이 지금 어떠한 기분 속에 잠겨질까 하니, 생각하기도 무섭습니다.

시몬!

내가 보아도 저 호화로운 옷과 장단과 춤은 실로 잠시 인간고를 망각케 하는 그들의 마술이라 아니 할 수 없습니다.

살로메보다도 더 짙은 정열을 눈으로 뿜으며 날아 들어오는 저 여자는 누구일까요? 멀리 가까이 눈가에 웃음을 풍기며 당신 옆으로 혹은 앞으로 그 매혹적인 눈초리를 흘려보내는 저 여성은 누구입니까?

시몬!

어여쁜 얼굴입니다. 매혹적인 눈을 가진 여자입니다. 검은 머리는 어깨 양쪽으로 땋아 늘였고 연둣빛 분홍빛을 섞어 무늬를 놓은 치마는 이 넓은 홀을 좁다고 나래치고 있습니다. 장미 냄새를 뿜는 저 강한 향수는 제 취각에까지 꿈 속 같은 아득함을 던지고 있습니다. 그 여자는 분명히 2천 년 전 헤로디아의 딸보다 더 매혹적인 매력을 가진 여성이었습니다. 2천 년 전 유다에 난 살로메는 한 남자의 사랑이 그리워 그 앞에서 춤을 추었거니와 오늘 이 소비에트 러시아가 보낸 살로메는 우리의 조국을 빼앗으려는 야심이 가득찬 20세기에 공산세계를 리드하는 살로메입니다.

시몬!

왜 눈을 감으십니까? 저 향수 냄새와 화려 웅장한 음악의 멜로디와 그리고 저 젊은 육체가 던지는 유혹 앞에 당신은 왜 조용히 눈을 감으십니까? 괴로워서입니까? 놀라서입니까? 짙은 유혹에 끌리는 감정을 누르려는 억제의 표정이십니까? 그 여자는 가만히 당신의 옆에 가서 앉아도 보고 당신과 무어라고 지껄여도 봅니다. 당신의 잔에 술도 친히 따르고 있습니다. 당신과 그 여자의 눈은 순간에 마주쳤습니다. 벗은 육체로 남발하는 이 살로메의 꿈 같은 눈초리와 당신의 눈은 이 여자의 눈에 뺨에 허리에 몸에 강렬한 시선을 보냅니다. 그 여자가 어느 나라 누구에게 속한 여자였든지 당신의 눈은 이 모든 비판을 떠나서 그 여자의 얼굴이 예쁘다 생각되고 벗은 육체가 본능적으로 즐거

왔습니다.

시몬!

아무도 아니 이 가련한 렌도 이 찰나 당신의 순진한 본능을 원망하고 비판할 수는 없습니다. 그것이 괴롭습니다.

시몬!

당신에게는 처음 대하는 여성의 유혹이었기 때문입니다. 어디까지나 육체의 세계로 정신을 유인할 수 있는 이 살로메는 당신의 비밀을 탐구하기 위해선 우선 당신의 감정을 사로잡는 데 성공하였습니다. 몇 번이나 이 살로메는 이런 역할을 해서 수없는 약소민족의 지도자와 애국자를 제 손에 넣었겠습니까? 그러나 오늘 밤 그의 임무는 오직 당신을 사로잡으면 그만인 것입니다. 저 수많은 괴뢰(傀儡) 집단의 장교와 정치 지도자들에겐 한 순간의 추파도 낭비할 필요가 없는 것은 그들은 이미 안심할 수 있는 스탈린의 제자들이기 때문입니다.

나는 왜 이처럼 당신을 해석하기에 최대의 노력을 하고 있으면서도 아프고 어두워지는 가슴을 진정할 수가 없을까요? 그들은 유물의 논법으로 인간을 다스리고 물질과 육체와 향락이면 사상도 절조도 바람에 날리는 갈대라는 것을 진리로 믿고 실행합니다. 여기 몇 사람이나 과연 자기의 쓴 잔을 버리지 않고 최종까지 자기 윤리를 지키는 이가 있으리까? 당신은 피곤했습니다. 당신의 주위는 상상도 못 할 악습과 도독 법률로 둘러싸였습니다. 당신 같은 지식인 소위 영혼을 소유하고 사는 인간에게는 감옥이나 채찍이나 악형을 주어서는 도저히 그 머리를 정복시킬 수 없음을 안 그들은 자연스런 방법으로 당신의 지식을 무너뜨리는 유쾌한 위안의 기술이 가장 필요했던 것입니다. 당신은 그 실험대 위에서 지금 실험을 당하고 있습니다.

춤과 춤이 이어 나오고 나중엔 아리랑 천안삼거리까지 춤으로 노래로 당신의 앞에 흥겹게 돌아가고 있습니다. 열도 스물도 넘는 탄력 있는 육체의 여성들이 당신 앞에 지금 위안의 향연을 베풀고 있습니다.

시몬!
그러나 당신은 이 모든 여성을 공평하게 보아 넘기기에는 너무 당신의 처음 받은 인상이 컸던지 긴 머리를 땋아 늘인 살로메에게로만 눈이 가고 있습니다.

시몬과 그 여자!
나는 나는 이런 일은 상상도 할 수 없습니다. 그처럼 나에게는 마음과 몸을 싸매던 당신이 어찌하여 이 살로메의 육체 앞에는 당신의 정열이 발산될 대로 되는 것입니까? 당신은 육체와 물질의 사도가 되기엔 너무 먼 거리의 사나이입니다. 그러나 그 모든 나의 관찰은 당신에게 향한 희망이 빚어 낸 그릇된 이상이었을까요? 당신의 눈은 살로메의 허리와 눈가에서 타오르고 있었습니다. 당신은 그 순간만은 포로가 되어 왔다든지 민족에 대한 미안한 생각 같은 마음에서 그림자를 감추었습니다. 그는 너무 살로메에게서 오는 매혹의 화살이 너무 강하게 당신의 감정을 포로한 까닭입니다. 당신은 유쾌한 선율 사이에서 자아를 망각하고 계십니다. 어디까지 그들은 당신을 끌고 가려는지요? 당신의 정열을 살로메에게 소모시키고 당신의 도덕관념과 신을 향한 신앙심 등을 또 다른 방법으로 소멸시킨 후 완전히 당신을 유물주의자로 변형시키고 자기네가 믿는 신앙의 세계에 도취시키려 하는 것입니다.

시몬!

당신은 벌써 그 무서운 세계로 향하는 데 첫 발자국을 떼어 놓고 있습니다.

밤 12시 술과 춤에 어우러졌던 손님은 다 갔습니다. 누구인지 모르나 당신과 살로메를 한 자동차에 안내합니다. 당신은 거절할 수 없는 친절이었다고 후에 변명하시겠지만 확실히 당신은 살로메를 오늘 밤만은 떨어지고 싶지 않았습니다. 살로메의 허리를 껴안고 그 젖가슴에 당신의 손이 여러 번 돌아갔던 것을 이 눈으로 확실히 목도한 저는 당신의 차가 어디로인지 굴러갈 때까지 무엇으로 얻어맞은 듯이 감각을 잃고 서 있었습니다.

시몬!

나는 부엌 그릇을 다 씻어 놓고 내 수용소 감방으로 돌아가야 합니다. 그러나 이다지 멀어진 당신을 어떻게 나는 오늘 밤 마음으로 부르며 잠이 들 수가 있을까요? 어두운 들길을 걸어 같이 온 친구들과 함께 수용소로 돌아오는 길엔 내 눈에 영원히 마르지 않을 눈물이 시작된 듯했습니다. 샘처럼 더운 눈물이 가슴에서 내 혼의 내실에서 소리치고 흘러내렸습니다.

시몬!

갈잎자리만 깔고 누운 우리 방엔 바람 들어올 틈도 없이 숨이 막힙니다.

밤 두시 반……

시몬!

나는 살로메의 침실 밖에 와 섰습니다. 검은 커튼이 내려진 살로메의 침실에선 시몬 당신의 거친 숨결이 살로메의 마음과 함께 괴로운 싸움을 하고 있었습니다. 살로메는 한마디의 주의 선전은 없었습니다. 오직 그는 당신의 움직이지 않는 정열을 보채고 당신의 교양과 덕에 사모되어 그 앞에 당신의 정신을 애원하고 있을 뿐이었습니다. 그럴 것입니다. 수많은 남성의 육체를 마음대로 향락하던 이 살로메는 한 번도 당신 같은 정신의 왕자를 만나 본 일이 없었던 것입니다. 그러기에 살로메의 눈은 저처럼 초조하고 그 많은 육체의 매혹적인 율동은 잠시 휴식하고 침묵에 앉아 있지 않습니까? 그 여자는 지금 무엇을 생각할까요. 당신의 육체와 사상을 빼앗으려는 이 여자는 그것보다 더 중하고 높은 인간의 존엄성을 당신에게서 발견한 것이 사실입니다. 그래서 그는 이 처음 발견하는 당신에게 향하는 존경의 감정을 어떻게 처리할까에 대하여 고민하고 있는 것입니다. 살로메는 확실히 육체에만 충실한 여성은 아니었다는 것을 나는 알 수 있었습니다. 그는 순간 침묵하며 앉았다가 다시 일어나 자기의 침대로 당신의 손을 이끌어 갑니다. 당신은 아무 말 없이 살로메의 허리를 껴안고 살로메의 침대로 갔습니다. 하늘엔 별이 더 멀어졌습니다. 밤새 소리도 멀리 희미하고 바람도 불기를 그쳤는지 세상은 질식해 있습니다. 나는 몸을 숨겨 주저앉았습니다. 시몬! 시몬!

○월 ○○일

시몬!
　내 옷과 손에는 아직도 살로메의 피가 흐르고 있습니다. 그 젊고 어여쁜 여자의 생명에서 뿜어 나온 피가 이처럼 내 손에서 흐르고 있습니다.

시몬!

용서하셔요. 나는 살로메를. 당신이 즐거워 껴안고 누웠던 살로메를 죽였습니다. 죽였습니다. 확실히 이 은빛 나는 칼로 그 여자의 심장을 찔렀습니다. 그리고 나는 당신을 끌고 나와 이 수레에다 실었습니다. 어디로든 가만히 숲을 헤치고 강을 건너 당신을 싣고 가자는 것이 나의 계획입니다. 당신은 수레에 가만히 누워 계십니다. 무슨 일로 당신을 이처럼 도적해 내온 까닭도 모르고 당신은 가만히 눈을 감고 누웠습니다.

시몬!

살로메를 죽였습니다. 당신의 덕과 의 모든 존엄성을 한순간에 파괴할 수 있는 이 요부 살로메를 나는 아무 고민 없이 이 푸른 칼로 죽였습니다. 나는 당신의 덕과 인격의 탑이 무너져 내리는 그 향락의 광경을 볼 수가 없어 살로메를 죽였습니다. 그리고 당신의 조국의 윤리가 한 여자의 유혹 속에서 망각될 수 있다는 현실을 볼 수 없어 나는 살로메를 죽였습니다. 몸과 마음을 속일 줄 몰라 당신의 이성을 어둡게 못 하던 나는 살로메로 인해 이성을 상실한 하나의 의미 없는 시몬의 육체를 보았을 때 나는 살로메를 죽였습니다.

시몬!

나는 당신의 수레를 끌고 어디로든 도망을 가야 합니다. 어서 신이 도와서 당신을 안전한 당신의 아내 옆에 모셔다 드리고 싶습니다. 기다리는 친구들에게로 당신을 데리고 가고 싶습니다.

이렇게 검은 숲과 산이 밤새도록 연장되어 있다면 당신과 나는 이 어둠 속에 몸을 피해 저 산과 고개를 넘어 남쪽으로 갈수 있으리라 생각합니다.

시몬!

안심하셔요. 내가 끄는 수레에서 마음을 진정하셔요. 바람도 서늘하게 당신의 이마를 식혀 줍니다. 수레를 끄는 여자가 누구냐고 묻지 마셔요. 아예 묻지 마셔요. 나는 당신을 위안할 수도 사랑할 수도 입 맞출 수도 없는 만나도 마음을 드러내지 못하는 당신의 영원한 꿈에서만 생존할 수 있는 렌입니다. 그러나 나는 나의 정체를 여기서 당신께 알리지 않겠습니다. 보셔요! 내 치마가 얼마나 남루하며 내 머리카락은 얼마나 산란하게 이 어깨에 어지러이 날리고 있는가를!

그리고 나는 근심과 눈물로 해서 얼마나 수척하였으며 내 눈과 입술이 얼마나 크나큰 공포와 놀람에 광채를 잃어버렸는가를 살로메가 쓰는 향수와 분이 없고 그 오색 빛이 섞인 보석 목걸이가 내 목에 걸리지 않았는데 당신이 어찌 나를 즐겨 따르시겠습니까? 아름다운 얼굴도 어여쁜 옷도, 고운 노리개도 소유하지 못한 렌이 무엇으로 남성 시몬을 즐겁게 할 수가 있겠습니까?

시몬!

살로메는 진실로 예쁜 얼굴을 가진 여자였습니다. 춤도 노래도 유혹적인 몸도 소유한 여자였습니다. 그는 당신을 기쁘게 즐겁게 하기에 만족한 요소를 다 가진 여자였습니다. 그런데 당신의 행복을 위해서 희생을 하며 눈물을 감추고 일을 하던 제가 왜 살로메 때문에 행복을 느끼는 시몬을 보았을 때 나는 그처럼 가슴이 깨어지고 아팠을까요? 그리고 이 연약한 팔의 기운으로 살로메를 죽일 수가 있었을까요?

시몬!

자백합니다. 내가 살로메를 죽이던 순간의 감정입니다. 결코 나는 살로메가 공산주의 여성이라는 그의 주의를 투쟁하기 위해 죽인 것이 아닙니다. 당신을 대한민국에서 뺏어 가려는 정치적 모략이 싫어서 죽인 것도 아닙니다. 오직 당신의 그 손이 살로메의 허리를 껴안는 것이 싫었고 그 어여쁜 살로메의 몸에 당신이 오래 사로잡혀 방황하는 모습이 보기 괴로웠던 까닭입니다.

당신은 나의 선입니다. 나의 의지입니다. 나의 오직 하나인 조국의 슬픈 사랑입니다. 누가 당신을 뺏어 갑니까? 누가 내 정신의 천국에서 당신을 끌어내리는 자가 있다면 나는 그 적을 향해 싸우지 않을 수 없습니다.

시몬!

잠이 드셨나요? 당신의 쾌락을 방해한 나입니다. 당신의 살로메는 지금쯤 그 어여쁜 얼굴에 수은 빛 죽음이 떠돌고 있을 것입니다. 그 찬란하던 치마며 노리개며 그 검은 눈이 다 어두운 휴식 속에 침묵하고 있을 것입니다.

시몬!

나도 살로메 같은 여자일는지 모릅니다. 살로메같이 어여쁜 옷을 입고 상아 귀걸이를 걸고 노을과 같은 치마를 입고 아테네나 애급에서 온 옛 향수를 바르고 당신을 기쁘게 하고 싶은 똑같은 여자일는지 모릅니다. 사랑하는 사람을 위해서 할 수 있는 최선의 미를 다 보이고 싶은 똑같은 여자입니다. 그러나 나는 그것을 못했습니다. 지금도 이렇게 당신이 그런 것을 좋아하는 줄을 알면서도 고운 치마를 입을 수가 없고 값나는 향수를 뿌릴 수가 없습니다. 앞으로도 영원히 렌은 이 모든 화려한 순서를 갖출 수가 없는 운명에 처해 있습니다.

시몬!

남루한 삼베 치마를 입고 눈물에 내 외로움을 씻어 가며 당신의 수레를 끌고 남으로 갑니다. 거기는 당신을 기다리는 아내가 있고 어린 아기들이 있고 신음하는 백성들이 있는 곳입니다. 이렇게 당신의 수레는 밤과 함께 저 은하수를 따라 슬픈 사람들이 모여 사는 조국으로 향합니다. 내 팔의 힘이 다할 때까지 당신이 누운 수레를 끌겠습니다. 숲은 깊어 오고 어느새 새벽 지새는 달이 고개에 걸렸습니다.

시몬!
나는 잠깐 쉬렵니다. 적삼은 땀이 배어 물이 흐릅니다. 발에선 피가 흐릅니다. 괴롭거나 아프다는 감각은 없습니다. 그저 잠시 쉬고 싶은 순간입니다.

당신의 옆에 있는 동안은 나에겐 아픔이거나 괴롬이 있을 수 없습니다. 그저 잠시 쉬어 당신의 수면하는 얼굴을 보고 싶습니다. 얼마나 만나고 싶어도 못 만나던 얼굴입니까? 나는 부드러운 풀 잎사귀를 치마에 담다 당신이 누운 수레바퀴 밑에 깔겠습니다. 저 푸른 여름 월계 잎사귀를 모아다 이슬에 젖어 오는 당신의 몸을 가리겠습니다. 나는 피 흐르는 발에 쾌락을 느끼며 당신을 위한 풀잎 침대를 만듭니다.

당신의 잠든 얼굴은 몹시도 달빛에 대리석처럼 희었습니다. 당신의 뺨에는 아직도 살로메의 정열의 입술이 식지 않았음인지 가만히 만져보니 아직도 더운 기운에 끓고 있습니다. 얼마나 그립던 당신이었습니까? 얼마나 당신 옆에 있고 싶어 몸부림치

122 『렌의 애가』

며 눈물 속에 해지는 저녁. 달뜨는 그 하늘을 보며 말없이 울던 저입니다. 그런데 이렇게 달빛에 빛나는 당신 얼굴 옆에 내 몸이 섰건만 나는 어이해서 당신의 뺨에 내 얼굴을 가까이 하지 못합니까? 그렇게 당신에게 다정하고 싶어 울던 제가 이렇게 혼자 누운 당신이언만 그 손가락 하나도 마음대로 만질 용기가 없나이까? 나는 영원히 당신의 몸에 다정한 입김을 불어넣지 못할 운명의 존재입니다. 이대로 당신의 몸을 고이 끌어 당신의 아내와 애기들이 있는 곳 그리고 당신을 기다리는 그 나라로 옮겨다 드리겠습니다.

시몬!

동이 터 옵니다. 한 고개만 넘으면 38선 근처입니다. 어디서인가 요란한 총소리가 나기 시작합니다. 가다가 이렇게 자연스레 가다가 또 어느 산맥에서 뜻하지 않은 화가 우리에게 미칠지 알겠습니까? 그러나 신은 우리를 이곳까지 데려다 주셨으니 조금 남은 몇 고개를 그다지야 괴롭게 하오리까?

시몬!

이제 눈을 뜨셔요. 가까운 곳에 우리들의 동네가 보입니다. 눈을 떠서 그 무섭던 악몽의 세계를 잊어버리시고 저 떠오르는 햇빛과 함께 아침의 나라에 선봉자가 되셔요. 우리는 풀잎의 은혜로 밤빛을 마시며 원수의 땅을 피하게 되었습니다. 괴뢰집단도 없고, 케페우 사람들도 없고 강제 노동 수용소도 없는 더구나 그 화려한 악의 화신인 살로메가 없는 남으로 왔습니다.

시몬!

당신의 외로운 아내가 병들어 누워 기다리는 당신 집의 문전에 나는 당신의 수레를 끌고 왔습니다. 어서 일어나 들어가셔요. 나는 이제 안심하고 돌아가겠습니다. 나의 한적한 숲 속으로 돌아가겠습니다. 거기 흘러가는 시내와 바람과 새들의 노래를 들으며 당신의 이야기를 한가하게 듣겠습니다.

시몬!

나의 시몬! 나는 다시 당신을 떠나지 않으면 안 되게 되었습니다. 나는 왜 당신의 수레를 끌고 먼 숲 속 우리들만이 살 수 있는 곳으로 갈 수가 없었을까요? 왜 나는 또다시 혼자 떨어져 구름처럼 홀로 가야 할까요? 그렇습니다. 당신은 사랑하는 아내에게로 돌아가야 하고 나는 또 혼자 나 갈 길을 가야 합니다. 밤이 밝았습니다. 우리들의 슬픈 밤도 지새었습니다. 나는 어서 저 시내에 내려가 내 손에 묻은 살로메의 피를 씻어야겠습니다. 당신을 즐겁게 하던 살로메의 피의 곡조는 아직도 내 귀에 들립니다.

어서 가서 나는 이 피를 씻어야 합니다. 피는 씻어 없어지려니와 이 가슴의 괴로운 곡조는 왜 이렇게 더 강하게 나를 무섭게 합니까?

시몬!

나는 당신 때문에. 아니 순결한 나의 사랑을 위해서 살로메를 죽였습니다.

조국을 위해서요? 아닙니다. 당신을 가지고 싶은 충동에서 살로메의 품에서 당신을 빼앗았습니다. 그러면 당신은 나의 시몬이 될 줄만 알았습니다. 그랬는데 살로메를 죽이고 나서도 당신은 나의 시몬이 아니었습니다. 나는 살로메의 피를 묻혀 가면서도 당신을 소유할 수는 없는 것을 알았습니다.

아아!

아무도 없는 숲에 당신의 수레는 놓였는데 당신이 누웠던 그 자리에 혼자 풀잎을 덮고 누운 내 눈에 살로메의 얼굴이 보입니다. 살로메의 춤이 보입니다. 피할 수 없는 이 무서운 살로메의 얼굴을 나는 바라봅니다. 내 손에는 또 살로메의 몸에서 흐른 피가 묻었습니다. 분명히 아까 시내에 내려가 씻었는데 또 내 손에는 피가 묻었습니다. 어디 가서 이 피를 씻으오리까?

시몬!

나에게 살로메가 안 보이게 해 주셔요. 눈을 감으면 살로메를 안고 웃고 즐기는 시몬이 보입니다. 보셔요, 저렇게 저 혼란에서 함께 춤을 추고 뺨을 대고 속삭이지 않습니까?

살로메! 시몬! 시몬! 살로메!
살로메는 죽었건만 왜 살로메는 내 머리에 이처럼 살아 나를 괴롭게 하나이까?

시몬!
살로메를 데려가셔요. 당신의 침실로 안아 가셔요. 그리고 제게서 이 공포와 헛헛함을 물리쳐 주셔요. 저는 잠들 수 없는 압박에 눌려 있습니다.

○월 ○○일

구름이 갔습니다. 그 무겁고 어둡던 하늘이 저렇게 젊은 기운에 싸여 푸르게 웃고 있지 않습니까? 어제 만나 뵈온 당신의 얼굴은 너무 수척하였습니다. 당신의 눈은 옛적보다 더 강하게 저를 응시하셨습니다. 왜 그렇게 무거운 표정 속에 숨으셨나이까? 천 길이나 먼 곳에 섰는 듯한 모습이 이 마음 안에 이처럼 머리 숙려 일어날 줄 모르심은 무슨 일이옵니까?

달이 물 위에 있습니다. 금과 은으로 수놓은 물 위에 꽃이 피어 퍼져갑니다. 달이 근심스러운 내 몸을 끌며 당신 계신 곳을 찾아가자 속삭입니다.

부를 수도 없는 찾을 수도 없는 나의 이데아여!

나의 예레미아는 오늘 밤 어느 성곽 위에서 누구를 위하여 슬픈 예언을 하고 있습니까? 나를 위해서는 왜 아무 행복의 예언이 없다 합니까? 죽음보다 더 슬픈 이 고(苦)와 진리가 가시보다 더 찔리는 이 아픔의 참된 숙명 아래 나는 가만히 눈 감아 참아야만 합니까? 달이 기웁니다. 기다리는 당신이 오시기도 전에 달이 저물어 갑니다.

눈을 감으렵니다. 어제는 당신과 긴 이야기가 하고 싶었어도 사람이 많았기에 시간을 용이하게 잡을 수가 없었습니다. 당신은 날더러 당신의 집을 방문해 달라 했습니다. 오늘은 꼭 당신의 집을 찾아가려고 서둘렀습니다마는 몸에 열이 와서 그만 이렇게 눕고 말았습니다. 내가 가졌던 스페인의 귀걸이와 펄시아의 흰 진주 목걸이도 당신의 아내에게 드리려고 곱게 싸놓고도 몸의 열 때문에 못 갔습니다. 내일은 몸을 수습하여 찾아가기로 하겠습니다. 그래서 당신의 인자스런 아내와 그 어여쁜 애기들과 또 그리고 잠시나마 당신의 표정 없는 얼굴이라도 보고 오고 싶습니다.

○○월 ○일 일기

시몬!

나는 오늘 당신의 아내와 아기를 만나보고 왔습니다. 전쟁으로 해서 몸 성한 사람이 없다는 이 남한 일대에는 집집에 병으로 눕지 않은 사람이 없습니다.

당신의 아내도 또 아기 하나도 엷은 감기 기운으로 누워 있는 것을 보았습니다. 당신 아내에게 내가 가지고 간 물건을 드리고 부디 어서 나아서 이 귀걸이와 목걸이를 치장하고 당신을 기쁘게 해드리라 했습니다. 그는 상냥스런 미소를 입가에 띠며 고맙다고 내 손을 가만히 쥐어 주었습니다. 따뜻한 손이었습니다. 봄빛 같은 부드러움이 그 손에서 감촉되었습니다. 당신이 이런 따뜻한 손 옆에 사신다는 것은 얼마나 나의 기쁨인지 모릅니다. 행복과 천국의 즐거움이 그 가정에 항시 있기를 빌며 이 밤을 기도합니다.

○○월 ○일

정적 환회 고민 속에 나는 이 시간과 함께 휴식한다. 잠 안 자는 환몽의 길 위에서 시몬을 본다. 그리고 신음하는 조국 떨어지는 민족의 핏방울 소리와 유리하는 피난민의 모습을! 그리고 내 영원의 초상도 그 속에 보며 나는 조용히 내 꿈에 젖어 앉는다.

그가 보내는 야반(夜半)의 언어는 이처럼 성스럽다. 나의 초상은 풀 그림자와 함께 석류꽃 그늘 밑에도 서 있다. 산그늘에 바위가 험한데 그래도 나의 초상을 나를 끌어 같이 가자 한다. 나는 굳이 그 손을 뿌리친다. 다시 나는 끌고 온 외로운 풀침대에 누워 책을 읽는다. 그가 앉고 눕고 했던 이 침대에 이슬이 고운 꿈을 가져온다.

나는 다시 시몬을 만나지 말아야 한다. 내 생명이 다해가도 나는 그를 찾지도 보고 싶어도 말아야 한다.

월요일

어제도 오늘도 그렇게 맑은 하늘은 아니었습니다. 검고 어두운 빛에 싸인 구름이 창문을 어둡게 가리고 있습니다.

내가 왜 이렇게 무언지 모르는 생각에 잠기어 있나 하고 스스로 꾸짖어도 봅니다. 계획도 목적도 무슨 사랑할 수 있는 이유도 준비되지 않은 채 이렇게 꿈을 꾸고 그 꿈길에서 나만이 볼 수 있는 세계를 즐거워하고 있습니다. 거기는 아무 세속적인 요소는 없습니다. 그런 것은 오히려 저의 즐거운 시간을 방해하는 것이 되기 때문입니다.

근심도 설움도, 낮도 밤도, 없는 이름 지을 수 없는 시간의 내용입니다.

혼이 쉬는 때입니다. 근심이 해방되는 때입니다. 외형적인 법규를 떠나서 나 혼자만이 살 수 있는 세계!

독자(獨自)의 세계!

그렇습니다. 이 홀로의 세계에서만 저는 당신의 모습을 봅니다. 음성을 듣습니다. 이야기를 서로 주고받고 할 수 있습니다.

눈감아 쉬는 이 시간 안에 바람도 구름도 일지 않는 가라앉은 정적(靜寂)이 있을 뿐입니다. 비유할 수 없는 고독의 정령(精靈)들이 렌의 주위에 둘러싸 있습니다. 나는 가만히 앉았습니다. 살포시 무너져 내리는 숨결 끝에 또 하나 손끝이 떨리는 기도의 향불 앞엔 높아서 못 따를 길고 먼 하늘이 덮여 있습니다.

당신이시여! 바람 같은 인생입니다.

헛되고 보람 없는 인간의 일생입니다. 먹고 입고 커서 지위와 싸우고 명예에 애걸하면서 그것을 성공하는 길이라 믿고 죽어버리는 것이 인생입니다.

　사랑하고, 시기하고, 미워하고, 책동하고, 이런 것은 다 인간의 성장을 위하여 필요한 요소가 되어 있습니다. 당신도 이러한 모든 요소 때문에 머리를 괴롭히고 있는 운명적인 남성입니다. 그러나 당신은 이 모든 현실적인 요소와 용감히 싸우실 수 있는 준비를 갖추셨을 줄 압니다. 인내, 침묵, 생각하고 또 생각한 후에 행하는 습관 등 이런 것은 다 아무렇게나 사는 사람들에겐 크나큰 고행의 숙제가 아닐 수 없습니다.

　밤은 이제 나래를 눕히고 산 옆 외따른 내 침실 옆에 검은 베일을 내렸습니다. 잠결엔 멀리 바람에 이는 물결 소리가 들려옵니다. 불을 껐습니다. 커튼도 내렸습니다. 시계 소리 숨소리 이렇게 완전히 세상이 잠들면 마음 한구석에 숨었던 당신의 소리가 가까이 들려옵니다.

수요일

　당신을 만나 뵈었건만 하고 싶은 말을 못 했습니다. 당신의 눈은 부드럽고 정겨워 안기고 싶은 때가 있었다고 생각됩니다. 그러나 오늘의 당신의 눈은 그대로 사무적인 윤리에만 복종하려는 계명에 빛났습니다. 당신의 눈은 이 마음을 비밀 속에 감추라고 명령하셨습니다. 파문 이는 정의 얼굴을 침착히하라 명하셨습니다.

그리고 나의 시간으로, 나의 직업으로, 나의 세계로 돌아가라 하셨습니다.

금요일

10분도 못 되나 봐요. 당신을 뵈온 시간은. 피곤해서인지 그 눈은 그 전처럼 빛나지 않았습니다.

토요일

오늘 오후엔 꼭 당신을 뵈오려니 하고 기뻐서 일을 했습니다. 석양이 넘도록 당신의 얼굴은 나타나지 않았습니다. 법규와 사물을 중요하게 취급하시는 당신은 오시지 않았습니다.

어느 친구의 저녁 초대에 갔습니다.

모여 앉은 사람들의 표정에 싫증이 났습니다. 기계적으로 움직이는 그들의 재래식 모임에는 신선한 대화가 없었습니다. 들어서 유쾌할 수 없는 이야기에 그만 귀를 불리고 돌아왔습니다.

항용 돌아와서는 후회되는 여러 친구의 초대석은 앞으로도 이런 후회를 거듭하면서 계속될 것입니다. 아무 새로운 전개가 없는 구세기의 탈을 그대로 쓰고 가라앉은 분위기에 그대로 끌려가는 한 시민이 되어야만 합니까?

새로운 질서와 풍속을 무서워하고 멀리 하려는 심리는 오늘날 우리 민족을 퇴보시키고 있습니다.

몇몇 이름 있는 신사 숙녀가 모인 자리는 역시 피동적이요 아무러한 자발적인 논(論)이나 표정을 찾아볼 수 없었습니다. F라는 이는 식탁에서 그대로 자기의 언어도단인 애국연설만 하고 있었습니다. 그 말은 모두가 비합리에 속하는 자가선전(自家宣傳)이었을 뿐입니다. 듣는 사람은 침묵하였습니다. 용기를 갖추어 반박하지 못하는 이 무능한 신사들 중에는 그래도 속으로는 괴롭던지 모자를 들고 밖으로 휙 나가 버리는 이도 있었습니다. 그래 그 사나운 용기를 내뿜는 애국자는 눈동자에 분노를 띠며 책상을 치고 가슴을 두드리면서 조국의 운명을 짊어지고 갈 사람은 오직 자기 한 사람이 있을 뿐이라고 외칩니다.

이 유순하고 못난 나라는 오천 년 동안 이 사람 저 사람 손에서 장난감 노릇을 하였습니다. 호령하고 누르고 복종시키는 것이 오직 권력의 임무인 줄만 생각하였던 것입니다. 정치란 즉 권력인 줄만 아는 원시적 관념만이 우리의 역사를 지배해 왔습니다. 그래서 우리는 불행했습니다. 가난합니다. 남의 경멸을 받습니다. 백성의 행복이 무언지 모르는 정치가들이 백성을 위해 사노라고, 대중을 위해 투쟁하노라고 외칩니다.

시몬!

몹시 불쾌했습니다. 그 자리는 인간미와 자연미를 상실한 자기만을 변호하기 위한 투쟁 행위는 가장 20세기가 배격하고 더욱이 우리 대한민국이 증오하는 적에 속하는 것을 왜 모를까요? 우리는 이러한 불순한 능력자들을 제거하기 전엔 참된 대한민국의 행복은 오기 어려울 것이라고 믿습니다.

일요일

6월 하늘이 한 폭 제 머리를 둘러쌌습니다. 풀 기운에 날리는 바람 냄새가 이처럼 상쾌할 수가 있어요?

거리엔 나가기가 싫습니다. 사무실엔 더구나 나가기 싫은 감이 듭니다.

종일 방에 앉아 키이츠의 시를 번역해 보았습니다. 가장 순수한 세계로 도취되어 갈 수 있는 길은 천지의 아름다움, 인생의 회로애락을 그대로 설명해 놓은 문자밖에 없다고 봅니다.

오후 2시 반

초췌한 병색을 지닌 P여사가 나타났습니다. 여러 날 잠을 못 자고 이리저리 피해 다니노라고 합니다. 나는 놀랐습니다. 아무 정당에도 속하지 않은 P여사가 피해 다닐 이유가 어디 있을까 하고 의아했습니다.

그는 말없이 한숨만 내뿜었습니다. 그 눈엔 맑은 눈물이 휘돌다가 사라지고 사라지고 합니다. 눈으로 삼키는 괴로운 눈물입니다. 비통한 일에 목이 메이는 모양이나 아무 말 없이 그는 손수건을 얼굴에 대고 울고 있었습니다.
우리는 벌써 자유로 이야기할 분위기를 상실한 현실 사회임을 알고 그저 묵묵히 앉아 있었습니다. 그는 낭떠러지에 서 있는 듯한 동강 떨어진 채로나마 이 귀중한 대한민국의 운명을 아무 이해관계 없이 그저 애통하게 생각했습니다.

정권 획득 때문에 그가 울었을까요? 어느 인물을 특별히 지지하고 싶은데 그게 안 되어서 그럴까요? 내가 아는 P여사는 그것도 저것도 아닙니다. 내가 그를 존경하는 것은 그가 정권이나 지위나 세력을 피해서 할 수 있는 대로 평범하게 자연스럽게 인간면을 유지해 가는 데 있습니다. 그는 벌써 어느 여성보다도 지위와 정치 무대를 가지고 있습니다. 그러나 그는 특권 정치객 앞에서 아첨이나 재주를 팔아서 자기 생을 영위하려는 성격자가 아님을 존경합니다. 나뿐 아니라 그가 많은 이름 없는 여성 친구와 항상 더불어 즐거하기를 힘쓰는 노력에 우러러 따르는 이가 많은 것은 그 이유가 그의 민주주의적 성격에 있을 것입니다. 나는 호박찌개를 뚝배기에 해 놓고 저녁을 같이하자 했습니다.

초승달이 뒷산에서 떠올랐습니다. 나는 그를 위해선 반찬 걱정을 하지 않아도 좋다는 자신이 있었기 때문에 호박찌개 하나로도 다정한 저녁밥이 그렇게 맛이 날 수 있었습니다. 우리들의 대화는 밤 절반까지 계속되었습니다. 그렇게 중요한 화제는 아니었습니다. 휴전이 되면 서울로 올라가야 하나? 아이 많은 엄마들은 또 얼마나 이맛살을 찌푸릴까? 쌀값이 내려야 부엌데기 여자들도 쌀밥 구경을 하지 않나? 비가 더 내려야 들판이 풍성 풍성해질 터인데 등의 이야기였습니다.

월요일

그렇게 설레던 마음이
이렇게 잠시 조용해진 것은
나이의 탓도 게으름의 탓도 아닙니다.
미친 바람과 함께 달리던 물결의 혼란이
당신이 밀어가는 조국의 행진 앞에
말없이 조용히 잔잔해진 까닭입니다.

시몬!

바람이, 그렇게 지성과 이성을 몰각한 거센 바람이 한동안 이 거리와 그리고 우리들의 생을 휩쓸고 지나간 뒤 당신의 소식을 모르는 저는 그래도 어디서 이 나라를 위해 애쓰시고 있는 것을 알았습니다.

나의 신앙은 깨어지지 않았습니다. 지금 이렇게 위급한 심리를 경험하고 있는 저는 당신을 정으로 그립다거나 보고 싶다는 마음이 아닌 그저 붙잡고 의로운 지팡이로 이 나라를 부축할 수 있는 일꾼으로 당신의 건강을 하늘에 빌고 싶은 심리에만 붙잡혀 있습니다. 절반을 빼앗긴 허물어진 땅덩이는 지금 그나마 내부의 병적 열로 신음하고 있습니다. 누가 구해 주기를 바란다는 일은 얼마나 비겁한 약소국가의 마지막 구절이리까? 그렇습니다. 아무도 믿고 바라서는 안 되는 처지입니다.

우리끼리 죽거나 살거나 뭉치고 건전하게 일어서야겠습니다.

사심을 초월한 참된 인간으로의 정치가를 우리는 얼마나 바라고 기대하는 것입니까? 무어가 무언지 모르는 중에 국토가 갈리고 민족의 단결이 갈리어 사심(私心), 자만(自慢), 근시안적(近視眼的) 애국심의 발로, 조국은 이 모든 불건실한 정치균(政治菌)에 걸리어 생명의 최후를 스스로 한탄하고 있습니다.

시몬!
이름 가진 정치가가 되기 전 이 백성의 지적 향상을 위해 대중의 동무로서 계몽의 등을 켜야 하지 않겠습니까? 이 무서운 정신의 고(苦)는 온 민족이 다 함께 겪고 있는 현실입니다. 남이 부끄러울 정도로 이 현실은 우리의 체면을 낯붉히게 합니다. 저 38선의 적은 누구더러 막으라 합니까? 우리의 온갖 정열과 힘을 북으로 북으로 쏘아 가야 하련만 이처럼 작은 일에 증오하고 분열되는 비극의 비밀을 아무리 알려 하여도 알 수가 없습니다.

밤이 자정이 넘었습니다. 이렇게 불안한 글을 당신께만 오직 쓰고 앉았는 심리는 저도 모르겠습니다.

수요일 밤

산딸기 이슬지어 매달린 수풀
나직한 하늘에 끄을려 가노라니
구름이 온다, 사나운 구름이
산 떼처럼 크낙한 덩이

비탈길을 돌아 그 하늘을 찾아도
밀려오는 어둠 가시덩굴
감싸는 치맛자락도 소용 없어
몸에선 딸기빛 붉은 피
어느덧 길 위에 주저앉아져

어이할꼬! 밤 길에 부닥친 나의 노래
눈물은 쓰다, 폐부에 흘러내리는 땀방울!
우리에겐 오직 빌려온 칼이 있을 뿐이어늘
당황히 쫓기는 사슴의 무리인 양 아무데나 떠받히는 그 무리들

물리기 여러 번이었다. 조국은 이방 벌레에게도 그러했거니와 제 안에서도 홍역 같은 불이 일어 약도 없이, 엎어지고 주저앉으며, 노예로 궁상맞이로 그 몸을 끌어 오늘에 겨우 숨결을 내쉬었

거니 이 어인 폭풍의 밤이러뇨?

  자유는 또다시 목말라 우노니

아아! 먹빛 같은 우울이 넘친다.
수없는 한숨이 베개 밑에 파도처럼 밀려와 잠 못 이루는
겨레의 밤은 괴로워라.
부를 이도 하소연할 곳도 없이
저 홀로 가는 이 외로운 나라를 보라!

목요일 밤에도

  무심히 지나는 달이 서창에 보였습니다. 아무 생각도 일으키지 않는 그 달은 그처럼 가볍게 푸른 숲 속으로 잠기고 말았습니다. 얼마나 애련히 당신만을 생각케 해 주던 달입니까. 그런데 오늘 저녁 그 달은 당신에 대한 아무 기억도 일으켜 주지 않습니다.

  아마도 소란한 밖의 풍정 때문에 너무 마음이 유린되고 근심에 흐려진 까닭이겠지요? 당신은 한없이 먼 존재 같이만 생각

됩니다. 너무 뵌 지가 오래인 우리 사이는 무슨 큰 간격이나 생긴 것처럼 새삼스럽게 낯선 사념에 당신을 생각하게 됩니다.

얼마나 당신의 얼굴이 남 모르게 얼마나 파리하고 수척하였으리라는 것을 저는 압니다. 그보다도 얼마나 그 마음은 무너져 내릴 듯이 근심에 깨어지고 있을까 합니다.

나의 기도는 당신의 괴로운 마음속에 소리 없이 숨 쉬고 있습니다. 그리고 우리가 믿는 신께 조국의 생명을 부탁하며 눈물집니다.

언제 당신을 만나 뵈러 간다고 약속은 하지 않겠습니다. 오래 오래 못 만나 뵐지도 모릅니다. 아니 영원히 긴 세월을 그대로 이렇게 편지만 쓰면서 못 만나 뵐지도 모릅니다. 그래도 그 전처럼 슬프다거나 그립다거나 하는 괴롬은 없습니다. 그리움도 때와 함께 쇠(衰)해지는지는 모르나 희망을 갖추지 못한 나의 설움은 이제 제 혼의 고향으로 돌아가 오직 당신에게 향한 보이지 않는 신앙으로 이 일생을 노저어 가려는 것입니다.

신앙!
이것만이 나에게 잃어지지 않게 되기를 오직 바랄 뿐입니다.

토요일 황혼

머리 올 사이로 바람이 샌다
사늘한 여름 저녁의 푸른 눈
어제 살던 별이다
어제 오던 먼 대양(大洋)의 작은 말소리다
귀는 마음보다 권태로이
그래도 기다리는 안 오는 발자국에
발 밑엔 떨어지는 솔잎 냄새
뺨 위엔 노을이 타서 꽃 그림이 일어
이 저녁 언덕길은 호사스럽다.

일요일

시몬!

오래간만에 비를 흠뻑 먹었습니다. 몸이 젖도록 마음까지 잠기도록 그 비에 다정하게 입 맞추고 싶었습니다. 바람 없이 내리는 잔잔한 빗속을 숨 괴로운 가슴을 안고 산 옆집까지 돌아왔습니다.

방에는 저녁 어둠이 서렸습니다. 불을 켰습니다. 테이블 위에 놓인 흰 편지 봉투가 보였습니다. 나는 이것이 당신에게서 온 서신일 것을 믿고 봉투를 들었습니다.

그러나 이 길다란 편지는 K씨에게서 온 시국의 한탄서였습니다. 그의 편지는 갈피를 잡을 수 없이 괴로운 절망으로 차 있었습니다. 이해할 수 없는 정치적 혼란 때문에 회사에서도 가정에서도 일도 손에 안 잡히니 무엇을 계획하여 실시할 수도 없는 형편이라고 썼습니다. 어느 나라에나 과도기에 있는 현상으로 이해할 수 있는 일이나 요즈음의 현상은 그 도가 지나치지 않느냐는 것입니다.

다 읽고 난 제 이마에서는 땀이 흘렀습니다. 저녁도 먹기 싫고 아무것도 손에 잡히지 않아 하늘만 마주 보고 있었습니다. 이런 때는 하잘것없는 이름 모를 이 나라 여성의 고독이 더욱더 커 갑니다. 좋은 여성 지도자라도 있어 이 가슴을 헤아려 줄 이가 있었으면 하나 그도 바라는 대로 만나기는 심히 어려운 일입니다.

모두를 단념하고 뒷산 등성에 바람도 쐴 겸 올랐습니다. 작은 초막에서는 감자 찌는 냄새가 새어 나오고 있습니다. 옥수수 그루와 감자 푸성귀를 이른 봄부터 가꾸던 이 초막집의 영감님은 긴 담뱃대를 피워 물고 이제야 자기의 애쓴 보람에서 생긴 여름 추수를 맛보는 모양입니다. 비가 오래 오지 않아 옥수수나 감자가 모두 누렇게 타 있었습니다. 언덕 밑으로는 임시로 지은 판잣집이 저녁연기를 토하고 있었습니다.

아마 이북에서 온 전재민 가족인가 합니다. 해어진 행주치마로 급하게 이마의 땀을 씻으며 물동이를 이고 비탈로 내려오는 새댁이 있습니다. 이 집 며느리인 모양입니다. 남편은 있는지 없는지 모르겠으나 그 얼굴이나 걸음걸이가 몹시 초췌하고 호젓해 보입니다. 혹시 시집 온 지 얼마 안 되어 난을 만나 남편을 잃어버린 불쌍한 여자인지도 모르겠습니다. 연기로 꽉 찬 부엌만이 자기의 오직 용납할 곳이라는 듯이 재게 그리로 사라져 버립니다.

깡통을 멘 열두어 살씩 난 사내아이 둘이 그리고 또 들어갑니다. 아무래도 서울이나 그런 전쟁 지구에서 쫓기어 온 가난한 집임에 틀림없습니다. 학교에 갈 아이들이 학교에 못 가고 깡통을 메고 먹을 것을 주우러 다니는 이 비참한 현실이 언제까지나 계속되어야 합니까? 이런 차마 보지 못할 생의 궁핍이 언제 누구들의 손에 의하여 구제될 것입니까?

시몬!

용서하셔요.

애국자에게도 정치가에게도 큰 기대를 가지지 않는 이 백성입니다. 자기를 위한 이기적인 애국자! 자기의 권력만을 위하는 정치 행정자들에게는, 아무런 소원도 도움도, 포기해 버린, 이 나라 백성들입니다.

적의 포탄 소리는 바로 귀에서 우리의 아들과 젊은이들을 빼앗아 가건만! 안에서는 굶고 헐벗어 온갖 부도덕, 부정직한 사태가 벌어지고 정신은 타락되고, 민족이 지니고 내려오던 덕은 말살되어가고 있지 않습니까?

시몬!

자기를 희생하고 잊어버리고 완전히 이 백성을 위해 그보다도 무능하고 가난한, 이미 버림받은 이 수많은 백성들을 위해 감히 십자가를 질 분이 있거든 나오라 하십시오.

피땀을 흘려 이 백성과 함께 헐벗을 고행(苦行)의 지도자가 있거든 나오라 하십시오.

화요일

이름 없는 촌에서 이름을 감추고 촌민들과 더불어 수리조합

일을 하고 있다는 시몬의 글이 왔다. 간단하고 극히 사무적인
글이다.

　번지도 곳도 써 있지 않다. 우표도 없는 봉투다.

　나 없는 새에 누구의 인편으로 온 모양이다.

　발 벗고 머리에 수건 동인 채 존재한 농군 시몬을 상상해 보
았다.

　그 길이 그가 가야 할 길인지도 모른다. 그가 살고 있는 이
나라의 백성들이 원하는 지도자의 길인지도 모른다. 교만과 허
영과 자기 지식에 도취되어 자기 만능의 세(勢)를 부리려는 그
릇된 사람들에게서 떠나 순수한 무식층으로 파고들어가 생을
창조하려는 그의 의도는 아무도 모른 채 어느 한구석에서 태양
아래 그 생명이 자라날 것이다. 그래서 대한민국은 살찌고 뻗어
갈 것이다.

　나는 시몬에게 대한 나의 젊었을 적 꿈에서 깨어나기 시작한
다.

　내가 외롭고 괴로울 때 이 세상에 오직 한 사람의 우상을 마
음에 따른 동기도 여기에 있을 게다.

　남성 시몬보다 인간 시몬을 원했던 까닭도 여기에 있었던 것
이다.

146 『렌의 애가』

수없는 생리성을 가진 남성은 우리 사회에 얼마든지 있다. 그러나 눈과 정신을 옳게 지니고 생을 살아가려는 인간 남성은 왜 이리 찾아보기가 드물었던가?

오후 7시!

P여사 K여사 외 몇몇 여성이 찾아왔다. 파란 모시 치마들이 석양 바람을 실어 더 서늘한 감을 준다. 눈이 약간 매혹적인 P여사는 무슨 마음 든든한 일이 생겼는지 전일보다도 훨씬 기운이 나 보인다. 그러나 역시 이구동성으로

"어쩌면 좋아? 이 일들을"

하고는 한숨을 내쉰다.

용기도 실천도 부족한 이 불구자 여성들에겐 오직 습관적인 한숨만이 남았을 뿐이다. 수박 속이 빨갛다고 하면서 한 쪽씩 저며 들었다.

초열흘 달이 K여사의 낭자머리 위에 그늘진다. 가야금 풍류에 한을 느낄 줄 아는 이분은 그것도 집안 풍속이 허락지를 않아 가야금을 안고 피신을 다니는 웃지 못할 비극의 풍류객이다.

아홉시가 넘어서야 그들은 돌아갔다.

희망은 한때 먼 행복을 안내했다. 이제 보이는 희망의 손짓

도 어렴풋이 안개 속 허무다. 환희도, 꿈도, 목적도, 사랑도, 이 모든 것을 내포한 인생 그 자체도 떠 가는 안개 속의 일부다.

시몬을 따르는 동안 내 생명은 수척했다. 생명의 정양이 요구된다.

아무것도 보이지도 들리지도 않는 아득한 처소에 이 피곤을 이끌어 휴식하고 싶다.

창 밖에 매암이가 왔다. 머리 밑이 산들어워진다.

제4부

●

풍운(風雲)의 목가(牧歌)

시몬!

세상은 당신과 나의 오랜 교제, 오랜 편지 왕래를 비판할지도 모릅니다.

그러나 생이란 짓궂은 장난꾼이어서 끊어질 수 없는 애절한 연결 속에서 우리의 생존이 떨고 있음을 어찌합니까? 무서운 마음의 항쟁 속에서 싸우고 괴로워한 일생입니다. 지나가는 인생의 한평생이 모두가 싸움이요, 승리요, 죽음이요, 패배였습니다.

당신에게만은 꾸며지는 인생이 아닙니다. 그대로 남아 있는 '렌'의 하소를 당신에게 보내고 싶은 심경입니다.

우리 서로 모르고 살아 보려고 얼마나 마음을 도사려 먹었습니까? 보고 싶을 때는 눈을 감아 그 외로운 희망을 수면 속에 파묻었고 글을 써서 부치려 하다가는 수없이 찢고 찢어 이 마음을 수습하지 않았습니까?

시몬!

그러다가 한 해가 지난 오늘 당신의 긴 글을 받고 다시 저는 목이 메었습니다. 방황하고 싸늘했던 저의 생에 다시 만난 태양의 온정이었습니다. 그간에는 두 번이나 해외에도 다녀오셨다지요? 흙의 나라, 농부의 나라 한국은 그들의 현실과 얼마나 다르다 합니까?

건전하게, 용감하게 살고, 싸우고 싸워서 이기자고 하신 당신의 말씀을 가슴에 그대로 담은 채 살아 왔습니다.

그러나 당신이 없이 저의 용기는 드러날 수 없고 당신을 떠나 있었을 때 저는 아무 일도 손에 잡히지 않았습니다.

당신을 갈망하면서 반생이 지났습니다.

세상과 친구들은 제 욕심에 도취되어 순수한 인정이란 없습니다.

물욕, 명예, 권력 때문에 유린되는 인정, 애정, 의리들이 아닙니까?

사람은 사람을 사랑하기보다 오히려 이를 무서워 피하고 타협할 수 없어 도망가는 이 시대!

시몬!

이 테두리에 모여 사는 불안한 우리 친구들을 보세요. 의심과 초조로 자꾸 그 시야(視野)가 작아만지는 이 현실에서 못 견디는 방황이 당신을 다시 부릅니다.

오소서! 이제 마지막 생의 층계 위에 당신이 다시 오소서.

당신만은 아무 의심 없이 미더운 신앙 속에 저를 안심시킬 것 같습니다.

당신의 순박한 정직만이 저의 파리해진 신앙을 소생시킬 수 있습니다.

당신의 글은 무척 다정하고 용기에 차고 희망에 넘쳐흘렀습니다.

목요일 약속하신 시간, 그 은빛 같은 시간이 저에게는 왜 이다지 초조하게 기다려지는 것입니까?

시몬!

당신에게로 가겠습니다.

세상이 무어라든 귀를 막겠습니다.

다시 당신의 사랑을 비판하고 고민하지도 않겠습니다.

돌아와 후회를 한다거나 가슴 아프게 저 자신을 벌하는 일도 더 하지 않으렵니다.

찬 이슬 내리는 숲을 숨어 수줍은 용기를 감추려고도 안 할 것입니다.

당신의 말씀대로 괴로운 마음의 항쟁도 이제 쉽습니다.

눈물, 인내, 보이지 않던 그 별들도 이제는 내 앞을 밝히는 길동무가 되겠지요. 저 그리움만을 노래해 주던 저녁 새들도 즐거운 미래를 노래하는 저의 악사들이 될 것입니다.

시몬!

정말이에요. 어서 이 밤이 가고 또 한 밤이 지나서 당신이 오실 시간 앞에 나는 경건한 마음의 수도자가 되어야지요.

그렇게 어둡고 거칠어 보이던 서울 거리도 이제 당신을 만남으로 명랑하고 친절한 거리가 될 것 같아요.

그렇게 우울해 보이던 이 백성들의 얼굴들도 당신을 통해 유쾌한 인상을 줄 것 같습니다.

정말 그렇습니다. 망각의 무덤 속에 서로 잊으려고 노력하고 애써 온 우리 아닙니까?

그러나 우리는 만나지 않는 동안 모르자고 약속한 동안에도 오히려 더 큰 아픔을 가진 사랑 때문에 앓고 있습니다.

세월이 가고 나이가 갔어도 당신만은 가지 않고, 떠나지 않고 나의 인생 속에 그대로 담겨 온 숙제요 희망입니다.

시몬!

당신을 뵈오면 얼마나 긴 이야기가 많을까 하고 지금부터 새로운 반김에 가슴이 뜁니다. 아마 당신의 형상은 무척 수척했으리라 생각합니다. 그러나 나를 맞아 주실 그 마음만은 그대로 변함없이 젊어 있으리라 믿습니다.

잎 떨어지는 소리. 부슬거리는 가을비가 창을 적십니다.

난로 위에 물을 끓여야겠어요. 몇몇 친구가 모여서 독서회를 하는 날입니다.

오늘은 내 방에서 모이는 날입니다. K도 C도 H도 다 모여요. 찾을 때까지 찾아보려는 작은 진리의 추구자들이랄까요? 말 못하는 가슴의 벅참들!

영양 부족에 걸린 핼쑥한 얼굴들!

그래도 아무렇게나 세상을 판단하고 유희하는 그 무분별한 영웅들보다는 이 압박받는 지성의 순수한 투쟁이 얼마나 높고 귀한지 모르겠어요. 이런 사람들이 아직 있다는 것은 마치 따뜻한 이웃을 느끼는 감이나 마찬가지입니다.

어떤 작품 속엔 절망이 소리를 높이고 있습니다. 어떤 작품은 너무 현실에만 구속되어 있습니다. 그러나 희구와 갈망의 노래도 있었습니다. 이것이 우리가 느끼는 한국이요, 이상이요,

예술이라 생각합니다.

토요일 밤

왜 자꾸 제 마음을 놀라게 하십니까? 아무렇게나 저의 고통을 밟고 마구 걸어가지 마세요. 또 왜 그렇게 아무렇게나 두서없는 표정과 말로 제 눈과 귀를 어수선하게 하십니까?

시몬!
어제 만났을 때 하시던 말씀들이 지금도 그대로 제 귀에 남아 있어요.
해석이 되지 않은 채 그대로 소화를 못 하고 남아 있어요.
깨어진 돌탑 위에도 별이 있었습니다.
가랑잎이 중얼거리며 흘러가는 그 냇물에도 가을의 혼이 깃들여 있습니다.
그런데 한숨과 절망 안에 숨어 있는 당신의 설명은 주검처럼 기운이 없었습니다.
이럴 수도 저럴 수도 없는 현실이니까, 도의도 양심도 다 등지고 아무렇게나 살 수밖에 없노라고.

비겁한 역사 속에서 뭉텅이째로 멸해가는 한국의 도의를 위해 당신은 애쓰고 희망하다가 이제는 아무렇게나 사신다고 하셨습니다.

그래서 우울함에 정신이 설렐 때는 술도 마시고 요정에 끌려가서 시간 가는 줄 모르게 즐기는 때도 있으시다고.

고마워요, 시몬!
솔직하게 속임 없이 말씀해 주신 당신이 못 잊히도록 미더워요.

만날 수 없고 사랑할 수 없으니까, 만나고 사랑할 수 있는 상대를 찾아다녔다는 말씀도 고마워요. 가슴이 산산이 깨어지는 듯이 아프면서도 그동안 지낸 당신의 경험은 한국 남성이 걸어가는 그대로를 고백한 것이매 속임 없이 말씀하신 그 마음이 고마워요.

당신의 자존심 어느 내부에 '렌'이라는 희미한 존재를 담고 있었기에 라고 믿기 때문에 흙바닥에 엎드려 우는 듯한 당신의 하소가 이 땅을 스며 저의 귀에 무심하지 않은 것입니다.

시몬!
정겨운 당신의 손으로 얼마나 오랫동안 내 옷고름을 만지작거렸습니까?
다시는 다시는 떠나지 말고 남은 여생을 어느 한적한 시골에서 같이 지내자고요.

그 음성, 그 눈은 진실에 타고 있습니다.

그 소원이 사위어질까 해서 가슴에 꼭 품고도 제 입술은 평범하게 당신의 이야기를 웃으며 부정(不定)해 버렸지요.

그림자 되어 따라오는 당신의 뜻을 저는 낙엽처럼 애처러워하면서도 버리지 않으면 안 되었던 것입니다.

밤이 왔어요. 무서운 것은 밤이에요.

내 귀가 조용해지면 부드러운 당신의 음성이 내 고독 안에 가득차오는 것이에요.

방 안 공간마다 당신의 얼굴이 저녁처럼 뚜렷이 나타나는 것입니다.

당신이 주고 가신 반성, 후회, 무서움, 놀람, 의아, 가까이 부딪쳤던 눈, 아직도 지워지지 않은 이런 요소들은 다 저의 그리움의 내부입니다.

무심히 사무에만 골몰하여 살던 저였으매 당신을 만난 순간엔 벅찬 가슴의 동요로 마음의 매무새를 몰랐습니다.

시몬!

당신을 애통스럽게 사모할 때도 지나간 줄 알았습니다. 시간과 연수가 지나면 그대로 나뭇잎이 늙듯이 꽃이 피었다 져 버리듯이 사랑의 애절함도 가 버리는 줄 알았습니다. 피어 보지 못한 우리의 청춘이기에 그대로 늙을 줄을 모르고 저버릴 줄을 모르는가 합니다.

"사랑하는 이여!

그 어느 때 아늑한 등불이 켜 있는 방에 가을 소리를 함께 듣고 지나가는 바람의 길을 물어 보면서 하늘이 보내는 조용한 안식을 즐겨할 때가 오겠습니까?

당신의 피곤한 날을 위로하고 뜬 세상 일에 수그린 그 심정을 부드러이 감싸드릴 밤이 언제 오겠습니까?"

지금은 밤 열한시에요.

모간의 책을 읽었으나 무엇을 읽었는지 밝힐 수가 없어요.

나는 그저 당신의 따뜻한 마음을 더듬었으니까요. 그 마음속 조용한 언덕에 내 혼이 누워 있었어요. 당신이 내리는 웃음의 그늘에서.

시몬!

아름다움을 공부하겠습니다. 참는 것, 양보하는 것, 겸손한 마음씨, 한 알의 떨어진 씨라도 버리지 말고 심고 가꾸어 생명을 창조하고 키우는 일, 이런 일을 더 바라고 믿어 보겠습니다. 그래서 당신도 이런 요소들과 타협하고 커지도록 소원하겠습니다.

당신이 커지면 또 당신의 모든 친구들이 함께 커지면 이 작았던 한국도 커지겠지요.

세우고 일으키는 사상과 부지런하게 알고 뻗쳐 나가는 힘, 시몬! 어떡해요! 누가, 누가 이런 힘의 맞잡이가 되어야 할까요?

나는 이렇게 당신에게 원하는 것이 많은 것 같아요.

그러나 욕심은 아니에요.

이 길만은 당신과 내가 살아갈 빛나는 길이기 때문입니다.

열두시,

가느다란 빗소리가 어느 새 굵은 빗소리로 화했습니다.

당신이 어디 계실까고 망설여요.

부인의 옆에? 애기들 옆에?

어느 친구들과 같이? 혹은 어느 요정에?

당신이 계신 곳은 당신의 자유에 의해 선택된 곳이겠지만 전에 없이 나는 당신의 계신 곳을 알고 싶습니다.

저렇게 찬비가 내리고 집집의 처마가 등불을 수그린 때는 사람들은 그리움을 찾아 아늑한 자기의 처소로 가는 것입니다.

당신은 지금 당신의 부인의 옆에 계셔야 해요. 더욱이 몸이 건강치 못하다는 그의 옆에 계셔서 미더운 아버지로, 선량한 남편으로 이 밤을 지내셔야지요.

진정 못 하는 마음이라고 아무데나 던진다는 일은 견딜 수 없는 비극의 시초(始初)를 모험하는 것입니다.

손을 모아 당신의 밤을 기도합니다.

비에 젖은 당신의 창문을 이 치맛자락으로 가리면서 당신의 안식을 돕고 싶은 저입니다.

내일을 또 빌면서, 렌

금요일 아침

거울이 맑지 않다, 기분이 흐린 탓일까?

눈을 감았다 떠도 하늘은 그대로 암담하다.

거울은 차라리 깨어지거라. 하늘은 그대로 베일 속에 존재하거라.

아름다움처럼 보여지던 모든 형상(形狀)은 하나의 변형하는 추의 세계의 이상이다.

생각하는 것, 바라보는 것, 추구하는 것에도 잠시 싫증이 났다.

거리로 나왔다.

횡하니 자고 난 태평로 길이 벗은 몸처럼 춥다. 헛헛하게 지나가는 사람들!

굴뚝에서 나온 그을음들처럼 무기력한 얼굴들!

긴 파이프를 물고 끙끙 앓는 30대 사람들의 아침 거리엔 늙은 태양이 누워 버릴 뿐 황혼 같은 아침 거리!

밤새 몸을 찢긴 한 여자가 종로 골목에서 얼굴을 감싸 쥐고 달아난다.

인경 옆에는 아침을 구걸하는 소년들이 어깨를 오라틀고 밥 냄새를 찾는다.

한국의 총아 S씨가 긴 차에 몸을 기댄 채 광화문통을 횡단한 다. 아무도 바쁜 사람 없는 서울 거리 빈곤만이 번식하는 서울 의 아침이다.

도적과 사기, 방화, 자살을 보도하는 아침 신문이 통례(通例) 로 사람들의 눈을 거쳐 쓰레기통으로 날아간다.

오렌지 빛 태양이 의사당 문으로 새어 든다. 이따금 소름 끼 치는 고함이 들려온다.

애국을 주장하는 두 주먹이

'나는 이렇게 자신을 속인다' 하는 양심의 비명을 억누르노 라 눈과 눈에 땀이 흐른다.

지나가는 사람들은 의사당 정문 앞에 웅크리고 서서 한국의 도와 의를 기다린다. 의사당 루프 위엔 오늘도 허무한 논쟁들이 흩어져 날아갔다. 바람같이, 구름같이, 사람들은 허전히 애통하 며 돌아간다.

설렁탕집, 찻집에선 불안과 갈망과 흥분으로 사람들의 입에 서 병든 언어가 쏟아져 나온다.

비뚤어지고 일그러진 두뇌운동이 서울의 오후를 말라리아처럼 앓게 한다.

> 성난 소나기가 쏟아졌으면
> 그 내음새 나는 사상의 성곽 위에
> 그대들이 서 있는 불행한 오후에
> 장마는 걷어가고 담배연기 차가운데,
> 몸부림치는 소나기가 울어 내렸으면

황혼.
남산은 완전히 지성을 상실하였다.
도적의 기술과 음모, 숨김의 요람지인 남산은 또 하루의 꿈을 안고 어두워 간다.
사과껍질 같은 달이 밤벌레처럼 소나무를 간질인다.
가버린 남산보다 더 음침한 남산이 서울의 밤을 껴안는다.
비무장 도시 서울을 그늘진다.
만화 같은 인간들이 곡조 없이 춤을 추며 도시 한복판으로 지나간다.
빛도 없는 유성들이 자꾸자꾸 많아 가는 날 허잽이 역사는 층계 층계에서 사람들을 웃기고 미치게 한다.

월요일

시몬!

편지 받았습니다. 하여 보시려던 그 사업을 당분간 중지하시 겠다고요. 아니예요. 당신의 생각은 빈혈이예요. 또 편협하시고 요. 그것은 자기 본위의 주장이라고밖에 볼 수 없어요. 그런 소 극적 결정은 결국 자기 상실이니까 전체로 보아서는 그만큼 마 이너스입니다.

H씨와의 타협 문제도 그렇게 중요하지 않은 부분적인 일인 데 혼동하시고 고통하심은 그만큼 약해지신 탓이라고 생각합니 다.

서로가 이해하고 하나가 되는 용기와 성의보다 분열하는데 도움 되는 태만, 포기, 무성의에 태도를 더 기울이고 있다고 생 각합니다.

화음이 부족한 우리 사회지만 고립을 프라이드로 아는 성격 들만은 참말 질색입니다.

이런 말을 해서 당신을 번거롭게 함은 참으로 죄송합니다.

그러나 저도 이 나라에 사는 한 여자이니 남자들이 주장해 가는 이 현실 속에 끌려가면서 어떤 때는 질식할 만큼 누추한 것과 마주치게 될 때에는 무척 아연해질 때가 있어요.

시몬!

요새는 밤에도 몸이 허하는 대로 젊은 학생들과 두어 시간씩 이야기를 하고 돌아옵니다. 돌아와 문을 열면 언제나 텅 빈 방이 나의 피곤을 맞이해 줍니다.

오늘 석간에 당신이 쓰신 글 읽었습니다.

짧고 박력 있는 글이었습니다.

시몬!

그렇게 하셔요. 사무실에 오시면 잠깐이라도 만나실 수 있겠습니다.

그렇게 짧은 만남의 시간이라도 신이 우리를 보호하는 동안에는 아무도 이를 방해하지는 못할 것입니다.

당신의 생존만이 나를 생존하게 합니다.

나의 애정과 신앙, 사상과 의무, 희망과 고통까지도 오직 당신이 존재함으로만 존재합니다.

토요일

겨울이 시작되는 산협 어느 친구의 집에서 주말을 보내기로 했습니다.

들창 밖에는 빈 산이 있고 그 위로 비늘진 하늘이 그림자를 풍기고 있습니다.

시몬!

나는 애틋이 소원하면서 낙엽이 깔린 오솔길을 걸었습니다.

무척 가라앉은 이 산 속의 시간은 내게 어떤 안정을 내려 줄 것 같습니다.

싱싱한 낙엽 냄새와 나무들이 뿜는 향기가 무더운 생각을 식혀 줄 것만 같아서 치마 귀를 찢기면서도 아무도 걸어 보지 않은 지름길을 자꾸자꾸 걸어가고 있습니다.

당신을 안 만나면서도 당신을 즐길 수 있는 시간을 저는 늘 만지고 사랑하면서 살아 왔습니다. 그러나 그런 즐거움은 무척 철 없었을 때 실제를 모르는 상상의 위안이었습니다.

시간이 갈수록, 연령이 갈수록, 그것은 꿈을 깨고 났을 때의 헛헛함이나 마찬가지로 공허하였어요.

당신을 만나 논쟁을 하고 이론을 밝히던 시간에도 우리는 우리의 진실을 감추노라 얼마나 고심하였습니까?

수습할 수 없는 사랑의 샘길이 우리 마음의 길을 통하여 새어나올까 저어하면서 더 인내할 수 없는 고통에 피곤하지 않았습니까?

다정했던 밤이슬과 아늑한 마음의 지껄임을 싣고 우리의 시간은 너무 빠르게 가 버렸습니다.

당신은 요즈음 초조했어요. 무엇 때문인지 모르겠으나 그전보다 안정되지 않은 당신의 마음을 보고 있습니다.

마음대로 되지 않는 사무와 생활고에 당신의 정신은 영양을 잃고 있는지도 모르겠습니다. 더 자주 근심스럽게 초조해하는 데 부축자가 되기는 원치 않습니다.

명랑하고 부드러웠던 우리의 우정도 이제 이 환경에선 더 명랑해질 수가 없음일까요? 우리의 수그린 마음, 조용해지는 고민! 그러다가 우리는 이 환경에 정복이 되어서 서로를 증오하게 될지도 몰라요.

그러면 우리의 마음은 흐려지고 못나고 비뚤어진 현실의 노예로 비겁한 걸인이 될지도 모르겠습니다. 친구들과 이웃에게 비난과 노염을 받고 시름없는 낙오자가 될지도 모릅니다.

시몬!

그러나 피하지 마시고 겁내지 마시고 당신 그대로를 이 현실 위에 반영시켜 보셔요. 정치 운동, 문화 운동, 취미 있으신 대로 해 보시고, 당신을 옳게 발휘하도록 해 보세요. 헛기운으로 드러난 이름과, 거품을 밟고 가는 자존심 같은 것을 그렇게 아낄 것이 없어요.

뜨거운 자존심은 용납하시어도 비겁한 타협은 포기하셔야지요. 당신은 지금 어디를 가시는지 모르겠습니다.

민족을 구하는 길에 서 계신지, 혹은 당신 자신조차도 파멸시키는 길에 서 계신지 분별 못 할 혼란에 당신이 서 계심을 봅니다.

시몬!
누구와 누구의 행복만을 위하여서만은 아니겠지요. 더 많은 사람과 사람들을 향해 당신의 고(苦)와 눈물은 소용되어야 할 것입니다.

시몬!
쓸데없는 말을 자꾸 쓰는 제 심경은 그대로 그대로 당신이기에 그칠 줄을 모르는 것입니다. 당신의 고통과 실패와 고독까지라도 사랑하고 싶은 마음에서입니다. 밤, 새로 두시입니다. 쉽사리 들창이 훤해질 듯한 이 조용한 촌락의 한밤이 수은 색 무지개를 가슴에 물들이며 그대로 즐거이 당신을 생각게만 합니다. 쓰다가 쓰다가 당신의 생명을 기록하다가 피곤해 쓰러질 때까지 저의 행복은 변함이 없을 것입니다.

나의 생도 이제 어느 때 흙 위에 고단히 쓰러질 때가 오겠지요. 그 순간까지 내 이야기는 당신의 마음을 향해 무어라고 지껄임을 계속하고 있을 것입니다.

밤이 추워 옵니다. 흰 보자기로 창문을 가렸어도 산 속에 잠긴 방이라 바람이 그대로 스며드나 봅니다.

시몬!

주무셔요?

꿈을 꾸셔요?

시간이 이렇게 자꾸 지워져 가는데 아무도 모르게 밤을 건너 이 공간은 당신과 나를 가까이 가까이 어루만지며 호젓이 저물어 가지 않아요?

닭이 웁니다. 호젓이 어린 울음입니다. 이 밤이 밝아가나 봐요.

이 밤은 새지 말아야 하는데, 당신을 호젓이 마음에 쉬게 하고 있는 이 밤이 이처럼 쉬 지나가서야 되겠어요?

시몬!

깨지 마셔요. 지금도 닭 울기 전 깊은 밤이에요.

닭의 소리는 제가 잘못 들었나 봐요.

밤에 우는 닭입니다. 아침 먼 닭이 홰를 칠 때까지 제 마음에 그대로 쉬세요.

이런 데 와서 빈 시내에 치마를 적시면서 총총히 내려 뿌리는 별의 광선 속에서는 당신의 환영이 그대로 변치 않는 저의 반려자로 마음속에 살아 있습니다.

내일과 모레 더 여기 있겠습니다.

주인 집 할머니가 친어머니처럼 인정스럽습니다. 머루 같은 것도 따다 작은 바가지에 담아 머리맡에 놓아 주고, 더운 숭늉도 갖다 놓고 갔습니다. 기관지염 때문에 목이 조금씩 아프고 가슴도 숨쉬기가 벅차옵니다. K원에게서 약은 가지고 왔으나 이렇게 서글픈 건강을 굳이 달래어 가면서 살겠다고 애쓰는 것도 이제 싫증이 났어요.

시름, 아픔, 피곤은 언제나 풀리지 않을 인생이온데, 언제 무엇으로 해결을 짓겠습니까?

시몬!

침착한 사상을 가지고 진실한 가치를 실감하며 살고 싶습니다.

행복의 놀라운 문채에서 순간의 즐거움을 바라는 마음이 아닙니다.

철없이 행복의 관문을 바라보던 헛된 소원과 항쟁하며 올라가는 길, 이 길의 동반자, 당신의 더운 손길만이 바라지는 것입니다.

당신에게 향한 저의 신앙을 버리지 말아 주셔요. 당신에게만은 영원한 소녀, 고독한 신종자(信從者)입니다.

시몬!

긴 이야기를 했습니다. 당신이 꼭 옆에 계신 것처럼 이 방은 정겨웠습니다. 펜을 놓으려고 머리를 들어 보니 훤한 창과 아무도 없는 빈 방에 안개 같은 꿈뿐입니다.

어느 산협에서

렌 올림

화요일 밤

시몬!

오늘은 어제보다 그 전날보다 더 기분이 허전히 산화(散化)
되고 있습니다.

집중되기는 이미 너무 해이한 태만으로 기울어지고 있어요.

나 자신을 잊어버릴 정도로 아픔과 의로움에 찢기고 마비된
이 현실을 그대로 응시하고 달래가면서 다시 나를 찾아 세우려
는 노력! 왜 이렇게도 힘들고 어렵습니까? 생의 능력으로 억제
할 수 없는 이 고통의 순간순간은 절망 혹은 죽음으로 내 생을
유도하지 않는가 무섭습니다. 당신이 나타나실 시간은 두 번째
벌써 아무 연고 없이 지나가 버렸습니다.

병이거나 혹은 무슨 여행을 시작하셨는지도 모르겠어요.

가슴에 꽉 차 있는 이야기가 많았습니다.

쓰디쓴 약을 마신 뒤처럼 세상이 모두 쓰디쓰게 검고 냄새가
납니다.

당신을 만나는 시간만이 광명이요 즐거움이었다는 것이 다
시 다시 알아집니다.

그대로 문을 열고 강으로 나갔습니다. 찬바람을 타고 날리는
회색 달빛 사이에 검은 도시가 웅크리고 야열(夜熱)을 토합니다.

의무 때문에 동작하는 일이나 사상의 주변에서 고민하는 일
도 잠깐 사이에 끝나고 나머지 공간의 사고는 모두가 당신을 자

유롭게 자연스레 생각하는 일뿐이에요.

시몬!
당신의 마음으로 달려가는 이 밤을 받아 주소서. 저 뜨거운
별들을 먹겠습니다.
그래서 당신이 모르는 저의 길을 지혜와 빛으로 수놓겠습니다.
강이 추워요. 바람이 거칠게 일기 시작하니까요.
어느 아늑한 마을이라도 있으면 몸을 숨기고 싶습니다.

시몬!
바람을 가리어 주셔요.
어디서인지 모르겠어요. 뺨과, 가슴과, 그 속에 소란거리는
심장까지도 식혀 버릴 듯이 얼음 같은 바람이 날아옵니다.
돌아가겠어요. 내 방으로, 거기는 따뜻한 등불이 그래도 기
다리고 있으니까요.

시몬!
문턱에 이런 글이 와 있습니다.

선생님,
토치카 속이 점점 추워 옵니다.
한없이 적적한 겨울이 이 산 속에 파묻혀 있는 저를 더욱 미

치고 외롭게 합니다.

한번 얼굴을 보여주러 오셔요.

연설이나, 사과 같은 것은 안 주셔도 좋습니다. 그저 누나처럼 한번 방문 와 주셔요.

오셔서 가랑잎 불을 피우고 둘러앉아서 서울 이야기, 여학생들 이야기, 영화관 이야기, 명동 거리 이야기, 이런 이야기들을 좀 해 주시러 한번 오셔요. 우리대 대장님은 참말 좋아서 환영하실 것입니다. 아무 먹을 것 준비는 마시고 누나의 더운 마음만 담아 가지고 이 겨울 한번 와 주셔요.

P 고지에서

선생님을 늘 못 잊는

K 하사

시몬!

사실 K하사, 이는 작년에 눈 위에서 같이 밥을 해 먹으며 추운 손을 서로 어루만지며 P고지에서 밤을 새다시피 한 스무 살먹은 병사입니다.

그때가 바로 12월 그믐께 날씨가 몹시 추웠던 때입니다.

얼굴은 소나무 껍질 색처럼 검회색에 가깝고 손등은 기름기없이 꺼칠하였습니다.

머리엔 털모자, 솜으로 누빈 상의와 하의를 입었었습니다. 발엔 꿰진 양말을 두 켤레 겹쳐 신었는데 검은 고무신에 담겨 있었습니다.

K하사 외에도 많은 젊은 병사들이 아무렇게나 지은 막사에서 밤과 낮을 하늘과 빈 산을 벗하여 지내다가 우리 몇 여자들이 나타나니까 그저 반갑고 신기해서 어린애처럼 좋아하던 생각이 납니다.

시몬!

방학도 되었으니 외로운 K 하사를 찾아 한 일 주일 예정하고 일선 산림 속으로 눈을 밟다 올까 합니다. 나 같은 여자가 간다고 무슨 큰 위로야 되겠습니까마는 산과 하늘 사이에서 무거운 총대를 메고 그날 그날을 심심히 지내는 그들이니 얼마나 인간이 그립겠습니까?

그처럼 오라고 오라고 하였으니 몇 친구 동반하여 2, 3일 후 떠나려 합니다. 갔다 와서는 꼭 당신을 뵙고 싶어요.

너무 사무에 초조 마시고 강한 억제와 인내로 하루 하루의 오늘과 내일을 처리하심 바랍니다.

이제 잠 속으로 들어가 당신을 잠시 잊어버리겠습니다.

시계 소리를 죽이겠습니다.

새로 한시!
잠 속에 꽃이 핀다.
꽃 숲에 그가 와서

뺨 위에 흘린 외로움을 만진다.

이울어져 버리는가? 저 달같이

꽃 숲에 그가 그대로 사라지면

헛헛한 잠의 숲 속 바람이 차 온다.

오는 것도 가는 것도

하염없는 잠 속에 피는 꿈

거품처럼 꺼졌다 부풀었다 하는

가거라 나의 밤아! 그가 없는 나의 밤이거든.

렌 올림

남산 언덕을 오래오래 걸었습니다.

쌓인 눈 아래 숨 못 쉬고 누운 풀잎처럼 나도 차고 무서운 현실 밑에 생을 발휘 못 하고 쓰러질 것만 같이 생각됩니다.

마음은 떨리고 초조해지는데 나는 왜 방에 가만히 앉아 진정하지 못하고 차가운 산등성으로 제 몸을 끌고 올라왔을까요? 등에서는 찬 땀이 줄을 지어 흐르고 가슴에선 감기에 더친 기침이 자꾸 솟아납니다.

잠깐 서 있습니다. 무언한 서울 광야!

그렇습니다. 모두가 괴롭게 자기의 생존을 떠받들고 있는 사막의 광경 같은 서울!

부드러운 음악 소리 하나 안 들리는 고갈한 오후의 풍경입니다.

시가와 번거로운 주택들이 싫어서 잠시 올라온 저의 시야엔 더 암암(暗暗)한 꿈이 머리를 움켜줍니다.

기운 없이 흐르는 연기들과 그 밑으로 줄을 지어 달리는 자동차, 전차들. 이 단순한 동작들 속에서 서울의 하루는 저절로 저물어 갑니다.

시몬!

울고 가는 혼혈아가 바로 내 앞을 지납니다. 긴 눈썹에 맺힌 눈물이 그대로 방울방울 져서 뺨에 흘러내립니다.

어느 이국 병사의 잃어버린 애정의 후예랄까요? 포동포동한 손, 앵두처럼 익어 부풀어 오른 뺨!

나는 나도 모르게 이 어린애를 껴안았습니다. 그 차디찬 뺨이 저에겐 갓 익은 과실처럼 신선하고 정겨웠습니다.

아기를 위한 포옹이 아니라 나 자신의 외로움을 위한 포옹이었습니다. 나는 츄잉껌을 사 주고 과자를 사 주면서 달래었습니다. 그러나 아기는 그대로 그대로 누구를 기다리는지 누구를 찾는지 서러움에 목이 메어 느끼어 웁니다. 어느 고아원에서 나와 놀다가 길을 잘못 들었는지 어디로 함께 가다가 감독 불충분으로 이 아이 혼자 길을 잃어버렸는지!

울음에 온몸이 젖어 있는 이 아기의 사정을 저는 헤아릴 길이 없습니다.

문득 며칠 전 어떤 회합에서 우리나라에 혼혈아 육아원이 여럿되는데 혼자 사는 여자들은 이런 아이를 하나씩 데려다 양녀나 양자로 삼아 기르면 어떻겠냐고 논의된 적이 있던 것을 기억합니다. 그러나 둘러앉은 모든 여성은 혼혈아만은 기를 필요가 없다고 강조했습니다.

첫째로, 성격이 와일드하고 커 갈수록 장난이 심해서 억제할 수 없다는 것.

둘째로, 국민 학교에 들어가도 주위 환경으로부터 옳은 대우를 못 받아 자연히 성격이 비뚤어질 염려가 있다는 것.

셋째로, 장성하면 이 나라에서는 결혼하기 어렵다는 것.

넷째로, 제 나라 고아도 많은데 남의 피 섞인 아이를 하필이면 동정할 게 무어냐고 하던 기억이 났습니다. 그러나 막상 이렇게 그런 아이를 길에서 만나고 보니 그런 조건들을 생각할 여유가 어디 있겠습니까? 무조건 나는 불쌍함과 애처로움에 복받쳐 껴안지 않을 수 없었습니다. 그대로 안고 가서 내 방에 재우고 먹이면서 외로운 이 아기의 엄마가 되어 보고도 싶었습니다.

울다가 울다가 아기는 츄잉껌도 과자도 옆에 던진 채 내 가슴에서 잠이 들었어요. 이따금 흑흑 느끼는 율동에 내 숨결이 놀랄 만큼 아기는 아직도 모진 설움의 맥이 가라앉지를 않았습니다. 나는 오늘 긴 치마를 입었기 때문에 충분히 아기를 싸안을 수 있었습니다. 무척 고운 이향적(異鄕的)인 얼굴이었습니다. 머리는 약간 황금빛을 띠어 곱슬거려 내렸고 짙은 달빛 같은 눈동자를 담고 있었습니다.

정겹게 숨소리가 잔잔히 풍겨 옵니다. 지나가는 택시에 아기를 눕히고 나도 탔습니다. 올라올 때 헛헛하고 괴롭던 마음도 다 산화되어 버리고 한결 이 아이에게 마음을 의지하게 되었습니다.

서글픈 오늘을 구해 준 이 아기, 몇 해 전에 당신의 어린 아기를 안아 보았을 때처럼 나는 누구의 아기인지도 모르는 이 아기에게 의지를 느끼고 헛헛함을 잊어버리도록 되었습니다. 집에 가서 장난감을 사 주고 우유를 사다 먹이고 재롱과 노래와 말을 배워 주면 이 아기도 그대로 커 가고 또 내 좋은 친구가 되어 줄 것입니다.

당신이 안 오시는 남은 세상을 이 아기와 함께 생의 지루함을 잊어버리겠어요.

시몬!

아기는 이불 속에서 잘 자고 있어요. 혹시 아기 임자가 찾아오지나 않을까 해서 속으로는 겁도 나고 초조해집니다. 옆 집

할머니께 나 없는 동안 잘 보아 달라고 약속하고 돈도 얼마를 주기로 했습니다.

　시몬!

　나는 이제부터는 이 아기의 엄마예요. 아무 이의 없으시지요? 이처럼 제 생명의 적적함이 극치에 다다랐음을 알아주실 수 있을까요? 몸부림치는 생의 마지막 호소인가 봐요. 무엇이라도 누구라도 붙들고 의지해야 살 것 같은 이 애통을 그저 무심히 연약한 여자라고만 평범히 해석하지는 마세요.

렌

제5부

●

초원의 밀어

O월 12일 석양

부인과 아이들과 함께 차에서 내려 걸어가는 당신을 보았습니다. 그저 가슴이 횃횃하였습니다. 걸음이 걸어지지 않고 숨을 쉴 수가 없어 그대로 길에 질식되어 서 있었습니다. 당신의 집식구 중 누구라도 한 번 나를 돌아다보아 주었으면 했습니다. 그러나 아무도 나를 알아보는 이는 없었습니다. 선량한 부인과 함께 아이들의 손목을 나란히 쥐고 걸어가는 당신의 모습은 그대로 어진 아버지의 품위를 잃지 않았습니다.

시몬!
이제는 모든 것이 끝난 것 같습니다. 아픔과 사고로만은 해

결할 수 없는 이 무서운 싫증이 나를 얼마나 경멸하고 조소하고 있음을 알았습니다. 왜 그전에는 당신에게 향한 인식이 그렇게 단순하고 어리고 순박했었던가 몰라요.

시몬!

외로운 사람처럼만 생각 키워지던 시몬이었습니다. 아무도 아무도 없이 사막에 홀로 뜬 별의 생존처럼 멀고 닿기 어려운 나의 신앙이었다고만 생각하였습니다. 시간이 가고 세월이 가서 당신을 알아보는 나의 눈은 이처럼 밝아 옵니다.

당신의 실체가 인식될수록 나는 검은 지옥으로 내려앉는 듯한 위험을 체험합니다.

오한과 공포, 모멸과 치욕이 섞인 자포자기에 혼자만 간직하였다고 믿었던 자존심이 소리 없이 무너져 내리는 시간!

나를 어떻게 처리하여야 할까요? 어디로 누구에게로 이 누더기가 되어 신음하는 마음을 끌고 가야 합니까? 아무 윤리로도 도덕으로도 다스릴 수 없는 저 혼자 질주하는 고통의 불길!

불현듯 당신이 보고 싶습니다. 뒷모양으로라도 아까 걸어가시던 그 길에서 당신을 다시 한 번 더 뵙고 싶습니다.

뵙고 돌아와 또다시 천길 만길 후회의 함정에 내 몸이 지쳐지더라도 이 아픈 그리움에 목숨이 숨지기 전에! 그렇습니다.

시몬!

충고도, 교훈도, 체면도, 저주함도 이제 다 힘을 잃고 저에게 서는 희미해 갑니다.

당신이 내 곁에 없는데 이 무수한 허깨비 간판들이 무슨 소용이 있습니까.

모진 열이 가슴을 찢고 머리를 혼미하게 합니다. 그래도 당신이 걸어가신 그 길에 내 몸이 닿으면 이 뜨거운 몸의 열도 혼미한 머리도 시원해질 것만 같아요.

치마와 저고리를 다시 입습니다. 좋아하는 연두저고리와 연두 치마를 입었습니다. 언제인가 가만히 주신 손수건을 내어서 이마의 땀을 씻습니다.

장갑과 스카프를 들고 바람 속으로 당신이 서 계신 곳을 찾아 갑니다.

시몬!

당신은 벌써 지나가셨습니다. 길은 텅 비고 가랑잎이 바람을 먹으며 이리 저리로 구르고 있었습니다. 그림자도 남기지 않은 검은 길, 당신의 발길이 정다이 정다이 저를 끌어갑니다. 당신이 가신 길로 저도 갑니다. 당신의 집 문앞까지 왔어요. 희미한 불빛이 새어 나오는 응접실이 바로 보였습니다. 무슨 큰 파티가 열렸나 보지요. 분주히 접시를 들고 왔다갔다 하는 부인의 모습이며 무슨 관리 차림인 듯한 신사들이며 긴 치마를 끌며 웃음을 교환하는 여성 손님들의 모습이 보입니다. 그러나 당신은 보이지 않았어요. 따로 어디 침묵을 지키고 계신지 혹은 아기들 방에서 동무를 하고 계신지.

당신은 늘 사교적 모임이 있을 때마다 조용한 처소로 피해 다니신다는 말씀을 하셨습니다. 당신 자신이 손님을 청해 놓고도 남의 일같이 당신 자신을 숨긴다는 이야기를 하신 일이 있습니다.

시몬!

나는 당신의 얼굴을 한 번만 더 보려고 여기까지 온 것입니다. 이 눈동자에 당신을 담아 가지고 나 혼자 찾아온 길을 돌아서 가겠습니다. 당신을 만나러 오는 길에서는 아주 멀리 멀리로 가겠습니다.

그러나 당신의 얼굴은 저 기쁨에 젖은 당신의 창문에 나타나지 않습니다.

깊은 어둠 속에 당신을 잃고 돌아오는 발은 땅에 닿을 수 없이 헛헛한 허공에 떠 있었습니다. 이대로 이 발길로 정지됨이 없이 한없는 우주의 지름길로 달음질치고 싶습니다. 사직 공원을 지났습니다.

시몬!

용서하셔요. 결코 이런 줄을 몰랐던 것입니다. 죽음보다 더 아픈 괴로움도 누르고 싸우면서 당신을 위하여 오직 침착하게 아무렇지도 않게 이 세상을 살아가려던 저였습니다. 모든 억제에서 반란을 일으킨 저의 감정은 저로서는 해석할 수 없는 처음 경험하는 난폭한 감정이었습니다. 예상도 상상도 못 했던, 그러나 오늘이 지나면 저는 오늘의 감정을 조소하고 경멸하면서 어린애 같았던 오늘을 연상할 것입니다. 당신도 이 글을 읽으면서 웃으실 것입니다. 선의의 웃음을!

시몬!
열이 있는 채로라도 내일 직장에 나가겠습니다. 오늘 밤따라 끝 간 데를 모를 글을 당신께 쓰고 싶습니다. 그러나 마음만이 끓어오를 뿐 손에 기운이 하나도 없습니다.
펜은 손에서 물러가오나, 마음은 그대로 편지지 위로 계속해서 달리고 있습니다.

○○일 밤 렌으로부터

만남보다 헤어짐이 두려워
하늘에 입술 대고
남 모르게 지껄인 언어.

용해된다. 가라앉는다. 희미한 적요감!
부정(不定)이다. 무미한 채 주저앉은 시간.
시골길 같은 희망. 피로한 의욕!
초옥(草屋)에 기다리던 나의 촛불!

이제 그도 바람에 쓸려 누워 있고,
허무에서 불어오는 절망의 희롱!
사방에서 두려움이 몰린다.
몸은 자지러지고
이 영혼은 지치도록 난처하다.

스쳐왔다 스쳐가는 시절이라지만 이제 아주 가버리라.
나의 두려움! 나의 우연이여!
어디서 왔다 또 사라지는가?

깨어지는 달빛과
부스러지는 별의 이야기들아!
그의 목소리, 그의 미소,
그의 느즈러운 노여움마저
나는 숨기며 즐거웠노라.

애절한 나의 인연! 오직 나의 사람아!

떡갈잎에 밤빛이 뜨거웠을 때
그 눈이 몸을 빨아 가며
둘이는 모래 위에 호젓했다.

거역할 수 없는 긍정에서
세상을 보지 않은 채
맹목(盲目)의 숨결만이 초조하였다.
우리에겐 하늘과 땅이 없었고
해와 달과 별이 달아나 버렸다.

시간은 부드러이 너와 나를 감싸 주어
환희 속에, 열광 속에,
지친 마음을 껴안아 휴식하였다.

나의 눈동자 속으로 밀려드는
그 뜨거운 회오리 바람!

이제 서로 떠나면 죽음이 오리.
어둠과 질풍이 뒤범벅된
아픔과 고독이 우리를 사로잡으리.
이 행복은 검은비 되어
그대와 나를 무변의 사막으로 가져가리니.

오직 하나인 나의 길잡이여!

맵고 초조한 열풍 속에 두 생명이 연소됨은 우리의 계명이요, 어길 수 없었던 논리입니다.

타오르는 운명, 인연.

시몬!

잠시 나는 몽롱한 생각 안에서 이런 글을 써 보았습니다. 결코 당신에게 보내어서는 안 될 철부지의 망상입니다. 그래서 노트에 남긴 채 혼자 읽었습니다. 진실로 가련한 인생의 가교 위에서 스러지는 무지개의 빛깔을 잡으려다 물 위에 넘어져 버리는 어리석음이라 할까요?

시몬, 나의 등불이여!

어찌하여 나에게는 다함없는 눈물의 샘을 분배(分配)하시고, 그 눈물의 감미로움을 뉘우침 없이 마시게 하옵니까?

나의 서러움이시고 두려움이시여!

당신이 가시면 안개는 그 밀도를 더하여 내 눈은 아주 광명을 잃을 것이에요. 세계는 온통 회색의 연옥이 될 거예요. 아직은 제게서 저의 사념(思念)이나 저의 설움과 그리움이 정돈되지 않았습니다.

조금만 더 제 옆에 계셔주세요.

이 생명이 다 타 버린 후
당신이시여! 가엾은 이 몸 위로 걸어가시옵소서.

시몬!
글월 너무 소름 끼치는 말씀입니다.
그건 정말 안 될 말입니다.
당신의 사랑을 잊어버리기 위해 저를 새로운 존재와 마주 서게 하신다 함은 저는 아직 모르겠어요.
사랑은 영과 육이 합쳐서 이루어지는 것인지! 그렇겠지요.
마음 없는 몸, 몸 없는 마음!
여기 분열이 있을 수 있겠지요.
마음 없는 몸은 얼마나 위선입니까? 자기 모독, 자기를 속이는 우롱이지요. 저는 감히 당신을 향해 달려갈 자유를 못 가진 운명! 마음의 지팡이를 짚고 하늘의 뜻을 물어 가며 당신을 따를 뿐입니다.
어제 아침에 만나자시던 장소엔 저 혼자 오래오래 남국의 풀잎사귀 옆에 서 있었습니다. 사무를 방해하거나 귀찮은 당신의 사람이 되기는 원치 않습니다. 또 몸에 열이 나셨는지요? 작은 여행에 분망하셨는지요?
잎사귀 둘레 안에 혼자 웃는 꽃송이를 바라보며 내 머리카락에 입 맞추었던 이여! 사무쳐 잊지 못할 어른이여!
당신은 어디론지 가시었군요.

내 젊음의 영광.

눈동자 속의 눈동자이시여!

껴안아도 껴안아도 지침 없는 나의 별!

먼 성터 위에서 하늘을 마시며 바다와 산맥의 이야기를 듣던 시간.

당신은 그대로 이 추억을 놓아두고 어디로 숨기시었습니다.

나의 빛! 그대의 눈!

수도자의 고향인 당신의 눈!

그대로 이 젊음과 혼을 데리고 가시옵소서.

나의 향수와 밤의 주인이시여!

이 밤을 그대 가슴에 보내오니 고이 맞아 초조와 기다림에 여윈 뺨을 어루만지시어, 분별 없이 흐르는 이 눈물을 받아 주시라.

9월 열나흗날

바다는 겹치고 밀린다. 신과 바다의 화음.

천천히 밀려 와서는 가슴에 부딪쳐 흰 거품을 토한다. 은빛 이마를 가진 바다의 얼굴은 부서지는 물살을 일으켰다 잠재웠다 한다. 잠시도 고요하지 않은 그 얼굴, 수만의 어족(漁族)을 안고 묵묵히 그 표정은 파도와 율동한다.

　왔던 물은 가고 또 오고, 그렇게 왔다가 가 버린 사람.

　또다시 어느 파도에 밀려 나타났던 이 파도 위에 스치는 바람처럼 한마디 말도 없이 가 버린 사람!

　　　그대의 높은 의지와
　　　의에 강인한 인간성과
　　　인내에 감추인 눈동자 앞에
　　　다시 못 만날 그 눈을
　　　이 생에서 영원히 지워져 가라고
　　　아픈 욕망을 참아 가며
　　　웃음으로 옷깃을 여미었노라.

　　　항해하는 배 한 척도 없이
　　　수평선은 멀고 멀리
　　　지구를 그 품에 감싸고 있다.
　　　흐르고 밀리며 어울리는 감촉
　　　공단결로 띠를 두른 물길

　　　아무렇지도 않은 듯 잠잠한 저 얼굴
　　　산호와 고래들이 거품 내음을 뿜으며
　　　의젓하고 오롯이 제 뜻에 생존한다.

모진 아픔이 소리쳐
민고(憫苦)의 회오리바람이 일어도
저 물처럼 깊은 침묵에 조용하거라.

말 없는 대화에 시간은 꺼져 갔지만
꽃무늬 펼쳐지는 저 대양에
자줏빛 안개를 받들고
백일홍이 떠오른다.

물은 오색의 거울로 검회색 밤을 헤쳐 간다.
속삭이는 별의 입술
물안개 햇살 짓는 바위 기슭
별은 바다에 잠긴 채
깰 줄 모르는 밀어에 잠겨 있다.

이따금 번개는
황금빛으로 변두리 하늘을 놀라게 하고,
횟 뿌리는 빗방울에
바람은 구름을 연주한다.

나의 호젓한 사람이시여!

이 밤을 오직 당신께 묻습니다.
저 바람의 산란함과 하늘의 소리를!

신은 우주의 음악
우주의 시
물과 하늘의 포옹
온 인간을 한 광장에 존재케 하고
다 같이 즐겁게 해 주는 우리의 보호자.

그 높은 행복의 상징을 보라.
그 팔은 대해를 휘어 감고
거대한 산악에 발길을 멈추며
태양과 달을 흔드는 기사(騎士)
불멸의 등을 켜 들고
영원을 지배하는 인간의 길잡이

명예와 욕심에 초조한 자여!
한갓 어리석음과 조소의 거품일진저!
신이여! 나의 주(主)시여!
그 아름다운 눈길에
그 순결한 입술에
두려움에 떨고 있는

인간의 작은 생존을 입 맞추게 하소서.

시몬!
이는 나의 갈망입니다. 소원입니다.
나의 생존은 스러지는 이슬처럼 당신의 뺨을 잠시 적시고 멀어졌습니다. 세상이 말하는 사랑이 아닙니다.
높고 깊어 다할 길 없는 그리움! 사랑보다 더 높임을 받을 구원의 미소와 신의! 이것이 당신을 위한 당신과 나의 내부입니다.
잠시 즐거웠던 내 여로의 행인이시여!
어디서 당신을 만나야 나의 초막 안에 다시 안내될 수 있으리까?
이 많은 밤들 중에 어느 밤 속에서 등잔의 기름이 다할 때까지 감추었던 이 마음을 풀어 놓을 시간이 있으리까?
당신의 영혼을 위하여 분산되어 가는 이 몸의 아픔을 아시옵소서.
이 고독 안에 사위어 가는 애절한 불길!

거기서 기다리오리다.
삶과 죽음이 휘감겨 오던
그 바위 위에 별 무늬를 깔고
둘이는 가까이 기대며

저녁 새의 나래 밑에 숨어 버렸지요.

풍랑이 머리 올을 날리고
이 몸 고통에 사그라져 가도
이 눈에 스며드는 당신의 모습을
온 가슴에 받들어 기다리오리다.

안 오시어도, 다시 아니 오시어도,
기다림 속에 저물음이 와도,
이 목숨 고이 간직하여
그 둘레 안에 나를 쉬오리다.

그렇습니다. 3년도 지난 듯이 이 산봉우리에 그 언젠가는 당신과 함께 즐거웠습니다.
치마 결은 불리는 바다의 눈매처럼,
정처 없이 축복과 기도의 물결을 따라 당신의 마음 곁으로 노저어 가고 있습니다.

빛깔이 바랜 여름 기슭에 서늘한 입김이 스쳐 갑니다.
금속성의 간지럼 같은 기류라 할까요? 마치 깊은 절간에서 흔들리는 풍경 소리 같은, 지구는 벗은 몸으로 이렇게 제 길을 찾아 잘도 윤회하고 있군요.

미역 나래를 허리에 감고
산호 바위로 미끄럼 치던 8월을 넘어, 천지는 휘파람 날리며
성 미카엘의 팔에 안겨
가을의 수호신을 보내겠지요

머루 다래를 곱게 엮어
물든 잎사귀를 옷깃에 달고
넘어가는 노을을 마시며
그대의 문전에 옥수수 불을 켭니다.

차라리 방 안에서보다
이 변해 가는 초원(草原)에서
추수의 광우리를 들고
당신의 저녁 준비를 시작하렵니다.

봄의 예언에서 가을을 듣고
행복한 만남 속에
서러운 이별을 보았으니
그대여! 침묵과 함께 우리의 고독은 이처럼 먼 향수인가요?

몇 번째 또 몇 번째 달이 둥글었습니다. 당신은 그 황금색 둘

레 안에 너무 멀리 존재하시는군요.

거만스러운 이 거리감과 어찌할 길 없는 운명의 순종자(順綜者)인 당신과 나는 그래도 이 밤처럼 우리의 운명을 사랑해야 하지 않습니까?

지나갔던 시절이지만, 역겨운 이 운명을 보호하고 받들어야 하지 않습니까? 분열된 환상, 모욕 받은 시대의 모멸감, 그러나 우리는 고독한 시민이면서 또 서로를 사랑하며 이 땅 위를 걸었습니다.

시몬! 나의 유일자(唯一者)시여!
그 은회색 머리카락 밑에
호수 빛 눈을 기억합니다.

나는 의자에 앉아
책을 폈다 덮었다 하며
이따금 당신의 눈썹 밑에
의지로운 콧날과
레바논의 포돗빛 같은
그 입술을 쳐다보며
미켈란젤로의 조각을 생각했습니다.

사랑이여!

국화 송이의 향기와
은밀한 하늘의 미풍이 우리의 사랑을 불러갔습니다.
먼 데서 호젓한 울림
마지막 청량리의 숨찬 기차 소리
반쯤 열린 창 틈으로 화사한 별 하나
내 소복의 치마 위에 수놓았습니다.

달이 둥글 때마다
구름과 안개를 헤쳐 가며
그 속에서 서로 만나자던
그 밤이 창 밖에 당신을 모셔왔습니다.

사랑이여! 소탈한 사람이여!
당신은 어찌하여 나에게 사랑만을 주시고 노여움이거나 시샘 같은 것을 주시지 않으셨을까요?

제6부
●
갈매기의 흰 날개로

나의 향수(鄕愁), 시몬!

왜 가셨어요? 작은 흰 봉투와 빨간 카네이션 두 송이! 짙은 빨간 빛에 눈이 새로워졌어요.

내가 잠든 사이에 당신은 내 병실을 다녀가셨군요. 조금만 더 기다려 주셨더라면, 하고 저는 하염없이 꽃가지에 입술을 대어 봅니다. 내가 조금만 더 일찍이 깨었더라면. 불면증으로 하도 고생을 하니까 의사가 수면제를 주었어요.

타오를 듯이 머리를 자극하는 모든 신경이 잠시 그 아픔을 놓친 시간, 나는 고통을 잊고 그만 잠이 들어 버렸지요. 그 동안 당신은 꿈같이 오셨다 가시고 눈을 뜬 후 이 마음은 더 헛헛하여 진정할 수가 없고

시몬!

헛헛함을 조종할 힘을 잃었어요. 아무 자제력도 없이 그대로 그대로 천길 만길 절망의 언덕으로 밀려가는 듯한 지금입니다.

다시 오셔요. 아무도 없는 이 병실에 다시 내 앞에 나타나 주셔요.

편지를 열었습니다.

시몬!

무슨 말씀을 적어 놓았습니까?

렌! 잠은 꽃이 되어 당신의 자는 얼굴에 피고 있소. 맥 놓고 누운 당신의 얼굴은 핏기 하나 없이 그대로 창백한 석고!

모두가 나 때문이오. 모두가 나 때문에 수척해 가는 렌의 얼굴. 나는 죄의 문 앞에 서 있는 내 영혼의 괴롬을 체득하오.

렌!

숨결은 왜 그리 가쁘오. 맥은 엄청나게 자주 뛰고 나는 무서움을 느끼오. 신경은 자지러질 듯이 수축되어 들어가고 유리창으로 바람은 왜 이리 싸늘한가요?

렌!

저렇게 해맑은 태양이 그대 얼굴에 입을 맞추고 있는데, 왜 모르고 괴로운 숨결을 모으고 있단 말이오.

살아야 해!

렌!

나를 위해 아니 모든 사람을 위해 살아야 해. 그대가 좋아하는 달과 별, 꽃들, 강물, 새들의 음악, 다 왜 모르고 이 병실에 이처럼 감금되어 있어야 한단 말이오.

렌!

대답 없는 렌!

한 시간이나 기다리며 이 글을 쓰는 데도 왜 아직 깨지를 않소? 간호부도 주사기를 들고 왔다갔고, 당신이 좋아하는 친구 K, P도 문을 열고 '아직도 자?' 하고 잠시 다녀온다고 가 버렸소.

앓는 당신을 내 품에 안고 바람도 구름도 없는 사랑의 온실 안으로 나는 왜 도망하지 못할까요? 비겁한 나였소. 못난 시몬이었소. 눈치와 주저와 회피로 일생을 살아 온 시몬이었소. 렌에게 향한 애정의 한 면도 그대로 수습 못 하고 방황하는 나였소.

렌!

노을이 저렇게 타오르는데 어서 깨야지 어서. 그래서 내 얼굴을 한 번만 바라보아 주어요. 노을 같은 치마를 입고 달빛 같은 얼굴을 하고 나를 만나러 온다 하지 않았소?

얼마나 오랫동안 이야기를 못 해 본 우리요? 밖은 소란해 오고 어둡고 검은 희극의 막 안에서 시민들은 또다시 허깨비 춤을 추기 시작하오.

렌!

순한 양심을 감싸고 그래도 한국의 앞날을 이끌어야지! 어서 일어나요. 나를 믿어 주어요.

등이 켜졌소. 그래도 당신은 깨지 않는구려. 저녁 모임이 있어 아무래도 가야겠오. 깨어 내 편지를 잘 읽어 주시오. 다시 어느 날 오겠습니다.

렌!

당신의 자는 숨소리를 이렇게 오래 들은 일은 이번이 처음이오. 당신의 병실에서 당신의 고독한 수면은 사랑하고 기다리다 갑니다.

시몬

시몬, 다 읽었습니다. 몇 번인지 모르게 또 읽고 또 읽었습니다. 신은 이처럼 우리에게 무정할 수가 있을까요? 그러나 내가 아주 잠들기 전에 당신의 다정한 그 말을 읽을 수 있었던 일은 얼마나 다행한 일이겠습니까?

시몬!
당신을 만나러 나섰던 그날 밤이 지난 후 저의 방향 없는 슬픔은 시간마다 나를 죽음으로 안내하는 것만 같습니다.
이러다가 내 숨결이 아주 끊어진다면 나는 얼마나 저 세상에 가서라도 아무것도 한 것 없이 종막을 고한 내 생을 후회하고 저주할까 싶었습니다. 그러나 죽음은 쉽사리 나를 정복하지는 못할 것입니다.

시몬!
내일이나 모레면 이 병실을 떠나 어느 해변가로 가서 쉬겠습니다. 바닷물 소리를 들으며 조용히 내가 쓰고 싶은 글을 마음대로 쓰면서 생의 최후를 환영하겠습니다.
이 현실에서 물들고 때묻어 더러워지는 듯한 이 혼을 시몬! 당신이 붙들어 구해 주셔요. 그러나 당신은 내 곁에 계신 분이 아니고 또 영원히 저와 함께 계실 분이 아니기에 내 덕은 고독하고 내 수양은 자신이 없습니다.

시몬!
아기 제인을 집 보는 할머니가 업고 왔습니다. 며칠 안 보는 동안 살이 포동포동해졌습니다. 힘껏 뺨을 대어보고 이불 속에 껴안아 주었습니다.

　오느라고 추워서 그랬는지 눈물이 촉촉이 그 뺨에 젖어 있어요.

　시몬!

　아기를 껴안고 들여다보는 동안엔 세상 근심을 모르겠어요. 또 아프게 마음키우는 당신의 생각도 잠시 희미해져요.

　아기는 천사예요. 누가 낳은 아기든 지상의 천사요, 신의 선물이라고 생각됩니다.

　의사가 들어와 아기도 떼어 가고 편지도 쓰지 못하게 합니다. 언제쯤 사무실에 나가게 될지 모르겠습니다. 쉬 어느 곳에서나 당신의 얼굴을 만나고 싶습니다. 이처럼 위안이 되는 당신의 글입니다.

병실에서 렌

　○월 ○일

　시몬!

　부산행 기차를 탔습니다. 바로 아침 햇빛이 다정히 발사되는 창가에 기대어 희끗희끗 보이는 땅과 산에게 시선을 팔리며 남으로 남으로 몸은 달리고 있습니다.

시몬!

당신에게서는 자꾸자꾸 떨어져 가는 몸입니다.

열이 일고 있는 가슴에선 불 같은 아픔이 또 시작됩니다.

옆의 사람이 민망할 만큼 기침은 계속되고 손끝은 차가워 옵니다.

어디로 가는지 시무룩한 표정을 지닌 채 혹은 담배를 피우고 혹은 잡지책을 들고 혹은 꾸덕꾸덕 졸면서 차 안에 담긴 사람들은 다 같이 호젓한 피곤 속에 잠겨 있습니다.

어떤 생활적인 이유에서겠지요.

이 세계에는 수없는 사람들이 지금도 레일 위로 여행을 지속하고 있을 것입니다. 제 나라 안에서나 딴 나라로나 자기들 위치에서 움직여 가고 있는 사람들은 이 시간에도 무수할 것입니다. 나도 그 중의 한 사람일 것입니다. 정말 담배 연기가 싫어요. 곁에 앉은 신사는 제 기침이야 어찌 되었든 그대로 내 얼굴 가까이 연기를 내뿜고 있습니다.

통영까지 가려면 아직도 멀었어요…… 바다로 둘러싸인 조그만 고을이지요. 소란스런 서울보다 한적한 바닷가로 나를 옮기는 것입니다.

하얀 모래, 검푸른 잎사귀 속에 짙은 향기를 숨기고 솟아 피는 동백의 몸짓들! 하늘거리는 물소리들! 밀려오며 밀려가며 사라져 가는 바람들! 청아한 별 무리들이 피어 나왔다가 어느 시간 속에 눈을 감아 버리는 늦은 새벽에 훤히 트이어 있는 하늘의 선(線)! 거긴 욕심 때문에 초조해하는 사람이 적을 거예요.

오후 세시 반입니다. 차가 너무 출렁거려 글을 제대로 쓸 수가 없습니다. 바로 어깨 너머 좌석에 앉았던 젊은 여성 한 분이 아까부터 유심히 저를 바라보더니 아무개 아니냐고 하면서 공손히 얼굴을 파묻습니다.

얼굴은 연 빛처럼 굳어진 채 뺨으로 풍기는 미소가 몹시도 부자연해 보였습니다. 납덩이같은 무거운 생각에 눌려 있는 모양이었습니다.

어느 기점에서 시작하여 이 젊은 여성의 아픔을 치료할 수 있을 것인가, 나는 망설이면서 그의 등을 조용히 눌렀습니다.

"선생님은 어디로 가세요?"

"통영까지."

"저는 마산이에요. 부산 잠시 다녀서 가렵니다. 왜 그런지 뒤로 뵈는 선생님의 뒷모습이 몹시 정다워 보였어요! 그래서 이렇게 찾아왔습니다. 무언지 선생님께 터져 나오는 듯한 내 사정 하소를 참을 수가 없어서요."

"글쎄, 무슨 이야기일까? 좀 해 봐, 가만 가만히."

마침 앞에 앉았던 신사와 군인은 대구에서 내릴 차비를 하고 아무도 아직 좌석을 점령한 이는 없습니다.

그는 모 여자 대학을 십 년 전에 졸업하고 혼인해서 살다가 그만 6·25에 남편을 공산군에게 빼앗기고 아기 둘을 키워 가면서 어느 중학교에서 수학과 물리학을 가르쳤다 합니다.

고독한 하루하루가 길어질수록 떠나간 남편 생각은 희미해 가고 어느 날 우연히 K라는 군인을 알게 되어 그의 지나친 인정과 친절에 자기도 모르게 정이 쏠렸다 합니다.

K는 그의 아이들에게도 깊은 아버지와 같은 정을 퍼부어, 아이들도 K씨가 하루라도 집에 오지 않으면 아저씨 아저씨 하고 기다리며, 어느덧 한 집안 식구처럼 친해지고 말았다 합니다.

그래서 자기는 이 K라는 사람이 마음과 몸에 스며드는 하나의 생명이 활력이 되었다 합니다. 1년이 가고 2년이 가서 완전히 사랑으로 엉켜졌다고 생각한 끝에 결혼까지 약속하고 반지를 받았다고 합니다.

그러나 이 애정은 K가 어느 여대 학생과 관계를 맺어 그 여학생이 임신을 하게 된 데서 파탄이 왔다는 것입니다.

그는 나에게 K의 마지막 편지를 보여 주었습니다. 그의 손은 떨리고 어깨는 경련을 일으키고 있습니다.

그저 당신과 아이들이 불쌍해서 친근히 했다가 사랑이 생겼으나 아무리 생각하여도 당신은 기혼 여성, 나는 미혼 남성인 만큼 젊은 여성들을 만날 기회가 많았던 것입니다. 나는 P라는 여대생과 그야말로 당신에게 퍼부었던 그런 사랑으로 열중했던 나머지 임신을 하게 되어 학교도 중지하고 결혼까지 하지 않을 수 없이 되었습니다. 나의 사정을 깊이 이해하여 오해 마시기 바랍니다. 나는 이번에 한 계급 더 올라갔습니다.

당신은 인격으로나 교양으로나 나에게서 떨어져 인내할 수 있는 힘을 가졌으나 P라는 여성은 죽음으로 나를 따라다니고 세상에 비밀을 공포한다고 하여 나의 현직과 위치를 위태롭게 할 우려가 있습니다. 부디 이러한 점을 이해하시고 아기를 데리고 행복한 앞날을 맞이하시기 바라면서……

K 올림

"선생님 제가 인내할 힘이 있을까요? 죽을 것만 같아요. 그대로 의지하고 있었던 오직 하나의 희망이 무너져 버렸어요. 모두가 모두가 캄캄해요."

"그래도 아기를 봐서 살아야 해. 한 남자의 변심 때문에 생명이 캄캄해질 필요는 없지 않아? 그릇된 애정이었어. 헤치면 냄새나고 공허한 일시적인 흥분이었겠지. 그 사람의 잘못 뿐만 아니야. 그대 자신도 자신을 속인 셈이야. 또 속았다 변심했다 하더라도 그런 일은 그 남자의 인간 문제지 결코 당신의 문제는 아니야. 용감해. 진실하게 싸워 살라구."

누런 햇빛이 차 안으로 스며듭니다. 저는 그가 한번 통영으로 방문을 해도 좋으냐고 하기에 언제든지 좋다고 했습니다.

시몬!

말은 나도 그렇게 해 주었지만 정말 내 가슴도 아프고 떨렸어요.

그 창백한 눈과 괴롬과 그리움에 떨고 있는 그 얼굴의 표정! 어찌 그다지도 애련한 두려움 속에 아직도 희망을 기다리고 있을까요?

나는 눈을 감고 남은 시간을 기다렸습니다.

그는 내 무릎에 엎디어 조용히 느끼며 울고 있었습니다.

차는 그대로 아픔과 신음과 눈물을 소화할 기능이 없다는 듯이 무심히 쿵쿵거리며 에어지는 이 여자의 가슴을 더 흔들고 비웃으며 빽빽 소리를 지를 뿐이었습니다.

5월을 등지고 녹음과 시내의 향기를 모른다는 듯이 어두운 근심이 깊어 가는 황혼의 서글픔! 차는 그대로 등불도 없는 촌락을 가로질러 컴컴한 산과 들을 헤치며 초조하게 달리고 있습니다. 몸이 오싹오싹 추워 옵니다.

어서 내려서 약을 먹어야겠어요.

오직 내 몸을 구해 줄 상대는 의사가 준 약밖에는 없을까요.

○월 ○일

바닷가로 향한 방에 몸을 쉽니다.

햇빛은 서울보다 세찬 광선을 내뿜어 물결을 동요시키고 있습니다.

언덕에 나와 고개를 흔들리는 여름 잡풀들도 그처럼 윤이 날수 있겠어요! 모두가 미소의 정으로 천지는 조용한 빛깔들 속에 행복을 흡수하고 있습니다.

시몬!

당신의 이름을 더 다정히 불러 보고 싶은 오늘! 미열에 끓고 있는 이 작은 심혼 속에 꺼짐 없이 살아 있는 당신의 모습! 그 얼굴, 그 말, 그 웃음, 그 노여움 이렇게 떠오르면서도 눈에도 귀에도 잡히지 않는 당신의 환영(幻影)! 이 집 할머니가 한약 탕기를 갖다 놓았습니다.

정말 마셔지지가 않아요. 마시고 나면 머릿속이 짜르르 맴돌고 눈이 아찔해서 한참 누웠다가야 일어납니다.

살기 위해서 이 약을 마십니다. 아직도 열두 첩이 남았다고 할머니는 그저 참고 참으며 먹어 보라고 합니다.

시몬!

그러나 나는 더 살 이유를 모르겠습니다. 짙어가는 당신의

추억을 받들고 무섭고 떨리는 이 고독의 세월과 더 타협해야만
할 일이 무엇입니까?

잠시 석간신문을 읽었습니다.

정말 뒤숭숭한 논조(論調)예요.

해방 10년에 마음대로 안 되는 민족 문제 통일 문제, 안으로
수없이 얽혀 있는 갈등, 당면의 고난들! 누가 모르겠습니까! 서
로의 허물이요 장난인 것을! 그래도 자기 자신들을 변호하기 위
해서 항상 친구와 남을 비난하고 저주하는 것으로 역사가 꾸며
져 왔다는 것! 이러한 민족성이 해탈이 안 되는 이상 우리의
불행은 그대로 지속해 가고 있을 것입니다.

누가 누가 바뀌어도 소용없고 누가 누가 안 바뀌어도 소용없
다고 보아요. 문제는 우리 하나 하나의 핏속에 흐르고 있는 추
한 편협성 독선성을 해소시키는 기적이 나타나기 전에는 우리
의 아픔과 설움은 그대로 이 나라를 불행의 세계로 데리고 갈
것입니다.

참으로 많은 광경을 이번 선거에서 목도하셨지요?

어떻게 되든 무관심만이 자기 개인을 안정시키는 태도라고
생각했던 과거의 태도에서 비판성 있는 움직임을 보이고 있었
다는 것은 새로운 과정이라고 보고 싶습니다. 진리성 없는 현
실, 과학성을 몰각한 인간 생활이란 결국 파멸을 가져올 수밖에
없다는 것을 알아차린 것 같습니다. 스스로 비판할 줄 알고 움

직일 수 있는 자아의식이 어디에선가 움트고 있다는 것을 알았습니다. 전체가 살기 위한 하나의 이념을 일치화시킬 수 있는 힘!

아마 이것만이 우리를 강하게 굳세게 할 수 있을 겁니다.

시몬!

마음이라거나 사랑이라거나, 무어라도 좋으니 그대로 움직이는 의식 속에서 변천하여 가라 하십시오. 어느 시간에 가서 이 움직임들은 선에 의하여 융화되어 역사를 꽃피울 것입니다. 한국 사람이라고 무엇이 남의 나라 사람만 못해서 불구적(不具的) 정치 이념 속에서만 허덕이란 법이 있겠습니까? 용감한 시민의 웃음을 보았어요. 그리고 그 죽음과 그 어떤 공포라도 짓밟으려는 무서운 결심들을 본 것 같습니다.

시몬!

자꾸 한숨만 되풀이하던 우리였으나 이제 광명을 향해 투쟁하는 많은 사람의 노력을 새삼스레 찬양하고 싶어졌어요. 며칠 쉬는 동안에 보던 책 두어 권을 끝내었습니다. 무슨 좋은 원고라도 써서 세상에 남기고 싶으나 막상 원고지를 들고 앉으면 몽롱한 머리에 생각이 떠돌지 않습니다. 아무것도 해 놓은 것 없이 생명이 꺼져 갈 듯한 예감을 느끼면서 초조한 날을 보내야 하는 저입니다. 누워 있노라면 차갑게 철썩거리는 물소리만이 귓가를 스쳐 가며 이따금 바람결이 창문을 간질이는 소리에 주위는 조용한 멜로디로 둘러싸여 버리고 맙니다.

망설이며 무엇엔가 희망을 따라가던 젊음도 이제 침착하게 또 게으른 시간에서 정복을 당한 듯이 줄다리기에 지친 운동장 아이들처럼 인생의 줄다리기에 잠시 휴식을 요구하고 있는 듯합니다. 내일은 꼭 당신의 무슨 적은 사연이라도 뵙고 싶어요. 어디에서 무엇을 하시고 계신 것만이라도 알고 싶어집니다. 참말 소중한 것은 건강입니다. 몸은 목숨의 울타리에서 한 분 한 초라도 마음을 놓을 수 없는 것이에요. 그렇게 생각은 말자 하면서도 몸이 피곤하고 정신이 아찔하도록 열이 저를 괴롭힐 때는 아마 이제는 못 견디고 마나 보다 하는 희미하나마 사람의 최후는 이런 것인가 느껴봅니다. 이성도, 의지도, 점점 멀어 가는 듯하고 그저 아연한 감정의 테두리가 사라져 가는 무지개처럼 오색이 찬연하게 나타났다가 없어지곤 합니다.

어서 유쾌한 건강이 와서 그전처럼 동무들도 방으로 청하고 독서 얘기, 음악 얘기 같은 데 열중에 보았으면 싶어요. 그런데 지금은 누가 곁에 있어도 짜증만 나고 받아들일 수가 없어 모든 인간과 사물이 지겹고 한심스럽게만 생각이 되어요. 아침에 먹은 한약이 독했던가 봐요. 가슴에도 복부에도 이상한 통증이 와요. 그래도 그런 순간이 지나야 약 효과가 있다니까 그대로 참는 수밖에 없습니다. 어찌 이 세상엔 이처럼 참아야 할 일뿐일까요? 아픈 것, 분한 것, 괴로운 것, 외로운 것, 배고픈 것, 모두가 참아야만 되도록 운명이 마련되었으니 그 누가 이 세상을 좋다고 하오리까? 싸우다 지치면 패배자라 하고 악하고 추하여도 이기기만 하면 찬양하는 세상이 아닙니까.

시몬!

그만 쓰겠어요. 손이 이따금 떨려 와요. 멀리서 오는 목소리에 몸의 열이 좀 시원해지는 듯합니다. 당신이여! 나에게 일어날 힘을 주세요.

5월도 다 가고 6월, 덕수궁에 모란도 져 버렸을 겁니다. K우(友)와 덕수궁 뜰을 걷던 날, 머리 위에 창창히 푸르러 오는 녹음을 보았습니다.

오늘 이 더운 머리 위에 그 푸름이 좀 덮여 주었으면 좋겠어요.

시몬!

바닷바람이 언짢다고 누가 문을 가만히 닫아 줍니다. 불이 희미하게 켜졌습니다.

시몬!

이 마음 길을 조용히 걸어 들어오셔요.

○월 ○일

시몬!

소나기가 내립니다. 통쾌스러운 곡조입니다. 하늘의 멜로디라고 할까요? 그러나 고운 음향은 아닙니다. 아무렇게나 땅을 두드리고 지붕을 때리고 유리창을 불이 나도록 항거하고 있지 않습니까?

저 끓어오르며 몸부림치는 바다를 보셔요. 파도의 거품과, 바람과, 비가 섞여 바다 밑까지 흔들리고 있는 저 광경은 오늘따라 나에게 한없이 영감(靈感)을 일으킵니다.

창문에 기대인 내 머리카락이 이처럼 시원히 젖어 올 수가 있겠습니까? 모시 적삼도 치맛자락도 뿌리는 소나기에 그대로 화하고 말았습니다.

나도 저 소나기처럼 아무데나 부딪치며 몸부림을 쳐 보고 싶습니다. 몸에 상처를 입어 피가 철철 흐르더라도 자연 그대로 인생을 발산해 보고 싶습니다.

그러다가 숨이 져 버려도 좋을 것만 같습니다. 인간이 가져야 할 더 큰 자유를 완성시키기 위해서 작은 자유는 희생해야 한다는 것…… 이것은 한 진리처럼 내가 장성해 오는 동안 교실에서 혹은 지도자들로부터 들어온 논조입니다. 그러나 지금 와 생각하면 이 말은 진리도 사실도 아닌 허위예요. 작은 자유와 생명성을 인정하지 않는 진리가 어떻게 큰 자유와 생명을 살릴 수 있겠습니까?

나는 좀 더 오래 내 수명이 견딜 수 있어서 이 애매한 진리를 항거하고 싸울 수 있는 때가 올 줄 알았습니다. 그러나 이제 생의 최후의 만가가 들려오는 무렵 이 작은 생명은 꿈처럼 가버리려 하고 아득한 과거가 불안한 안개 속에 후회와 반성의 아픔으로 무늬를 지우고 있습니다.

얼마나 나는 부자연하게 나 자신의 자유과 행복을 누르고 인내하면서 또 그것이 미덕이거니 하고 살아 왔던가요?

그렇게 모질게 매달리던 그 생의 희망이었던 미래도 이처럼 캄캄한 길 어구에 와 닿으려는 운명이었던가요?

시몬!

오늘은 아침부터 약을 먹지 않기로 했습니다. 먹는 대로 토해지고 견딜 수가 없어서 그대로 내 몸을 내버려 두기로 하였습니다. 아무래도 끝날 운명이면 구태여 이 약 저 약으로 부질없는 보탬을 하고 싶지가 않습니다. 당신이 보름 후면 여기를 지나시다 들르신다 해서 그 날까지만이라도 내 생명이 연장해 가기만 바랍니다. 당신을 만나면 한없이 한없이 당신을 껴안겠어요. 그리고 참고 참았던 내 서러웠던 일생을 그대로 당신의 가슴에 하소하고 날이 다하도록 나는 얼마나 당신을 사랑했었는가 하는 이야기를 하겠습니다.

당신의 따뜻한 그 마음을 마지막 만져 보고 내 가슴에 꼭 안아 그대로 눈을 감겠습니다. 그때까지는 내가 살아야 해요. 죽지 말고 당신이 내게 마지막 면회를 오실 날까지는 그대로 이렇게 앉아서 기다려야 하겠습니다.

○월 ○일

맑은 날씨입니다. 갈매기의 날개가 눈보다 더 희게 태양빛에 호화스러워 보입니다. 어제보다 오늘은 더 숨이 차 와요. 바다 소리가 꿈속에 들리듯, 희미하게 이따금 귓전을 스쳐 갑니다.

시몬!
왜 안 오셔요?
당신과 이렇게 한세상, 한 나라에 나서 같이 살면서 이 행복을 혼자서만 즐거워하고 기뻐했던 그날들이 이제 기운에 지쳤던지 어둠 속으로 화하려 합니다. 내 눈과 귀가 살아 있을 때 당신의 얼굴과 말소리를 한번만 더 보고 듣고 싶어요. 그러나 당신은 아직 오시지 않습니다.

가슴에선 이상한 경련이 일기 시작하고 의식이 몽롱해질 정도로 정신을 차릴 수가 없습니다. 이런 순서로 사람은 죽음에 이르게 되는 것일까요?

어제는 내가 죽어 묻힐 조그만 바닷가 언덕 기슭 한 모퉁이를 이 동네 통장 어른에게 부탁했습니다. 그리고 내가 입을 옷은 하얀 모시로 준비를 해 놓았습니다. 내가 죽으면 지금 저 부엌에 있는 할머니가 모든 귀찮은 일을 해 주시리라 믿습니다마는 너무나 미안하고 죄송해서 미리 제가 가졌던 저금통장을 다 맡기고 제 시체를 매장하고 남음이 있으면 다 가지라 했습니다.

시몬!

당신이 오시기 전 내 숨이 지거든 그 할머니에게 잘 부탁해 주시고 내가 지녔던 이야기를 물어 보아 주세요. 또 저를 갖다 묻는 데 비용이라도 모자라거든 당신의 돈으로 보태 주셔요. 아무도 이 세상에 나의 죽음을 부탁할 곳이 없습니다. 내가 왜 친구가 없겠습니까? 지금이라도 서울만 가면 길에도 사무실에도 나를 위하는 친구는 많습니다. 그러나 내가 죽은 후에까지 나를 위해 마음 가질 친구는 없을 것 같아요. 그만큼 내 인격은 부덕했고 불신했습니다. 좋은 친구들은 잠시 섭섭해도 할 것입니다. 정말 C, K, P 다 한 번씩 보고 싶어요. 전보라도 치면 아무리 바쁘더라도 그들은 내려올 거예요. 그러나 나는 이렇게 아무도 없는 고적(孤寂) 속에서 당신의 오심만 기다리다가 숨지기를 바래요. 또 당신을 만나지 못하고 제가 가더라도 나는 당신과 최후까지 아무도 옆에 없는 고적 속에서 이야기하다 가고 싶어요.

○월 ○일

시몬!

글 쓸 기운이 정말 없어요. 오늘 K우가 서울서 어떻게 알고 내려왔어요. 당신 안부부터 물었습니다. 며칠 전에 시공관에 부인과 함께 구경을 오셨더라고요. 나는 우선 즐거워요. 당신의 몸이 건강하시다니 즐겁고 또 앞으로 큰일에 정진하심에 유쾌한 생활이 요구된다고 생각하고 기뻤습니다. 나만이 아는 사랑 속에 나만이 우러러볼 수 있는 당신을 곱게 간직하였던 일 아무 후회도 없이 나는 더 당신을 사랑하면서 이 마지막 순간을 맞이한다는 일.

시몬!

오늘도 당신을 기다렸어요. 지금도 앞으로 며칠, 몇 시간이 될지, 기다림 속에 내 시간이 지워질 것을 알면서도. 아아! 생명이란 것이 이처럼 허황하게 희미해가는 것입니까? 점점 내 숨결은 의식할 수 없는 몽롱한 속에 잠겨 가고 있습니다.

내 몸에서 나를 키워 준 심장, 위, 다리, 팔, 머릿속에 잠겨 있는 사고의 힘, 다 이제 힘을 잃기 시작합니다. 밖의 태양도 벌써 저를 떠나가나 봐요. 저기 보이는 산도 언덕도 점점 희미하게 멀어져 갑니다. K우가 옆에서 손발을 꼭꼭 주물러 주는 것도 잘 감각이 안 됩니다.

시몬!

내 몸이 다 식은 후에 당신이 혹시 나타나시면 얼마나 절망하실까? 한시라도 기다려 당신을 만나고 싶습니다. 이렇게 쉽게 인생은 지워져 가는 것을 그처럼 애통히 초조하게 애썼던 일 모두가 어리석었던 과거였습니다.

숨을 잘 쉴 수가 없어요. 벽도, 문도, 바닷물 소리도 다 적막해 갑니다.

시몬!

저 금빛 태양, 밤마다 내 마음의 노래를 들어 주던 그 하늘의 별들, 철철이 피어 향수의 정을 무르녹게 하던 봉선화들, 그 향기로웠던 산난초 잎사귀들, 다시 한 번 만나고 싶어요.

어두운 무덤 속 내 몸이 숨겨지면 저 찬란한 태양과 별, 달을 영원히 나는 못 보지 않겠어요. 소요산의 붉은 단풍들, 하염없이 내리는 그 겨울의 눈송이들. 이 모든 자연의 호화로움을 나는 어떻게 이별할 수가 있을까요.

조용한 성당 한구석에서 당신을 생각하며 혼자 촛불을 밝히던 그 새벽들의 기도, 나는 어찌 이러한 추억조차 떠나야만 할까요? 다시 다시 모든 것이 그립습니다. 더 사랑해 보고 싶습니다. 더 이해해 보고 싶습니다.

시몬!

바로 내가 묻힐 곳이 저기 보이는 저 언덕이에요. 바다는 그
대로 내 무덤 위에 애끓는 풍랑의 곡조를 들려 줄 것입니다. 며
칠이 안 가서 내 몸은 흙 속에서 벌레의 환영을 받고 그들의 뜯
김이 될 것입니다.

그러나 내 영은 그대로 살아서 물소리에 감겨 저 하늘의 빛
나는 성좌를 바라보겠어요.

언제나 그러하듯이 당신도 내 영혼의 성좌 위에 피어오르는
불멸의 사랑을 기억해 주세요.

시몬!

나는 믿고 즐겁게 가나이다. 삼십 년이라는 짧은 인생을 내
가 맡은 바 작은 일이라도 애쓰고 싸우던 끝에 아무 불만 없이
임종할 수 있다는 일!

내가 하던 작은 일들은 K우에게 잘 부탁했어요. 아마 그는
나를 위하여 정직한 친구 노릇을 할 것입니다.

시몬!

나를 위하여 그를 도와주시고 믿음성스런 친구가 되어 주셔
요. 그리고 당파 없는 한국을 만드는 데 전력을 다 해 주세요.
나의 행복은 조국에 있었고 나의 웃음과 눈물은 그대로 조국에

서 즐거웠습니다. 나의 일기책을 그대로 당신께 드립니다. 부인
도 같이 읽어 주세요. 내 마음 그대로 적어 놓은 죄스러운 기록
입니다.

사랑하는 나의 사람이여!
이제 영원히 이 붓이 끝나려 합니다.
저 태양을 한 번만 더 보게 해 주세요.
저 꽃들과 그리운 당신의 모습을 한 번만 이 눈으로 보게 해
주세요.
동무도 태양도 없는 무덤 속, 나 홀로 거기 누워 흙으로 화해
가는 내 몸을 내어 맡기면 흙의 노래, 흙의 진리를 그때에야 알
게 될 것입니다. 당신이 오시면 조용한 무덤 밖 거친 풀잎 위에
가만히 앉으시겠지요?
나는 호젓이 뽑는 당신의 한숨 소리를 그대로 듣고 있을 것
입니다. 더 조용히, 더 영원한 침묵 속에서……
몸은 가오나 당신을 사랑하는 사랑은 죽어지지 않습니다. 멸
하지도 않습니다. 당신이 오신다는 전보가 왔다고 K우가 일러
줍니다.
기차가 언제 닿을지요. K우에게 글을 받아 써 달라 하고 눈
을 감고 당신을 기다립니다. 그러나 당신은 오시지 않습니다.
모든 것이 완전한 어둠으로 화합니다.

시몬!

안녕히. 행복하게 계셔요. 저 갈매기의 흰 날개로 내 몸을 덮
어 주세요. 나의 마지막을 가리어 주셔요.

신의 품 안에 시몬 안녕히……

렌

렌이 절명한 5분 후에 시몬이 왔다. 시몬은 렌을 안고 오래
오래 그 얼굴을 바라보다가 기절했다. 이튿날 렌은 시몬의 주선
에 의해 건너편 언덕에 매장되었다. 밤이 될 때까지 시몬은 무
덤에서 떠나지 않았다.

시몬은 렌이 두고 간 '죄스러운 기록'을 읽었다.

K 기(記)

제7부

●

죄스러운 기록

새 울지 않는 날,

산맥은 어둡게 낮은 성곽 아래 분산되어 간다. 서로 사랑하는 새들은 지저귀지 않고 바위 위에 묵념한다.

눈이 무겁다. 구름이 검다.

안개 같은 밤의 깃발들이 눈 섶에서 발산한다. 나는 밤에서 깨어나지 않았다.

그대로 태양은 땅 너머 머물러 있고,

별들은 머리 위에 배회하고 있다.

내 밤은 가지 않고, 내 상념(想念)은 밤에서 아침을 모른다.

소음과 분망이 없는 나의 밤은 게으른 꿈에서 나를 해탈시키기 싫어한다.

나는 정신의 탕아련가?

시몬의 그윽한 음악 속에 나를 파묻고,
밤새 그를 위한 음악을 생각한다.

로만자 안달루자의 가슴을 에는 곡과 쇼팽의 야상곡들을 들으며 책을 읽었다.

사랑 같은 건 벌써 인생의 마지막 장이 되어버린 서울 어느 골목에서 깨어진 오늘의 울음을 들으며 목메어 고독을 통곡한다.

그러다가 나는 외롬에 질식하여 열이 오르고 가슴이 뜨거워 옴을 느낀다.

촛불을 가슴에 켜면
그대로 불길은 내 가슴을 태우며 도망하리라.
시몬의 방, 시몬의 영혼 위로
나는 그의 사랑을 도망시키리라.
그 후 우리는 휴식의 잿더미 위에 고운 혼이 되어 잠들리라.
하얀 물처럼 흘러가리라.
골짜기와 산맥의 풀을 적시며
새들의 나래에 실려
먼 바다 고기들의 노래를 들으며
신의 옷자락이 머무는 곳에
영원과 무한의 대화 속에 감기리라.
바람을 감으며 구름에 안겨

사람들이 없는, 인간의 수군거림이 없는, 반항과 눌림이 없는 생명의 분류 속으로 멸하지 않고 변하지 않는 영원과 함께 이야기하며 가리라, 그와 나는.

○월 ○일

싫증나는 날이다.

Y여사가 찾아왔다. 빈곤과 굴욕에 살아가는 현실과 아무 뜻을 모르는 가정생활을 말한다.

존경할 수 있는 여사의 말을 나는 귀담아 들으며 그들의 애처롭던 과거를 다시 추상(追想)하였다.

인생의 의미를 찾기 위해 결합된 Y여사와 그의 대상은 세상이 소란하도록 소문을 내고 합쳐진 부부다.

아기와 부엌 일, 직업적인 남편의 시중, 이것으로 젊은 세월은 막막히 귀를 막아 주고, 오히려 저대로 공상의 세계에서 살면서 이 현실을 떠받들고 간다고.

그는 시몬의 위치와 사상의 비겁성에 대해서도 논했다.

도피와 무성의한 인간의 태도라고 비난했다. 가정인도 사회인도 한국인도 못 되는 하나의 국적 없는 보헤미안, 그것이 시몬이라고 한다.

고귀하다고 섬겨야 할 정신의 사도로서의 그는 주저와 망상의 자아도취에서 한국 시민의 떠받침을 기다리고 있다고.

시몬은 또 어떤 때 창녀의 반려로 밤을 새운다고 한다.

Y여사의 말엔 독이 서린 벌레의 충동이 보였다. 눈과 얼굴색은 창백한 누더기 빛으로 자신이 없다.

자기 남편에게 향한 항의의 측면 공격일 것이다.

어질고 덕이 높은 시몬은 이런 때에도 대신 십자가를 지고 묵묵히 이런 험구를 감수하고 있지 않는가?

Y여사는 몸과 맘에 아직 생의 자신이 서지 않은 채 남편 K씨를 놓친 모양이다. 시몬의 친구인 K씨는 남들이 우러러보는 인격자요 훈육자라고 정평이 나 있었는데, 정평을 의지함은 아니지만 나의 신앙은 쉽사리 무너지지 않아서…… 커피와 실과를 나누며 Y여사의 흥분을 간호하였다.

아홉시 뉴스를 들었다.

"아이, 세상 시끄러! 마음이 편해야 세상 봉사도 하지."

"이 서울에 마음 편히 잠 잘 시민이 몇이나 되겠수?"

"어딘가 찌그러지고, 모나고, 어둡고, 초조하고, 변태스러운 일시 분위기에 모두를 비틀거리는 판인데, 뭐."

노여움으로 바람이 이는 그의 치마 귀엔 가을이 떨고 있었다.

밤 인사를 끝내고 돌아온 나는 그가 오기 전에 잠기었던 온화한 방의 기운을 찾을 수 없었다.

창녀와 시몬! 그렇게 깊게 생각할 건 없지만 창녀를 쉽사리

처리할 수 있는 시몬이면 그만이다.

이렇게 시몬을 옹호해 본다.

나는 시몬의 아내가 아니다.

시몬의 창녀를 위해 기도를 올릴 아무 성의도 내게는 필요없다.

이런 생각으로 나의 회의에 향해 항거해 보았다.

그러나 회의는 더 큰 윤곽을 드러내며 나의 신념을 희롱한다.

귀는 이처럼 어리고 철없는가?

살로메에게 굴복되었던 시몬이었음을 모르는 바 아니다. 나는 시몬을 내 마음의 제단 위에 조용하고 맑은 하늘의 소리 가운데 다시 올려놓지 않았던가?

그러나 저기 다시 무너져 내리는 시몬의 몸과 맘을 쳐다본다.

탕아 시몬이 이중의 윤리를 조절하며 곡예사처럼, 마술처럼 인생을 무마해 가는 것인가?

나는 안 쓸 글을 썼다.

그러나 시몬을 위한 상념을 속일 수는 없다.

지옥으로 이런 회의는 돌려보내도 좋다. 커튼을 열고 밤하늘을 날았다.

손이 뜨거워 오고 가슴이 울렁거려 잠이 이루어지지 않는다.

숲 속 등불이 서 있는 유흥가의 뜰에 시몬이 서 있다.

왜 내게는 칼이 없는가?

내 손엔 어이해 이처럼 힘없는 꿈과 기다림과 어린 아기의 신앙 같은 기도만이 남아져 있었던가?

술!

멀리 시몬의 정욕에 술을 부으며 망각의 술을 내 마음에도
부었다.

볕은 불그레하게 창 가까이 오고 있다. 그믐인가? 첩첩이 밤
은 층계를 짓고 있는 것일까?

나의 밤과 신앙을 빼앗아 가는 밤은 이처럼 겹겹이 덧놓이고
연장되어야 하는가?

아무렇지도 않은 듯이 나를 다시 매만져야지. 지나친 그리움
은 지나친 미움을 해산하기도 쉽다.

그러나 나는 '더러워진 당신의 생명을 껴안고 죽을 용기를
갖추었노라'고 그에게 편지를 보내지 않았던가?

이렇게 내 마음이 고아처럼 울고 있음을 알면 시몬은 그렇게
인생을 잠시나마 의미 없이 유희하지는 않았으리라.

남성 시몬을 신앙처럼 생각한 것은 잘못이었던가?

분방과 태만과 자아욕이 구름 퍼져 가듯이 퍼져 간 이 환경
의 자유인의 하나인 시몬이다.

싸매고 누르기엔 너무나 허황한 이웃과 친구들을 가지고 난
사회인이다.

그러나 그는 사기와 선입 관념적인 자기 망상과 창녀의 눈썹
아래서 자신을 은신시키고 위선의 자아를 제조하도록 인간의
윤리와 비타협적은 아니다.

시몬을 변호한다. 나는 왜 이렇게 그의 행방을 깊이 찾고 있을까?

그러면서도 모독을 당하는 듯한 흔들림과 마음의 분열을 감각함은 웬일일까? 이런 때 평탄함을 유지할 수 있는 길은 무슨 길일까?

밖에는 비! 천장엔 피곤한 시간의 무늬들이 인생의 최후 같은 암시를 내리고 있다.

당황한 순간을 구원해야 한다.

혼란되어 가는 약한 주변에서 나를 다시 일으켜야 한다.

나의 내부는 이처럼 공허하였을까? 창이 젖어 온다. 피곤함도 모르는 밤!

○월 ○일

시몬을 만났다. 태연한 사람!

그래도 내 마음을 기대고 싶다.

누추하고 더러워진 그의 혼란 위에라도 나는 그대로 그림자 되어 따르고 있다. 나는 시몬이 죽었느냐고 물었다.

"글쎄, 살아 있는 자와 죽어 가는 자가 합한 것이 요사이 나요."

그의 대답은 경건했다. 음성은 흔들리고, 잡음에 섞인 마음의 의지는 모질지 못하였다. 시몬의 정, 시몬의 눈은 희미한 색채 속으로 혼미해 가고 있음인가?

나는 혼자 초조해하며 시몬의 지난날을 회상했다.

시몬은 영원할 수 없고 시몬의 정과 노래도 영생할 수 없는 것일까?

지나는 생의 들판에서 그를 만났을 뿐이거늘 어찌해서 이처럼 그를 따르며 바랐던고?

어찌해서 그의 정에 나를 영생시키려 했던고?

시몬의 앞을 지나가야 한다. 눈물도 아무 탄식도 없이 그의 앞을 말없이 지나야 한다.

정은 변하는 것, 예쁨은 지워지는 것. 거기 젊음은 흐려지고 사랑은 미워 가서 녹슨 해골 앞에 무릎 꿇어 인생은 어두워 갈지니.

여기 그의 날과 나의 날이 이미 지나갔음이리오.

시몬이 가고 난 후 방이 호젓했다.

아픔과 괴롬이 섞인 공간이 어수선히 무너져 내렸다. 줄달음쳐 오는 먼 화살들이 가슴 위를 마구 쏘고 지나간다.

가만히 구슬 알로 꿰어 목숨 위에 걸고, 헤아리며 헤아리며 이 아픔을 곱게 보내야 한다.

내 생이 다하는 날까지 이 아픔의 사슬을 하나하나 헤며 흘러 보내야 한다.

저 흰 시간의 강물 위에
저 나는 바람의 옷깃 속에
고운 샘 위에 손을 모으고
잊어지라 사라지라 기도하면서.

　그래도 시몬에게 보내는 나의 마음은 다함도 없고 끊어질 날
도 없어 오늘도 긴 편지를 보냈다.
　아내와 그리고 다른 여자의 몸을 가지고 있는 시몬에게 나는
또 긴 글을 써 보냈다. 항의도 협의도 나는 모른다. 그저 '나의
시몬에게' 라고 마음으로 불러지는 애끊는 곡조를 묵살시킬 수
는 없어 '나의 시몬에게' 하고 목멘 사연을 전해 보냈다.
　그의 글들과 조용히 보내 준 사진과 선물들을 또 한 번 내어
보았다. 며칠 후면 해변으로 가서 정양할 약속을 의사에게 했는
데…….
　혹시 내 생명이 더 길지 못하다면 불행한 일이나 이 호젓한
선물과 사진들은 세상에서 비웃음을 받으며 학대를 당하리니
어떻게 하면 천국의 길에 이 못 잊을 소유들도 함께 불러 갈 수
있을까?
　죄이기엔 너무 불행한 시몬의 옛 편지.

　렌 ! 렌 !

불행이 아닙니다. 경건한 인생의 도(道)입니다. 커 가는 하늘의 별이라고 해 둡시다. 가까워지면 밝고 크게 임하는.

우리가 쳐다보고 그 등(燈) 아래서 즐길 수 있는 그런 날을 향하여 별 같은 생명을 밝히기 위하여.

렌! 렌!

그대의 고독, 그대의 불행.

욕심이 아닙니다. 모두 다 나에게 보내 주십시오. 흰 백합의 묘지 앞에서 바람 길을 막으며 그대 위한 십자가 그늘져 무거울 때, 주를 위해 그대와 함께 그대와 함께.

먼 길 먼 길 이 마음을 데리고 가오리다.

나는 편지에 얼굴을 파묻었다.

여기 시몬의 손과 가슴에서 풍겨 온 미와 사랑이 있다.

시대의 옷을 입고 시민의 풍류 속에 밀려 온 그는, 흐린 탕아들의 골목에서 그의 마음을 잃어버렸을지라도 옛 마음, 옛 글은 그대로 행복의 계절과 풍성한 세월의 웃음들이 변함없이 살아있지 않은가?

또 한 편지엔

사막을 걷고 사는 것이 시몬이오.

비겁, 주저, 우유부단하여 자신과 환경을 처리 못 하는 약자요. 그러나 렌은 이 환경과 황막한 생활에서 욕심대로 처리된 나를 오히려 반겨하지 않음을 알고 있습니다. 이대로 이 불행을 느껴 울며 껴안아 사랑해 주는 렌이기에, 나는 몸 둘 곳, 맘 둘 곳 없이 미안과 소름 끼치는 불안을 체험합니다.

그대의 시몬

애통한 밤이었다.

뒤를 돌아보는 작은 길엔 아무도 모르는 두 사람의 신과 하늘과 강이 흐르고 있다.

꽃과 구름이 때를 따라 우리의 마음 문에서 피고 흩어지고 하였다.

나는 열이 올라 더 편지를 읽을 수 없었다.

곱게 그와 내가 앉았던 산 옆에 흙을 파고 묻어 두고 갈까? 아무도 모르게. 그러나 나는 거짓말은 하지 말아야 한다. 가슴 메어지는 이 글들은 더 읽지 말고 마음에만 새겨 두자. 그러나 이 일기는 내가 세상을 먼저 떠난다면 시몬에게 또 그 아내에게도 숨길 것은 아니다.

죄스러운 일기, 아무도 모르게 쓴 나의 회의! 나의 떨림!

○월 ○일

얽어매던 이단(異端)의 일생이었다.

눌림과 적요(寂蓼) 속에 남모르게 흘러가는 눈물의 샘이었다. 거기 생명이 어지러이 난무하고 인생과 죄가 껴안고 몸부림치는 모습.

그리움의 관을 쓰고 달려오던 외로운 사슴과 난초. 산은 비고 들은 메말랐으리. 꿈의 수레바퀴는 길을 엇들어 지옥의 언덕에서 어둠을 토해 내고.

지나간 날은 고운 사다리로 문채(紋彩) 짓고 오는 세월에 잇대어 소리 없이 잦아져 가는 것.

이것이 나의 윤리! 나의 거울이런가?

시몬의 사념은 누더기로 신음한다.

그의 계절은 분열된 구름 떨기.

그의 남루한 사상의 옷과 길을 잃은 마음을 찾을 수 있다면, 나는 지금 그를 어루만지고 싶다.

어디 있는가? 시몬! 시몬!

떨어진 한 조각의 그의 옷깃에서라도 나의 신념은 살아 있으리라.

나의 생은 멸하지 않으리라.

시몬의 눈은 떨린다.

그의 영혼은 웃지 않는다. 등불을 들고 저 높은 산맥을 오르던 시몬의 다리는 힘없음인가.

산맥이여! 골짜기여!

그를 일으켜라. 그를 데리고 내일의 향토로 돌아가라.

○월 ○일

시몬의 아내가 왔다.

주검 같은 얼굴과 걸인 같은 애걸을 내뿜으며 내 문을 열었
다.

시몬을 도적한 여인을 찾아 나선 그는 고발의 고함을 지르며
나를 붙잡고 운다.

석류꽃이 방바닥에 엎어지고 벽에 걸린 화폭들이 어수선히
깨어져 내린다. 얼마나 자연스런 또 신비한 발작인가? 시몬의
몸을 즐기는 아내는 몸을 찾기 위해 회의(懷疑)했고, 그 회의는
작은 방을 깨뜨리고 내 책과 탁상에 놓인 화병에 손을 찢는다.
그러나 시몬이 없는 이 방에서 그대로 그는 기절을 해 버렸다.
그는 시몬의 행방을 모르기 때문이다. 나는 유쾌하다는 감정이란
이런 것인가 하고 일생에 처음 소나기 같은 통쾌를 감각하였다.

시몬의 아내는 내 무릎에 뜨거운 뺨을 비비며 모든 의심을
풀었노라고 했다. 자기는 시몬을 아는 여성이 못 되었기에, 의
심과 억지와 욕심으로 시몬을 강요했던 지식밖에 없었기에 시
몬을 오늘 잃었노라고 했다.

나는 시몬을 참으로 오래 오래 못 만났다는 얘기를 하고 그
를 위로하려 했으나 오히려 그것은 또 하나의 의혹을 더할 듯하
여 모든 죄는 내가 짊어지겠노라 대답했다.

시몬의 아내는 마음을 가다듬은 후 조용히 깊은 밤을 밀어

가며 방에서 떠나갔다.

　나는 널어놓은 방의 파편들을 즐긴다. 꿈에 젖은 곤욕과 나뭇가지를 미친 바람이 흔들고 가는 때처럼, 꿈은 떨어져 지상에 산산이 날려가고 있다.

　이중의 선과 악!

　이것은 현대를 끌고 가는 이정표(里程標)다.

　시몬은 아내를 핑계 삼아야 하고 렌을 모독하여야 하고, 자기를 또한 속이며 끌고 가야 한다.

　시몬은 허용된 이 역사의 광장에서 은근한 지식과 점잔과 기계적인 애국심의 발로와 틀 잡히지 않은 채 올라앉은 그 지위와 작은 터 위에 자기를 세우고, 이 시대가 주는 욕망과 골목의 무지개 길들을 거부할 수는 없다.

　시몬은, 나의 시몬은, 이런 것으로 인생의 행복이 오는 줄도 아는 이중의 지식을 소유한 오늘의 한국 남자다.

　그것이 감정적인, 몰락적인 상태라 비난받더라도 시몬이 즐거워 가는 몰락의 길이라면 이 숨김의 본성에다 불을 밝혀 쓴 잔을 높여 주어야 한다. 비록 그 잔은 헛되어 후회와 기도의 아픔이 될지라도.

　나는 서울서 다시 시몬을 못 만날 것이다. 내일이라도 해변으로 떠나가 몸을 정양하여야겠다.

　이 깊은 밤 시몬은 자기 가정에 있지 않다 한다.

나는 또 허전함을 느낀다. 머리가 무겁고 몸이 뜨겁다.

찬 물에 손을 넣었다.

고운 사라짐이 어서 이 목숨을 몰아갔으면!

저항의 불은, 저항의 손은 나 자신을 돌이켜 모독하고 학살한다.

산산이 깨어져 있는 이 방의 도구의 파편보다, 그것보다, 시몬!

이 마음에 흩어진 신앙의 파편들을 먼저 나의 손에 마지막으로 곱게 모아 달라!

시몬!

그 파편들을 이 손에! 이 손에!

'죄스러운 기록'은, 시몬에게 보낸 편지에는 나타나지 않은 렌이 가진 비밀의 일기다.

시몬은 차가워진 렌의 무덤 속, 그 몸이 불현 듯 그리웠다.

그 혼! 그 젊은 생이 천지에 또 한 번 나타나 살아 깨일 수는 없을까 하여…….

시몬은

하늘의 길과 땅의 길을 멀리 더 멀리 가면서 렌을 불렀다.

렌의 길! 그 먼 렌의 길로…….

<전편 끝>

『렌의 애가』 후편을 내놓으면서

　나의 작품 『렌의 애가』는 결코 나의 대표작이라고 보고 싶지 않다. 그만큼 나는 인간으로나 작품으로나 미완성이다.

　무슨 이유에서인지 모르나 얼마 전부터 여러 곳으로부터 『렌의 애가』의 미발표 부분을 내어달라는 부탁을 많이 받고 있었다. 사실은 좀 더 세월이 흐른 후에 나는 속임없이 나의 인생, 나의 청춘을 『렌의 애가』 2부를 통해서 내놓으려 했다. 그러나 어쩔 수 없이 『현대여성』(1977.4) 창간호부터 싣게 된 것은 지나친 강요에 내가 지고 말았다는 것을 말해 둔다.

　인간으로서, 한 여성으로서, 더욱이 한국여성으로서 체험했던 시대와 역사를 추억하면서 그때 그 시절의 모습과 사고와 꿈의 일부를 일기 혹은 수기에 기록되었던 것을 토대 삼아 어디까지나 창작의 범주를 벗어나지 않도록 노력하려 한다.

　나는 나의 인생의 대화자 혹은 선구자로, 또 지고의 사랑하는 자의 이름을 시몬이라 불렀다. 그러나 어떤 일기엔 '라비'라고도 부르며 야반(夜半)에 써 두었던 글들을 발견했다.

라비라는 이름은 히랍어에 나오는 역시 대화자, 선생, 선구자의 이름을 본따서 문학적인 형용으로 기록되었던 것 같다.

나는 20세 때부터 여성이 겪는 행복, 고통, 종교, 사랑의 감정을 아무 기탄없이 그대로 기록해 두었던 것 같다.

인간이 당하는 사실 그대로 「렌의 애가」 후편을 문학의 세계에서 창작으로 다루어 보려 한다.

* 이 서문은 전집인 성한출판사(1986)과 중앙출판사판(1988)에 수록되어 있는데 정확한 날짜는 기록되어 있지 않다.

제8부

●

「렌의 애가」 후편

시몬 !

석왕사 뜰을 걷고 있습니다. 나의 보통 학교 동창생이면서 중학교, 전문학교까지 같이 공부한 E의 집이 바로 여기에요.

고운 시(詩)를 잘 쓰기로 유명한 내 친구는 방학 때마다 저를 꼭 끌고 이 석왕사 자기 집으로 온답니다.

집에는 그의 어머니 혼자 계시고 방은 셋이어서 우리 둘이 오면 꼭 한방을 차지하고 있었습니다.

그 저녁엔 튀김나물, 취나물, 고비나물, 하얀 밥, 너무 맛있었어요. 놋그릇을 안 쓰고 꼭 절에서 쓰는 바리때를 쓰기에 맛도 더 나고 풍류스러워 더운밥과 나물을 마구 먹었습니다.

그의 어머니 방 벽엔 깨끗한 회색 스님옷[장삼]이 걸려 있는데, 물어보지는 않았으나 그 옷은 퍽 침묵스럽고 고독해 보여요.

혼자 법당 가까이 걷고 있습니다. 연푸른 소나무들과 죽 깔린 자갈길, 그 옆으로 하얗게 얼어 있는 시냇물, 모두가 겨울의 언어예요.

법당 현관에 들어서면 참 무섭게 생긴 사천왕(四天王) 네 분이 두 분씩 양쪽에 마주 서 있어요.

무슨 변이 일어났을 때 사람에게 뉘우침과 반성을 촉구하는 저승의 사자들이지요.

오른쪽에 서 있는 그 험상궂은 발에 채여 있는 사람은 어둡고 침침한 무서움에 떨면서 허리를 꼼짝 못 하고 눌려 있어요.

저승에 가서 이승의 보복으로 저런 일들이 참으로 있다면 이 짧은 인생에서 죄가 선(善)보다 더 인생을 좌우했던 것 같습니다.

아마 몸에서 오는 욕심 때문에 자기도 모르게 저지른 일들이 저런 형벌이 되지 않았을까요?

묻습니다.

왜 몸과 마음은 한데 달라붙어서 사람을 괴롭힐까요? 몸의 편을 들다가 마음 편을 들다가 하면서 서로 어긋나는 일들이 이 세상엔 많은가 봐요.

오래 서서 저는 사천왕들의 성난 얼굴 모습들을 한참 보며 생각했습니다. 불교는 생각 하나로 생사 생멸이 좌우된다고 당신은 저에게 언젠가 말씀해 주셨습니다.

40대쯤 되는 스님이 내려오십니다. 나는 그의 설명에 귀를 기울였습니다. 그의 말에 의하면 순간인 이 생(生)에 나서 그 멀고 높은 진리를 모르고 제 권세만 믿다가 다른 나[他是]를 업신여긴 자, 권세를 믿고 함부로 남을 옥에 가둔 자, 도적질을 마음대로 한 자들이 저런 벌을 받는다고 합니다.

나는 며칠 전 T시에서 눈이 충혈되어 노끈으로 우리 동네에 사는 젊은 사람을 독립 운동 혐의로 잡아가는 걸 보았어요.

그럼 그런 일본 형사들은 이후 저승에 가서 저런 일을 모두 당할까 생각하니 잡혀 간 이승의 우리나라 청년보다 저승에 가서 사천왕에게 밟혀 고생할 일본 사람이 더 불쌍했어요.

아마 이승과 저승도 몸과 마음이 한데 붙어 있듯이 연결이 되어 있나 보지요.

그런데 몸이 없어진 후에도 몸의 아픔 같은 아픔이 남아 있을까요? 우리 동네 그 청년이 만약 모진 고초 끝에 죽음을 당한다면 저승 어느 신전(神殿)에서 해방된 개가를 올릴 수 있을까요?

바위에 붙은 얼음 모양들이 참 예뻐요. 목화꽃을 편 듯, 그 차갑고 맑은 얼굴들!

생기의 결정, 바위보다 더 굳게 응결된 엉성하게 누운 여름 가지들은 서리에 지치고 추위에 눈감으면서 뿌리에서 들리는 뜨거운 속삭임에 서로 가슴들을 맞대고 있습니다.

어둠이란 부드러운 솜 같은 감촉입니다.

어둠 속에 저는 포근히 안겨 더 짙어오는 밤 속으로 저를 감싸고 있습니다.

그러나 당신의 언어가 들려오기 시작하는 이 시간은 낮에 잃었던 나의 하늘에 당신의 얼굴이 떠오른 때입니다.

기슭에 바람이 차게 불어옵니다.

목도 좀 아프고요.

석왕사에서 렌 올림

3월 어느 날

시몬, 우체부가 소포와 편지를 전해 주고 갔습니다. 여러 친구들의 편지 속에 당신의 편지도 눈에 띄었습니다.

친구들의 편지는 뒤로 미루고 당신의 편지 봉투를 조심스럽게 뜯었습니다. 뜯다가 내 손은 멈추었습니다. 무슨 말씀이 적혀 있을까?

열이 좀 있는 내 가슴이 너무 상기나 되지 않을까 하고 급하고 애절한 마음을 차분히 진정시키면서 작은 소포부터 펴보기로 했습니다.

전번엔 동경으로부터 부쳐 오셨다는 니체의 책과 괴테의 책들을 받았습니다마는 오늘은 책이 아닌 약 냄새가 풍기는 소포를 받았습니다.

내 방 문엔 지금 저녁 빛이 가벼이 괴어 들고 있습니다. 과히 밝지도 어둡지도 아니한 초봄의 연보라 노을빛이 말입니다.

그 빛은 스러지면서 아련한 어스름으로 화해가고 있습니다.

나는 밖의 어스름의 둘레를 내다보며 멀리 경성(京城)에 계신 당신의 사무실과 인왕산 벗은 바위들의 숨소리를 듣습니다.

소포는 내 손에서 조용히 퍼졌습니다. 꼭 닫혀진 네모난 나무통과 봉지봉지 싸서 꾸려진 약첩들.

눈물겨운 이 약첩들은 내 어린 가슴을 몹시 울렁거리게 하고 염려스럽게도 했어요.

그것을 풀면서 내 손은 뜨겁게 떨렸습니다.

서울[京城] 우편국 어느 사람 없는 조용한 처소에서 이 약들과 찻가루가 든 나무 갑을 종이로 싸고 노끈으로 동여서 우편국 창구를 통해 우표를 붙이시고 내 이름을 쓰시면서 멀리 북쪽 하늘을 생각하셨을 것을 저는 압니다.

계핏가루 냄새가 약간 깃들인 혼합된 가루약이었어요.

시몬!

아마도 내 기관지염에 먹으라고 보내신 것이 아닌가 하고 자세히 약 설명을 읽었습니다. 한 번도 아니고 두 번 세 번!

저는 이 소포를 매었던 그 미색 빛깔 나는 노끈을 왼손에서 오른손으로 옮겨 가며 어릴 때 실장난을 할 때처럼 몇 번이고 풀었다 감았다 하면서 손에서 놓지를 않았습니다. 당신이 만졌던 이 노끈! 이대로 두었다가 당신을 위한 귀중한 물건이 생겼을 때 다시 쓰겠습니다.

그러나 나는 당신에게 보낼 아무것도 준비하지 못했거니와 설혹 보내고 싶은 것이 있어도 당신을 향해 보낼 주소가 없습니다.

그저 내가 읽던 책갈피에 조용히 넣어 두겠습니다.

목이 아직도 열과 통증으로 가라앉지 못하고 부어 있는 듯 물도 잘 마실 수가 없습니다.

집에 돌아와서도 붕대를 감고 누워 있으면서 날마다 당신과 저 자신의 서러운 행복을 기록하는 것을 일과로 하고 있습니다.

오늘은 그렇게 즐겨 산책을 하던 강가에도 못 나갔습니다.

어머니가 더운 물을 끓여다 주어 과일 냄새 나는 이 찻가루를 타서 먹고 가루약은 아직 열지 않았습니다.

당신의 글씨로 하루에 세 번씩 식후 삼십 분 후에 먹으라는 지시를 잘 읽었습니다.

누가 그렇게 정성스럽게 보내 주었느냐고 어머니가 물었을 때 '우리 선생님이 보내 주셨다'고 대답했습니다.

시몬!

나는 당신이 누구라고 말할 수가 없었습니다.

당신은 나의 회의요, 꿈이요, 멀고 먼 하늘의 노을 같으신 분이기에!

기도하는 마음으로 시간을 맞춰 뜨거운 물에 가루약을 타서 먹습니다.

어디선가 이른 봄 피리 소리가 저녁연기 속으로 희미하게 들려웁니다.

그동안 가슴이 결려 오는 증세까지 겹쳐 호흡이 순조롭지 못하였습니다.

내 온몸 혈관으로 이 더운 약물은 내 피와 함께 내 몸이 이 세상에 살아 있는 동안 영원히 돌고 있겠지요?

시몬!

편지를 열었습니다. 가만히 봉투를 책상 위에 놓고 주신 글 조심스럽게 읽습니다.

아가 !

석왕사 바람을 너무 쐬었나?

기관지염이 있는 사람이나 폐 약한 사람에겐 바람은 금물이야. 산바람을 너무 쐬고 나면 가슴이 벅차 오고 뻐근해지며 숨이 가빠져 몸져 눕게 되는 것이오.

보내는 차는 내가 의사에게 물어 보고 특별히 조제해 보았소.

렌이 언젠가 무슨 이야기 끝에 우리나라 음식 중에 냄새 좋은 계핏가루라 말한 것을 기억하고 이 쓰디쓴 가루약 냄새 속에 조금만 곁들여 보았소. F박사에게 허락을 받았지.

어서 회복되어 경성엘 와야지. 아직 학교 개학은 시일이 좀 있지만.

우리나라 북방 겨울은 렌의 말처럼 낭만적인 산과 강이 많지. 압록강, 두만강, 또 조그만 강들도 맑고 차고, 산골짜기에서 쏟아져 내리는 물들도 힘차게 물살들을 내뿜지.

이름 있는 온천도, 여관도 많지. 길주 온천 같은 곳 말이오.

그런 곳도 저 사람[日本人]들이 다 점령하고 있으니, 정말 제 주인인 우리나라 사람들은 겨울 호사를 못 하지 않나?

아가, 렌!

그 앳된 나이 탓일까? 그래서인지 내 눈에는 세상이 갑자기 젊어져 버렸어.

하늘도 산도 내 영혼도 창가에서 즐거운 몸부림을 치고 있어.

젊음은 생존의 출발이기에…… 그러나 혼이 없는 젊음은 젊음이 아니지. 몸의 젊음은 잠깐이요, 혼의 젊음은 영원한 것이오.

하늘과 산과 강에서 이 늦겨울과 초봄이 맞부딪히는 소리를 들어 봐요.

마음의 산에서 꽃을 보고, 마음의 강에서 봄 소리를 들어야해.

인왕산도 호젓하고 사무실도 뜻 없이 바쁘기만 하지만 이 글을 쓰는 동안 내 피곤은 어느 정도 풀렸소.

그럼 어서 경성으로.

시몬!

나는 당신의 아가입니까? 이 부서진 사상들과 쫓기는 숙명 속에서 당신과의 대화에서만 하늘을 알고 땅의 신비를 알게 된 저의 풋내기 젊음을 당신은 마치 바다를 건너듯, 강물을 저어가

듯 그렇게만 지나가실 수는 없겠지요?

정겨운 나의 어른이시여!

경성엔 가고도 싶고 안 가고도 싶어요.

멀리서, 오직 멀리서 남쪽 하늘을 바라보며 아침 해와 저녁 별을 맞이하고 싶을 뿐입니다.

모두가 사실이 아닙니다. 그러나 오늘도 당신은 내 곁에 계신 것만 같아요.

정겨운 고마움으로 마음엔 가득 샘물 같은 눈물이 빛을 뿜고 있습니다.

있음도, 없음도, 생도, 죽음도, 영원한 하늘에 떠 있는 저의 밀어자(密語者) ······ 또 그 눈동자······. 열은 더 심히 몸을 죄고 있습니다.

전번에 보내 주신 괴테와 니체의 작품들은 잘 받았으나 일본 말로 번역된 니체의 작품은 좀 읽기가 힘들어 덮어 두었고 괴테의 파우스트도 읽으라고 보내셨지만 저는 그것도 아직 이해하기 어려워요. 그 외에 톨스토이의 글은 좀 쉬운 듯하나 읽다가 머리가 무거워져 가만히 책상 밑에 넣어 둡니다.

우리나라 말로 언제 그 작품들이 번역이 될까요?

눈을 밟으며 추위와 싸우면서 그 권력 밑에서 신음하는 제정 러시아의 얼굴들은 참말 처참해요. 우리나라는 일본 나라 밑에 눌려 있어 표현의 자유도 없고 말과 행동도 제대로 못 하지만, 나라를 가진 제 나라 권력도 자기 백성을 괴롭게 하는 것은 마찬가지니 참 알 수 없는 일입니다.

많은 땅을 가진 러시아의 사람들은 넓은 터전에서 대지와 싸우고 전쟁에서 피를 흘리면서도 애정과 증오, 사람이 겪는 감정들을 잘도 표현했어요.

거기 이상을 가진 대학생의 늠름한 젊음이 있는가 하면 노동자의 헐벗은 굶주림이 있고, 진군의 나팔이 행진을 하는가 하면 죽음으로 다리 밑에 쓰러지는 병사들이 있어요.

그리고 이 엉켜 있는 사회 밑바닥에 혼자 울고 있는 소녀와 가랑머리 땋아 내린 처녀들이 있어요.

뜨개질을 하거나 광주리를 들고 시장으로 저녁장을 보러 가는 천진한 촌락의 아가씨들도 있고요.

당신 말씀에 의하면 ×××와 같은 우리나라 비밀 독립투사들이 모두 모스크바에 드나들며 조국 독립 투쟁을 한다 하셨지요.

아직 이른 봄날이 그들에겐 오죽이나 추울까요.

가고 싶습니다. 저도 국경 넘어 어디론가 한없이 가슴을 펼쳐보고 싶습니다.

멀어질수록 더 가까움을 느끼게 하는 당신은 내 가슴에 생존과 허무를 망설임 없이 들려주실 것 같습니다.

방안에 아기불이 켜졌습니다.

마음 가득 당신의 눈빛이 밝아 옵니다. 이렇게 쓰는 나의 글은 어느 주소로 보내야 당신이 받으실 수 있을까요.

내일 경성에 가는 친척 P씨를 통해 당신에게 전해지도록 부탁을 하겠습니다.

×년 3월 그믐날
렌 올림

4월 1일

렌!
몸이 많이 회복되었나 봐.
내가 너무 렌의 마음에 고독한 얘기들을 했나? 그렇지?
오늘은 이런 글을 써 보았지. 시도 산문도 아닌……

우리 서로 방향 없이 날리는
한갓 우주의 바람결,
어디로 가는지도 모를
아침 바람! 밤 바람의 친구!
렌은
나의 생이요, 죽음이요,
강물이요, 구름이요,
나의 소녀, 나의 흔들림,
즐거운 나의 망설임!

나는 한국이 슬프오. 총독부 건물에도 실감이 안 가고 자동차를 타고 종로를 달리는 그 사람들의 모양들도 낯설기만 하오 어디로 갈까?

동으로 서로 남으로 북으로……

내 마음은 십자가를 그으며 찢는 듯한 아픔을 참고 있소.

이렇게 꼼짝 못하는 우리가 진정 배달의 자손인가 싶소.

이런 슬픔을 써서 보낼 천지에 많은 친구 동지도 있건만 어린 처녀 렌에게 내가 어찌 이런 어리석은 말을 하게 되었을까?

　　나도 모르는 내 마음,
　　창 밖에 구름이 이네.
　　내 마음엔 꽃바람이 이네.
　　모두가 지나가는 시간의 희롱이어라.
　　남산은 왜 저리 침침하고 우울한가?
　　내 숨결 어느 맥박에서 들리는
　　참회의 소리를 들어라!

밤은 우리를 위해 큰 잔치를 베풀어 주오.

수없는 별 떨기가 한 밤의 꽃송이를 흔들고 하얀 망사 구름들이 미끄러져 흐르오.

렌과 함께 북방의 별을 보고 있소. 바로 북두칠성. 그 아래 렌이 누워 있는 것만 같소.

어서 경원선 기차를 타야. 온다는 기별이 있으면 차창 밖에 내가 서 있을지도 모르지.

언제나 렌의 시몬으로부터

그해 4월 7일 밤

나의 대화자!

편지 다 읽고 나서 다시 글을 이어 씁니다.

정거장엔 정말 나오시지 마세요. 물론 안 나오실 줄 알아요. 그저 당신의 마음을 쓰신 것으로 알지만 저는 세상 사람들이 하는 식으로 당신을 맞이하기도 원치 않고 또 바라지도 않습니다.

내 마음속에서 항상 만나는 당신을 마음 밖에서 구태여 만나 뵙는 것도 죄송스런 일이 아닐까 합니다.

보내 주신 약이 효과가 있어서 어제 오늘은 잠도 잘 자고 꿈도 없이 밤을 보냈습니다.

아무 비밀도 나는 가지고 싶지 않지만 당신이 내 마음에 머물고 계시다는 것만은 남에게 알리고 싶지 않습니다. 이것이 행복의 출발인지 불행의 시작인지 모릅니다만.

어느 미지의 계절에서 오는 꽃 숨결 같은 화사한 감정입니다. 이렇게 경건한 슬픔을 가진 내 핏속에선 생각지 않았던 사랑의 봄소리가 들려옵니다. 나의 간절한 당신이여!

　내일 모레는 Y시에 계신 고모님이 오셔서 홍원(洪原) 북청(北靑)을 지나 청진(淸津) 방면까지 여행을 떠나자고 합니다.

　한 번도 못 가 본 곳이라 고모님을 따라갔다 오겠습니다. 나남 북경성엔 참 예쁜 여자들이 많다고 들었습니다.

　얼굴도 환하고 키도 크고 그래서 우리나라에선 남남북녀란 말이 있다지만 꼭 그런 것도 아니겠지요?

　밤새껏 당신에게 글을 쓰면서도 나의 미래는 떨리고 흔들리고 있는 것 같습니다.

　오늘 오후에는 압록강변에 사는 어떤 청년이 예이츠의 고운 시들을 번역해 보았다면서 보내 주었습니다.

　나는 그 시를 읽으면서 예이츠의 젊음을 생각해 보았어요.

　이 글을 번역한 분은 참 실력 있는 문학자입니다. 그렇게 영문학에 실력이 있으면서도 자기 인생의 회의에 빠져 때로는 나도 알 수 없는 슬픈 호소를 써 보내곤 합니다.

　시몬!

　그는 자기 다리 한쪽이 좀 성하질 못해서 자기 상대 될 여성들도 그것이 원인이 되어 자기의 감정을 받아 주지 않는 줄 아나 봐요.

　정말 그의 지식, 그의 애끓는 젊음의 하소에 동감이 갑니다. 그러면서도 그가 원하는 회신을 못 해 주는 것이 미안할 뿐입니다.

　오늘 글은 오스카 와일드의 옥중기를 인용한 것으로 가득 메워져 있었습니다.

나의 공부를 위해선 얼마나 친절한 친구인지 몰라요. 그의 갈 길이 행복해지라고 신께 빌면서도 원하는 대로 감미로운 회신은 써지지 않습니다.

나는 또 이런 마음을 왜 나의 어른이신 당신께 기탄없이 쓰고 있을까요?

후회할 날까지는 지금의 내 마음을 그대로 알리겠어요. 진실을 속이고 싶지는 않으니까요.

당신의 렌 올림

4월 10일

북으로 가는 기차를 고모와 함께 탔습니다. 작은 보자기에 점심 될 만한 밥과 떡을 알뜰하게 준비하신 고모는 사이다를 한 병 사서 옆에 놓고 점심시간만 기다리는 모양입니다.

흰 옷을 입은 할아버지, 할머니, 젊은 새아씨들 할 것 없이 무슨 보따리인지 묵직하게 모두 하나씩 들고 홍원역에서 많이 내렸어요.

그들은 모두 친척집의 잔치나 혹은 제사, 누구의 생일에 가는 모양입니다. 순박하면서도 사투리를 쓸 때엔 억양을 높이고 기운찬 북도 사람들의 걸음걸이로 재빨리 걸어가고 있습니다. 자동차 두어 대엔 일본 사람들이 타더니 어디론지 쏜살같이 달리고요.

시몬!

이 기차를 같이 타고 당신에게서 무수한 자연의 얘기를 들었으면.

고모는 졸고 있어요.

언제 당신과 함께 한 레일 위로 달리면서 저 푸른 동해 바다와 섬들의 얘기를 들을 수 있을까요?

우리는 한 기차를 탈 아무 이유도 없을 것입니다.

당신의 시대와 나의 시대는 왜 이렇게 떨어져 있을까요?

아니 짧은 여행이라도 좋겠어요. 그런데 무슨 이유가 있어야지요? 당신의 마음의 레일 위로 이 렌은 그저 달려가고 있을 뿐.

우리는 세상에선 같이 갈 곳도, 같이 머물 곳도 없습니다. 고모가 졸다가 기차 문턱에 이마를 부딪치는 바람에 깨어나서 깨엿을 주며 먹으라 합니다.

고운 얼굴을 가진 고모에요. 그런데 이 고운 얼굴과 알뜰한 매무새도 남편 눈에는 그렇게 탐탁치가 않았던지 늘 고모는 한숨도 쉬고 서러워하면서 나더러 시집을 가지 말라고 하세요.

이번 여행도 작은 고모 댁이 청진이어서 나를 꼭 데리고 가시게 된 것입니다. 작은 고모님은 큰 장사를 하는 청진 사람에게 시집가서 아이 셋 낳고 잘 삽니다.

거기 가면 생선 좋고 연어 알이 많다고 하시면서 나에게 자랑하시는 것입니다.

우리나라 북쪽엔 참 싱싱한 물고기들이 많지요. 언제 출장 가실 일이 있으시면 가서서 많이 즐기시면서 '여기 렌의 고모가 살고 있겠지' 하고 속으로 생각해 주세요.

물은 먼 데로부터 잔주름을 몰아 기슭에 와서 잦아지고 다시 물러갑니다.

바다에 지는 해는 불빛과 푸른빛의 결합입니다.

하늘도 시간의 흐름에 따라 빛깔의 변화가 무상합니다. 저 신비의 배후엔 무슨 또 다른 신비가 있는 것입니까.

밤빛도 물 위에선 율동적입니다. 물빛은 안 보이나 출렁이는 바다 소리는 이따금 자장가 소리같이 피곤한 하루의 여로를 포근하게 해 줍니다.

친구들의 편지, 또 다른 사람들에게서 온 원고들도 기찻간에서 읽는다면서 가지고 왔건만 하나도 못 읽었습니다.

물 위에 내 그리움을 폈다 접었다 하면서 꿈에 잠기는 것만이 즐겁습니다.

청진행 기차 속에서 렌 올림

5월 10일

시몬!

너무 소식이 오래 끊겼습니다.

청진서 돌아와 저는 밀린 일들을 좀 정리하고 T시 젊은이들과 함께 문학 강의를 듣는 일에도 참석했습니다.

그러나 사람들이 모이는 대로 일일이 조사해 가는 일본 사찰계 형사들 때문에 겁에 질리기도 하고 분하고 어색한 분위기로 꽉 차 있어 숨이 막힐 듯합니다.

사람과 사람의 대화는 흥이 꺼지고 활기가 없습니다. 모두가 개학이 되면 동경으로 경성으로 돌아갈 남녀 학생들과 중학교 선생들이 섞여 있습니다.

이 우울한 분위기에 내가 나를 결박하면서 살아가는 일은 마치 정신의 감옥에 들어앉은 수인에 지나지 않습니다.

시몬!

이렇게는 살고 싶지 않은데요, 어제도 오늘도 또 내일도 이 분위기가 우리의 젊음을 지배한다면 교육은 받아서 무엇하며 작품은 써서 무엇하겠습니까?

오늘 저녁 우리는 서로 헤어지기 전 우리나라 문학인들의 초창기 작품을 논하고 우리도 앞으로 그들과 함께 우리나라의 문학을 위해 정진(精進)하자는 의견을 교환했으나 보고를 하라, 해설을 써서 내라는 당국의 엄한 지시와 감시 때문에 집회를 중지하고 그대로 해산하고 말았습니다.

시간은 점점 암흑으로 빠져 들어가고 이 나라의 용기 있는 사람들은 하나 둘 몰락되어 갑니다.

> 언제 이 괴물 같은 시대가
> 우리의 굴레를 벗겨 줄 것인지.
> 산양 같은 이 나라 사람들,
> 그 연약한 은둔자들!

> 땅엔 숨소리 가고
> 하늘에선 들리는 예시가 없어
> 캄캄한 바람 속에 밀려가는
> 주인 잃은 하늘이여, 땅이여……

*이 시는 총독부 검열에 걸려 첫 시집 『빛나는 지역』에 못 실린 미발표 시임.

시몬!
잎사귀들이 푸르러 옵니다. 돌아와 5월의 웃음을 보세요.
어제 ○씨에게서 그간 여러 번 불려가 문초를 받으셨다는 소식을 들었습니다. 거기서 그날 나는 작은 소망을 가지고 시몬이어서 풀려 나오시기만 기다렸습니다.
그러나 3일 전에 사무실에 나오셨다는 말을 듣고 안심했습니다.

이 나라의 모든 지식인이 당하는 일에 당신이 그처럼 그들을 위해 변호하시고 설명을 해 주시면서 같이 고생을 하셨다니 송구한 마음 어디 둘 곳이 없습니다.

추신(追信)—

기분은 화사한 옷차림을 하고 당신에게로 달려가고 있으면서도 또 그 속에 숨겨진 아롱진 빛깔들과 어울리면서도 예의에 벗어나는 말이나 행동이 앞설까 조심스럽게 주저앉는 이 마음!

이 시대는 불행합니다. 불운합니다. 나는 당신을 알게 해 준 신께는 무한한 감사를 올리면서도 이를 아무에게도 자랑할 수 없는 비밀을 슬퍼합니다. 우리의 감정은 서로를 감싸면서 목적 없이 달리는 사슴의 발자취같이 숲으로 바로 헤매고 있으니까요, 영감(靈感)에서 들리는 꿈빛 같은 선율이 온몸을 감싸 돕니다.

인생은 싸우려고 난 전사 같기도 합니다.

나라와 나라가 싸우고, 지배자와 피지배자가 싸우고, 주의와 주의, 사상과 사상, 남자와 여자가 인권 문제로 싸우고, 가정에서도 시어머니와 며느리의 갈등!

인생이 사는 곳에 그림자같이 따르는 이 싸움들이 그대로 지속되고 있으니 우리도 이 싸움 중에서 한 인간으로 감정과 감정의 갈등을 헤쳐 가며 싸우고 있는 것이 아닐까요?

당신을 통해 생의 색채와 감각, 감정의 내면적 다양성을 알기 시작했습니다. 이 땅엔 옛 시대가 흘리고 간 안개의 신음이 있습니다. 그럼 안녕히……

멀리서 렌 올림

5월 20일

당신의 글을 오랫동안 두 번 세 번 읽었습니다. 그동안 그 같은 변화가 생겨 나에게 출발을 중지시킨 충고는 고맙게 받겠습니다.

또 한 번 당신의 글을 읽습니다.

렌!

경성 일기가 환절기라 그런지 흐린 바람이 며칠을 계속하고 있소. 오늘은 일본 비행기가 자주 구암도와 또 다른 태평양 가까운 섬들 위로 떠다닌다 하오. 라디오 소리도 좀 초조하게 들리기도 하고, 희망을 잃은 이 도시의 분위기도 훈풍의 계절이 아니라 오싹하는 찬바람으로 차 있소. 나를 위해 속히 올 생각을 그만두고 경성의 사무가 렌을 부를 때 올라오라고 하고 싶소. 나는 어른이오. 그러면서도 렌에게는 어른이 가져야 할 약속과 권리를 잃어버리고 말았소. 나와 지리적으로라도 가까운 거리를 바라고서 어서 올라오라 하였다가 다시 생각을 고쳐서 천천히 오라고 또 쓰고 있소. 나는 인생이 괴롭다거나 분명치 못한 내 마음을 렌에게 알릴 수도 없는 운명!

나는 마음대로 내 마음을 쓸 자유가 없소.

나는 문인은 못 되오마는 문학 서적을 읽기는 심히 좋아하오. 그들은 사람에게서 일어나는 희로애락을 붓으로 기탄없이 써서 발표하고 있소. 내게도 그런 능력이나 재주가 있다면 지금의 나의 심정을 어느 때엔 발표해 보고도 싶소마는 아마도 나는 그들처럼 솔직하게 아름답게 써 낼 재주는 없을 듯하오. 렌! 렌을…… 이렇게 써 놓은 일기를 썼다가 찢어 버리고 또 내 마음을 후회하고 후회할 자유마저 없는 몸인지 모르오.

그러나 나는 지금 새로운 생을 발견하였소. 이는 너무 늦게 나에게 일어난 생명의 바람결이오. 날마다 나는 더 살아 이 아름다운 정의 색채와 이야기와 이 감정에서 오는 신비하고 숭고한 인생의 정을 버리고 싶지는 않소마는 어떻게 승화시켜 인내와 겸허로 이를 살려 나가느냐가 문제인 것 같소.

그것은 무서운 고독이라야 해결이 될지도 모르오. 그러나 나는 그 고독을 피하려 애쓰지는 않겠소. 처절한 불가마에 내 영혼이 타서 재가 된다 해도 나는 즐거운 절망과 함께 질식해 버릴 것을 희망하오. 생전에 못 껴안았던 렌의 혼이나마 껴안고 불도가니 푸른 불꽃에 타버려도 아무 여한이 없겠소.

렌! 렌! 나는 사회인이오. 남을 교훈해야 할 사명을 가지고 있소. 이 불우한 나라에 사는 불쌍한 사람들의 정신을 구해야 할 지도자의 입장에 있단 말이오. 그러나 렌! 렌에게는 자유가 있소. 그 마음의 빛깔, 그 형상까지 마음에서 시키는 대로 쓸 수 있는 자유가 있음이 나는 부럽소. 세상에서 렌에게 글의 자유를 안 주더라도 나는 렌에게 쓰는 자유를 주겠소. 발표 못할 자유가 있기는 하지만 그런 억제는 내 나이에 이른 사람에게나 있는 일이지 아직 인생의 문턱에 서서 길잡이를 찾는 이에겐 아무 상관이 없지 않겠소.

검정 치마에 수수한 저고리를 입고 광화문 네거리를 지나는 렌을 내 사무실 창문으로 내다보고 싶건만, 왜 또 천천히 오라고 이 편지를 보내는지, 참 변덕스런 나요. 용서하오, 렌.

내게로 오는 대신
내 마음을 데려가 주오
기도와 염불 밑에서도
휘황한 성당의 바이블 밑에서도
기울어질 듯 혼미해지는
이 마음을 데려가 주오. 렌! 렌!

장서각 앞에서 만나면 이조 때 큰 학자들이 써 두었던 책들을 더러 설명해 주려 했는데…… 단 둘이 그 앞에서 만나면 심술궂은 구름들은 흩어져 렌과 나에게 화사한 하늘을 보여 줄 줄 알았지.

하늘은 우리의 모습을 내려다보고

목마른 두 영혼이여!
찬란한 아픔의 샘을 마시라.
낮의 베일을 벗은 밤하늘에
총총한 얼굴을 드러내는 별들은
스러져 버린 태양의 장난이 아니니라.
절망과 우수의 얼굴을 드러내지 말라!
깊고 먼 곳에서 닿을 수 없는
뒤를 쫓을 수도 없는 태양 위에서
사랑은 이마를 스쳐가는 향내음으로
두 가슴을 적시어 합치게 하리라.

렌!

이 글을 보면 나의 오늘의 심경을 알겠지. 너무 가깝고 싶어서 너무 먼 곳으로 렌을 쫓아 버리는 내 마음을 알아주기 바라오.

렌! 나의 고귀한 처녀여!

이런 불 같은 노래를 내 자신이 불러 볼 줄은 꿈에도 생각 못했소. 이런 뜨거운 영혼의 찬가가 어찌하여 불혹의 나이인 지금에 어디에 숨었다가 이제야 들어오는지?

수은 빛 같은 내 마음의 강물 위엔 남빛 새 한 마리 노래 없이 날고 있어라. 회색 구름들이 하늘을 빨아들이며 연옥색 초원 위에 날리는도다.

렌! 나도 며칠 전라도 근처로 출장 갈 일이 생겼어. 기차를 타면 아마 밤 열시가 넘을 것으로 알아. 깊은 밤에 밤하늘을 보면서 렌과 또 긴 애기를 하겠어!
우리 서로 멀리 가면서.

시몬 !
H읍에서 북쪽으로 경편 철도를 타고 가면 오리촌이라는 조그만 읍이 있고 또 그 북쪽으로 주북이라는 촌이 있습니다. 우리 할머니는 평안도 정주가 고향이신데 이쪽으로 오시어 사시면서도 꼭 평안도식 옷과 머릿수건을 쓰십니다. 마치 허리띠 모양으로 된 긴 생동주 수건을 두 겹으로 나비 모양 접어 쓰시고, 타작 수레에 같이 앉아 자갈길로 함께 가던 생각이 새삼 간절히 머리를 스치고 지나갑니다.
지금은 이른 봄이지만 내가 어릴 때에는 그 타작 수레에 앉아 옆으로 흐르는 오리촌 강물을 내다보며 공기로 놀고 실로 뜨개질도 했던 철부지 시절, 이제는 그 나이도 가 버리고 말았습니다. 그 가을들은 논과 들에 그렇게 많은 농작물들이 하나 가득 차 있어서 흡족해 하시던 할머니 얼굴이 잊혀지지가 않습니다. 농사를 지어 사는 우리 일가 집에서는 콩 섬들이 마루 위에 가득 쌓여 있고 마당에는 멍석 위에 이리저리 굴러다니는 배들이 감미로운 냄새를 피우며 뒹굴고 있습니다. 그런 배를 문배라고 하는데 지금은 그런 배를 별로 먹어 볼 수가 없어요. 밤에는 모깃불 내음의 구수한 냄새를 만끽하며 멍석 위에서 그대로 잠이 들었다가 이슬이 내려 옷이 젖어 오면 방으로 들어가 베개도 없이 이리저리 뒹굴며 자던 일!

그 청아한 아침 공기! 돌 위로 굴러내리는 차가운 물 소리! 모두가 하늘의 음악이요, 환희였어요. 동네 사람들은 모두 호미나 삽을 지게에 얹고 밭으로 논으로 헤어져 나가고요.

언젠가는 우리가 일본 사람들의 지배를 벗어나면 농사도 좀 쉬운 법으로 하는 과학적 방법이 마련돼야겠어요. 저녁에 돌아오는 동네 사람들은 기운이 하나도 없어 보입니다. 오다가 어느 주막에 들려 거나하게 막걸리에 취해 들어오면 저녁도 들지 않고 그대로 쓰러져 잠이 들어 버리는데 농사일이 그렇게 힘이 들어서야 어떻게 이 나라가 다 같이 잘 살 수 있을까 하고 혼자 생각해 보았습니다. 우리 먼 친척이 자기 집 농사처럼 도맡아 해 주시면 우리 할머니는 미안스럽다고 감자나 좁쌀 몇 섬 정도만 가져간다 하십니다. 그러면 그게 말이 되느냐고 기어이 여름에 땀 흘려 해 놓은 농사의 절반은 꼭 수레에 갈라 실어 주었습니다.

그만하면 됐어, 아니 더 가져 가시우, 하는 승강이로 그들의 양보와 미덕은 어린 내 나이에도 본받을 광경이었습니다. 욕심이 없는 마음가짐이란 인간의 불행을 해결하는 첫 과제인 것 같습니다.

나는 이런 광경을 바라보면서 사람이 모두 양보심과 욕심 없는 사물의 판단을 할 수 있다면 세상에 무슨 불행이 있을까 하고 흡족하기만 했습니다.

그때만 해도 나는 장난꾸러기 계집아이였지만 봄빛 같은 따사로운 마음씨만이 세계를 자유롭게 하고, 땀 흘리는 노력 후에만이 반드시 희망에 찬 인생의 길이 훤히 뚫린다는 것을 깨달았습니다. 그런 옛 생각을 하며 지금 터덜거리는 경편 철도에 탄 나는 그때의 신선했던 마음의 풍경을 잃어버리고 말았습니다. 그때 산과 들은 낡은 길과 해어진 지붕들이었으나 그저 멋진 자연으로만 보였습니다마는 오늘은 그날의 자연 풍경은 어디론가 가버리고, 모호한 내 현실처럼 애매한 눈초리로 나를 흘겨보는 것만 같습니다. 사실은 할머니가 돌아가신 후 할머니와 친했던 주북 할머니의 손녀가 나와 동갑이어서 놀러오라는 편지를 여러 번 받았던 것입니다. 오늘 당신의 편지가 채 소화도 되지 않고 내 머리에서 커다란 숙제로 맴돌고 있을 때 나는 이 친구에게 전보를 치고 이 차를 탔습니다. 당신 계신 곳에선 멀고 먼 반대 방향으로 장진 가까운 삼수갑산 쪽으로 갑니다. 여기는 감자와 옥수수가 양식이어서 쌀밥 같은 것은 별로 먹는 사람이 없다 합니다. 그래서 우리 동네에선 어린 계집애들이 말을 잘 안 들으면 이담에 시집을 삼수갑산으로 보낸다고 엄포를 해서 울음을 그치게 합니다. 금수강산이라는 우리나라에서도 이처럼 거칠고 삭막한 대지가 있다는 것이 참 이상하게도 생각이 됩니다.

역에는 명태 두름을 꿰어 들고 총총걸음을 걷는 사람도 있고 함지박에 언 물고기를 담아 이고 분주히 가는 아낙네들도 있습니다. 커다란 솔개미[독수리] 한 마리가 번듯한 날개를 폭 넓게 펴고 그 몸을 높였다 낮췄다 하며 명상에 사로잡힌 것처럼 날개를 하늘에 맡기고 한가히 날고 있습니다.

우아하고 안심스러운 왕자의 자세 같은 모습입니다. 자기의 운동장모양 자유자재로 방향을 돌립니다.

동희라는 내 친구와 나이에서 오는 변화와 결혼을 위한 준비에 관해 애기를 많이 했습니다. 작은 나무 함지박에 삶은 감자와 옥수수 찐 것을 담아 놓고 겨울 김치 잎사귀를 젓가락으로 집으며 동희는 제 자랑 섞인 걱정을 털어 놓았습니다. 허리띠 누빈 것이 한 죽[열 개], 단속곳이 열 개, 명주와 옥당목 치마가 열 개, 모본단 갑사 저고리가 두 죽[스무 개], 버선 두 죽이라 했습니다. 그러더니 가벼운 한숨을 내쉬며, 어느 대처(大處) 신랑감이 한 번 와서 선을 보고 갔으나 간 후엔 소식이 없다고 숨김 없는 기다림을 하소했습니다. 너무 소박하고 전통적인 이야기는 나에게 아무 흥미도 자극도 주지 않아 옥수수 껍데기만 벗기고 앉았는 나를

"너는 왜 그렇게 대답이 없니? 선 본 일 없니, 너는?"

하고 의미 있게 쳐다봅니다.

우리는 둘이 손을 꼭 쥐고 한참 웃었습니다.

"애야, 처녀 늙은 귀신은 귀신 노릇도 제대로 못 한다는데, 큰 일이 아니냐."

동회는 또 한 번 재잘거리며 웃습니다. 그러다가 우리는 둘이 다 잠이 들어 버렸습니다. 귀에는 아직도 경편철도 바퀴 굴러가는 소리만이 들려옵니다. 새벽에 잠이 깨어 희미한 등잔불을 켜 놓고 빅토르 위고의 시를 읽었습니다. 그의 목소리는 외로웠습니다. 그러면서도 삶에 대한 충동 때문에 그는 인간 속에서 희망을 찾고 때로는 혼자의 세계에서 신과 대화하며 자아를 느끼는 듯했습니다.

당신에게서 멀고 먼 곳 삼천리의 종점 같은 이 지대에서 전라도 어디로 떠나신 곳 어수선한 사무실이 아닌 어떤 호젓한 시냇가에서 혼자 거닐 듯한 당신을 상상해 봅니다. 당신에게서 멀어질수록 하늘조차 더 멀고 높아 보입니다.

당신은 호사스런 슬픔의 소유자이십니다. 나에게도 가림 없는 당신의 마음을 써 보내 주십시오. 나의 신뢰를 받아 주시고 그 신뢰에 금이 가지 않도록 나는 당신의 명예와 출세의 욕된 그림자는 되지 않겠습니다. 우리는 만나서는 안 될까요? 사람이 사람을 만나는 것처럼 그렇게 만날 수는 없을까요? 참을성이 없는 렌이라고 호된 나무람을 하신대도 나는 당신이 존재하기에 나의 존재를 의식합니다.

　너무 지나친 우월감과 권위로 저를 슬프게 마십시오. 잠시나
마 당신의 음성이 듣고 싶어졌습니다. 이 의미 없고 고갈한 생
이 당신의 슬픔의 둘레 안에 잠깐이라도 머무를 수 있다면 나는
조심스러이 다시 도망쳐 나오면서 당신의 고독과 타협하겠습니
다. 내일은 이곳에서 떠납니다. 내 방에 써 놓았던 일기들을 더
깊은 곳에 간직하기 위해 어서 떠나야겠습니다.

먼 북방에서 렌

그 달 보름에

　시몬! 어머니 말씀이 강원도 홍천에 큰아버지 댁이 있으니
그리로 가서 가까운 해금강을 보고 비로봉을 넘어 유점사, 장안
사 구경도 하면서 경성으로 가라 합니다. 동행은 육촌 오빠가
마침 그 길로 해서 경성에 가신다고 하여 함께 떠납니다. 정말
시몬의 편지에 써 있는 대로 세계의 영산이라 하였음을 기억하
고 더듬어 볼까 합니다. 지금이 한창 봄인데도 봄기운이란 별로
느낄 수 없는 쌀쌀한 바람이 불고 있습니다.

　서릿발 같은 해금강 파도가 바다에 칼날같이 서 있는 바위
위까지 부딪쳐 올라가고, 올라갔다가는 서서히 숨을 쉬며 바위
를 쓰다듬어 흘러내리는 모양. 파도가 어떤 형상을 이루어 유화

가 아닌 무슨 의식적 행위를 생생하게 보여 주더니 어떤 수치스러운 일이나 저질렀다는 듯이 맥없이 흩어져 태양으로 돌아가는 광경!

고의 같은 심술성이랄까. 그러나 나 자신들도 모르게 바람에 밀려 저런 최후를 보여 주고 마는군요. 나는 당신에게 내 일생에 보이는 것, 들리는 것을 있는 그대로 쓰다가 쓰다가 최후를 마치고 싶습니다. 그러나 나의 무능한 재주로는 당하는 생의 율동을 다 기록할 수 없을 것입니다. 몇 천만 분의 일이라도 신이 창조해 낸 자연과 신이 주신 양심을 속임 없이 그려 낼 수 있었으면 합니다. 당신도요. 그러나 시몬! 당신은 미지의 자연이에요. 저 총석정의 바위 같은 의지의 사람인 듯하면서 저 부서져 내리는 물결처럼 자아를 상실하는 때도 있는 듯해요. 여기서 태양의 위력은 말하지 않겠습니다. 오직 우주는 물과 바위와 큰소리를 가진 바람들로만 형성된 것 같습니다.

아찔한 폭포 앞에 섰습니다. 구룡연(九龍淵) 비로봉은 육촌 오빠와 함께 죽을 힘을 다해서 넘었고 거기서 머루 다래로 된 단물 한 잔씩 사 마시고 왔습니다.

이 높고 길게 하늘에서부터 쏟아져 내리는 폭포를 보려면 더 큰 눈과 더 큰 귀와 더 큰 가슴의 숨결을 준비해야겠군요. 해는 숨어 버리고 어둠이 짙어 오는 여기 어느 새 어린 별들이 눈을 뜨기 시작합니다. 어둠 속에 쏟아져 내리는 눈사태 같은 물의 우렁찬 속도는 시간의 명령이나 받은 듯이 천길 깊은 소(沼)에 유쾌하게 급히 쏟아져 내립니다. 저녁 새들의 마지막 노래들이 어울려 어디론가 몰려갑니다.

하늘에 닿아 있는 이 복된 산봉에는 안개와 눈이 사철 덮여 있다 합니다. 스위스엔 못 가 보았지만, 이 동양의 알프스도 어서 세계에 알려져야겠어요. 금강을 소화하기엔 나는 아직 어딘가 모자라는 데가 있어 다시 또다시 오고 싶을 뿐입니다. 이렇게 숭고한 영봉 앞을 지나노라니 마음 가득 당신의 생각뿐, 혼자서만 보기에 너무 뛰어난 산이요, 물이요, 숲들입니다.

애착보다도 여기에 주검을 바치고 싶은 충동! 저 폭포의 품 안에서 그 놀라운 신비의 사랑을 가슴에 채우기 위해서입니다. 만길 함정이라도 햇빛에 몸을 씻는 신라의 여인이 되어 풀잎으로 몸을 가리고 나의 화랑(花郞)을 찾아 헤매고 싶습니다. 즐거운 나의 최후! 환상을 느껴 보는 행복의 열반이 여기 있습니다.

시몬! 금강! 바라보아도 껴안아도 돌아서고 싶지 않은 나의 영산! 그 솟은 머리, 팔, 다리. 여기서 참된 또 하나의 놀라운 세계를 보았습니다. 이렇게 색채스러운 물과 산이 조물주의 손에 의해 우리 땅에 주어졌다는 일이 고맙기만 합니다. 두 손 모아 합장하고 마음의 동요를 진정시킵니다.

신이여! 금강의 여신이여!
발과 눈이 닿는 곳마다
울창한 수림(樹林)의 설렘을 들으며

구름에 감긴 풀잎 밑에서

부슬비 소리 같은 음악을 듣노라.

여기 홀로 노을빛을 띤

동그란 구름 한 송이 치마에 떨어졌네

소나무 가지로 내 기도를 씁니다.

높은 봉에 올라와 보니

미련한 판단과 의문마저 간 곳 없어

진옥색 바람결, 나무 끝에 숨쉬며

고통과 번고도 삼켜져 버려

금강 허리에 열두 하늘이 감기는데

이는 방랑의 시샘일까?

아니면 신들의 유희인가!

아니면 저 왕구슬로 헤어져 내리는 물의 유혹일까.

달은 통나무 숲 속으로 스며오며

습기 찬 구름 사이로 그 사람을 데려오네

환상이면 사라질 안개일 뿐이나

하늘색으로 날려 와

젖은 바위를 넘어 내게로 다가오네.

당신이여!

번개되어 마주쳐 오는 당신

그 환한 눈빛으로 나를 감싸오시라.

오시다 가시고 가시다 오시는

보이다 안 보이다 하는
꿈! 환영! 허무!

나는 나를 잃고 서 있습니다.

몸을 잃은 것이 아니라 마음을 잃고 서 있습니다. 이제 내 마음을 찾아 정숙한 자세로 나의 숙소인 ○○동으로 가겠습니다.

수요일 밤 수기

바다빛 바람이 사철나무 위를 스친다. 내일은 사무실로 가야하는 날! 역에 내리면서부터 전화에 마음이 끌렸다. 마음과 손을 진정시켰다. 누가 전화를 발명했을까? 모든 전화가 불통이 되었으면 싶다. 몹쓸 생각이 자꾸 떠오른다. 옷과 책들을 정돈해 놓고 나니 유니 생각이 난다. 유니의 집에 가고 싶다. 유니는 꼭 전화를 옆에 놓고 산다. 혹시 유니에게 가서 전화에 마음이 더 끌릴까 겁나 단념했다. 그가 읽어 보라는 책들을 뒤적였다. 읽혀지지 않는다. 불을 끄고 누우려는데, 문간방의 김 서방이 전화 왔다고 알려 준다. 유니에게서란다. 나는 안심하면서도 마음 한구석이 허전했다.

유니의 목소리다.

"왜 그리 오래 있었어? 요 다음 방학엔 나도 같이 가. 만나면

할 말도 많지. 음식 소화가 통 안 돼서 이렇게 누웠어. 참! 렌아! 시몬에게서 내게 전화 두 번이나 왔는데, 네가 오면 꼭 알려주고 같이 사무실에 들려 달래. 너 때문에 내가 같이 가줄 아량은 갖고 있으니 안심하라구. 언제 갈까?"

나는 아무 말도 하지를 못했다.

방에 들어와 전등을 켰다.

보던 책들을 덮어 두고 다시 일기책을 폈다.

회오리 같은 불꽃들의 휘날림!

비틀거리는 바람들!

신앙과 불신의 싸움!

선과 악의 엇갈림!

젊음의 향수! 타협과 분열!

나라는 뒤틀려 있고 사슬에 매여 있으나,

그와 나의 우정은 낮에 해 그늘과

밤에 달빛으로 미소하며 자라 가고 있다.

나는 문득 절연의 글을 써 볼까도 생각했다.

무서운 선언인지도 모른다. 몸의 슬픔을 구원하기 위해 마음의 배덕자가 되지 말라던 그의 편지도 생각해 보았다. 그를 느끼는 나의 감정은 진이요, 선이요, 미이고 싶다. 그러나 이렇게 예뻐하는 나의 마음이나 스스로 두려움의 제물이 되는 것이 진실한 신앙일까? 사랑보다 더 높고 항거할 수 없는 정이란 것이 인간에게는 주어지고 있는가? 사람마다 찾지는 못하지만 만나지 않고 보지 않으며 영감으로 타오르는 영원의 감정이란 게 있는가? 그러나 현실이 없는 영원이 어디 있으랴? 모든 게 회의다.

영원한 몸부림의 연옥으로 이 몸을 끌어가는 그대여! 우매한 아픔이여!

차라리 감각은 잠들어지고 신경은 마비되어 이 고통스러운 신비의 감정을 모르고 싶다. 그에게 향한 나의 신앙은 타락하고 있다. 인간의 희열과 비극을 알기 위해 나는 나의 상상을 이끌고 감정의 난투 속에 뛰어들어 사람이 사람을 얽어매는 속박의 원인이 무엇인가 알고 싶다. 미지다. 몽롱하다.

나의 밤은 분망한 마음의 설렘으로 당황한다. 나는 그의 말대로 숨 막히도록 성경을 읽고 불경도 읽어 본다. 보리수 서늘한 그늘 밑에 앉은 부처의 얼굴을 본다. 그의 무감각에 가까운 초월의 경지로 나도 젊음과 샘의 욕정을 불사르며 달려가 본다.

그러나 나는 허허함 속에서 내게로 다가오는 그를 만난다. 쓰러지며, 일어나며, 서로를 구원하려 애쓴다. 내일은 어느 식물원 안에서 남국의 식물들을 구경하자는 그의 말대로 그 곳으로 가리라. 주저 없이 가리라.

목요일 밤

저녁때 편지 보내 주신 것 뜰에서 그대로 펴 보았습니다. 짙은 라일락 나무 밑 돌 위에 앉아 당신의 슬픈 교훈을 읽었습니다. 당신은 이 못난 처녀를 이름 모를 불기둥 옆으로 끌고 가는 게 아닙니까? 내 몸엔 열이 오르고 뜰에는 빨간 장밋빛 같은 꽃들이 피어나는데 서러운 이 저녁을 어떻게 보내면 좋겠습니까?

그날 아프리카의 어느 깊은 산 속에서만 자라는 식물의 이름을 나에게 말씀하실 때, 나는 머리를 숙이고 설명하시던 당신의 음성은 끊어지고 가엾은 미지의 환상을 쳐다보듯 당신은 그렇게 저를 의식하고 침묵의 눈으로 저를 뜨겁게 바라보았습니다.

우리는 서로의 눈을 포옹했습니다. 다시는 떠날 수 없는, 그리고 새로운 충동으로 같이 걸으며 가슴은 조용히 합쳐지고 있었습니다.

우리는 뜨거운 고독 속에 서로 빠져 들어가며 마치 남국의 빗소리를 듣듯이 젖어 있는 그 커다란 잎사귀들 위의 물방울을 쳐다보았지요. 모두가 열대 지방의 파초 종류라 하시고 가시 돋친 선인장을 가리키며 이 다음 우리나라가 제 손으로 이 식물원을 가꿀 때에는 더 많은 희한한 꽃나무들과 커다란 잎사귀들을 가진 식물들이 여기 꽉 들어차야 한다 하시었습니다.

그날 당신은 먼저 차를 타고 사무소로 가시고 나는 전차를 타고 사무실까지 갔습니다. 나는 교과서에 있는 대로 아이들의 머리를 쓰다듬으며 몇 시간을 마치고 숙소로 돌아왔습니다. 오늘 당신의 편지를 읽기 전까지의 나의 감정은 사무적으로 많이 환원이 되어 있었습니다. 그 이유는 이 도시와 함께 시민으로 존재한다는 안정감 때문이었는지도 모르지요.

오래 오래 서로 안 만나도 나는 말없는 당신의 암시로 나의 정신을 충족시킬 수 있으니까요. 그리고 생활인으로도 살아 보고 싶어요.

시몬!

짙어 오는 라일락 사이로 한가한 빗방울이 새어 내립니다. 당신의 글을 내 뺨에 비비며 하염없이 이 비를 맞고 있습니다.

슬픔 속에 깃들인 인생의 감미로운 행복을 나는 당신의 편지에서 느꼈기 때문입니다. 당신은 나에게서, 이 철부지에게서 인생의 대기 속을 날고 있는 새에다 비유하시고 자유의 향수마저 느끼셨다 하시니, 그리고 생명이 내뿜는 새로운 생기를 당신에게 드렸다 하시니 다시 말씀해 주십시오, 그게 무슨 말씀이세요? 당신이 나의 구원자는 될지언정 제가 당신에게 무슨 새로운 생의 감정을 알려 드리는 존재가 되겠습니까? 맨 첫 줄에 내 이름을 세 번이나 쓰시고, 그 다음 줄은 그대로 비워 두시고, 그 다음 줄엔,

나는 생의 주인으로 살아온 것이 아니라, 생의 손님으로 살아왔소. 이제 나는 진정한 생이란 무엇인가 알아지는 것 같소.

렌! 나는 이런 아름다운 불행을 참으로 사랑할 수 있는 사람들을 예술가라 일컫는 것도 이제 알아진 것 같소. 아무렇게나 신앙이란 것도 이루어지는 게 아니오. 보시오. 오래지 않아 민

족의 사슬이 물러갈 것이오. 모든 속박에서 풀려 날 때 우리나라 사람들의 행복관이란 것도 달라질 것이오. 나는 지금까지 렌에게 재물에 대한 이야기나 의논하는 편지를 써 본 일이 없소. 인생이란 정신과 영혼의 주인이오. 가난은 부지런하게 일하는 법만 알면 면할 수 있는 것이오. 이런 방법은 모두가 정신에서 솟아나는 결의를 가진 사람에 향한 애정, 그런 것이 민족애, 혹은 인류애에 해당할지 모르오마는 그러나 우리가 남의 식민지 백성으로 사는 동안엔 저 사람들의 형식적인 생존 방법에 노예가 되어 하루 세 끼 밥 먹는 일에만 주력을 했단 말이오.

우리의 정신과 신앙생활을 고갈하게 해서 아주 무감각의 동물 세계로 화해 놓으려 하지 않소? 영감이라든가, 신앙 같은 문제가 사람에겐 더 중요한 것이오.

렌! 그렇다고 물질을 외면하란 말은 아니오. 렌도 아버지가 계시어 잘 지도하겠지만 오늘 나는 거리에 지나가는 우리 사람들을 새삼스런 눈으로 보고, 어떻게 어느 방향으로 키를 돌리며 살까 하고 생각해 본 것을 써 보았소. 그리고 식물원 안에서 오래 머리를 숙이고 걸어가던 렌을 생각했소. 오늘은 구름 빛이 연한 흙빛이오. 비가 오면 나도 우산을 안 쓰고 비를 맞으며 집으로 돌아가겠소.

렌을 생각하면서 내 우울을 비에 젖게 하겠소. 내 마음 어디엔가 렌은 가만히 존재하고 있지만 보고 싶을 때는 잠시 나는 우울해지고 마오. 이런 감정이 괴로움으로 변할 때를 나는 생각

해 보지만 괴로움으로 나를 수습 못 할 때가 가장 행복한 때가
아니겠소.

늦은 석양에, 시몬

월요일 밤 12시

어제는 참 화창한 일요일이었어요. 당신의 일요일을 축복하
면서 나는 서대문 밖에 있는 예배당에 다녀왔습니다. 오늘 K목
사님은 내세에 대한 신앙과 영원한 구원의 길에 대해 신자들의
고달픈 현실을 위로해 주셨습니다. 거기는 인간이 가진 여러 빛
깔의 어리둥절한 유혹이란 없는 곳이고, 오직 맑고 푸른 신의
빛깔만이 존재한다 했어요.

신앙을 가진 인간은 인간 서로의 마음에서 천국을 발견한다
고 하시며 괴로움을 넘어설 줄 아는 지식이 즉 신앙의 힘이라고
했습니다. 그의 설교는 신을 긍정하면서도 인간과의 연관성을
강조하셨습니다.

천국의 얼굴을 이 육안으로 본 적이 없는 서투른 인간인 우
리들은 무슨 황금의 기둥으로 지어진 건물 같은 형체를 생각하
는 듯한데 천국의 위치와 그 울림과 그 빛깔들이 참으로 따로
어디 존재하는 것인지 나는 나의 신앙 속에서 인간의 내생을 어
떻게 알아야 할지 의아했습니다. 나는 오후 두시쯤 문득 지상

(至上)의 숙녀란 어떤 매무새와 마음가짐을 가진 여성을 말함인가? 혼자 수기에 쓰면서 그저 나 혼자 간직하기로 했습니다. 인간적인 숙녀와 이 나라에서 말하는 숙녀란 너무 차이가 나기에 나는 감히 저의 당돌한 숙녀론을 당신께 말하지 않겠습니다. 우리는 후회하지 않기 위하여 이렇듯 승화하는 슬픔의 안개로 몸을 감싸고 가는 것이 아닙니까? 이 운명에 굴종하는 것은 비겁이 아니에요. 마치 신라 사람들이 첨성대를 지어 놓고 별들의 비밀을 그 옛 시대에 알아내려 돌담을 쌓아 올렸듯이 당신은 저의 탐구의 대상!

오직 그 탐구를 통해서만 고요한 아침의 나라, 그 향수를 느낄 수 있고 술렁거리는 이향(異鄕)들의 요구를 알아낼 것 같습니다. 잃어버린 것과 찾을 것이 무언가를.

이 시대 안의 우리에게 먹구름 같은 근심과 탄식이 한데 엉켜 있다는 것이 서러운 일이지만 이 서러움의 둥우리가 터져 나올 때 우리의 혼과 생존의 자유의 등(燈)이 켜지지 않겠습니까? 당신은 이 허무와 억압으로 차 있는 시대에서 나를 발견하시고 수레에 올라앉아 깊은 산 오솔길로 산난초와 함께 생의 웃음을 뿌리며 가는 미래의 여인상이라 하셨는데 너무 지나친 찬사에요.

내가 아닌 다른 여인상이 그릇 인식된 것 같기도 하군요. 마치 나는 당신의 깊고 오묘한 어느 감정의 일부라도 훔쳐 온 듯한 미안함을 느끼게 됩니다. 나는 산길로 가다가 또 사람들이 많이 웅성거리는 도시 한복판으로 걸어갈 거예요. 의미 없는 무의미한 고독자는 되고 싶지 않으니까요.

'젊음의 과오! 생존의 고민!' 무슨 말씀인지 모르겠어요. 그저 숙제로 일기책에 써 두었습니다. 나도 당신의 나이가 될 때 당신이 경험하는 지금의 수심(愁心)을 이해하게 되겠지요. 그때는 솔직하게 숨김없이 나의 일기를 세상에 내놓겠어요. 지나치게 당신은 나를 고민하십니다. 나의 고민과 당신의 탄식은 내부적으로 어떤 이질성(異質性)을 갖고 있어요. 아래와 같은 글도 어느 밤에 써 보았습니다.

그는 곧잘 불법(佛法)으로, 성당의 교리로 나를 가르치려 애쓴다. 그는 나에게 가까이 걸어오고 있으면서 자신을 서쪽에 기우는 노을이라 하고 나는 오전 열시의 이슬과 함께 빛을 발하는 아침에 비유하였다. 그는 동으로 가면서 서쪽 이야기를 하고 밤을 이야기하면서 대낮에 몸을 태우고 싶어 한다. 우리는 동과 서를 혼돈하며 낮과 밤을 감싸 가며 서로 붙잡고 일어나며 쓰러지며 구원을 청한다. 그는 이조 어른들의 학문을 이야기 한다. 전번 그의 편지엔 퇴계, 율곡, 이순신, 권율, 김시민…… 학자와 장군들의 과거를 알려 주고 신사임당, 허난설헌 같은 여성상도 알려 주었다. 이런 역사적이고 훌륭한 도덕심이 강한 분들을 공부하고 연구하라 한다. 사임당 신씨 이야기는 그 전에 아버지에게서도 들었던 것이다. 나는 그들을 공부할 생각은 가득하나 그들처럼 인내하고 고독한 인생을 살아낼 것 같지 않다. 첫째, 나는 재주가 없다. 나는 그들을 존경하고 흠모하여 만 분의 일의 덕을 흉내낼 수 있을까 모르나 그것도 의문이다. 나는 내가 가진 설명 그대로 그 얼굴, 그 몸짓, 그 마음에서 들리는 소리 그대로 기록하며 생존을 유지하고 싶다. 그는 나의 젊음을 때로는 도덕의 내실로 데리고 갔다가 때로는 헐벗은 감정만이 뒹구는 벌판으로도 안내한다. 자기를 드러내지 않기 위해 자기를 숨기는 방법으로 그는 도와 윤리를 강의한다. 참으로 그는 고통의 생존자로 이 시대에선 소외된 인간인가? 그의 아픔의 읊조림! 이 황폐한 시대에 그는 어디서 어떻게 내 작은 마음 문을 열고 들어왔을까?

토요일 오후

산으로 강으로 발 닿는 대로 가고 싶다. 천지는 온통 산 향기로 차 있고 천지 너머 또 다른 천지에선 국화 향기 풍기는 강물이 흘러올 것만 같다.

이처럼 화사한
젊음을 주신 신이시여
풍성한 냇물이 고인 산맥으로

이 생을 이끌어 가오시라
은색 비로 강 안개 덮인 날
푸른 노가지 나무 사이로
하늘은 달아오르는 가슴을 연다.
영혼의 땀방울을 씻으며
찬 돌에 기대어
내 몸의 열기를 식힌다.

　사람이 사람을 몰라 애쓰는 일이 이 세상에 허다하지만 영혼 사이에서 흐르는 대낮의 색채와 어둠의 신비와, 수면 속에서만 대낮의 사물과 경험을 망각하고 하늘에 만발한 별을 따라가는 일, 이튿날 아침엔 밤은 망각되고 다시 되풀이 되는 행복과 불행, 애정과 질투, 명예의 밧줄에서 줄다리기를 하다가 지쳐서 또다시 밤으로 돌아가듯이 인생의 이런 순서로만 궤도를 밟고 가야만 하는가?
　나는 친 어머니 같은 봉선화를 쳐다본다. 장독대 옆에 야무지게 피어 있는 채송화를 본다. 아무리 보아도 무심한 꽃은 아니다. 아시아적인 설움을 담은 이 땅의 생을 그대로 반영하는 처녀들의 꽃! 그들은 바로 초저녁 처녀들의 친구들이다. 그들은 부드럽게 여름을 따라왔고, 또 언제는 가을을 따라 숨을 죽일 것이다. 바람과 봉선화의 이야기! 그들의 어울림! 순간은 달아나고 또 다른 순간들이 물레방아모양 돌고 돌며 지상의 봄, 여름, 가을, 겨울을 전시한다.

결코 지상의 생존들은 심심치는 않다.

더욱이 젊음의 주홍빛 아픔이 부서지지 않도록 그 내부에 숨긴 신비를 소중히 간직하기 위하여 인생은 흘러오는 역사의 중얼거림들과 타협하며 불협화음을 일으키기도 한다. 이것이 그 보임도 들림도 없는 그 어느 때에 부딪쳐 올 무(無)로 화해 버리더라도 생존은 언제나 무를 향하여 달리는 운명의 기사다.

목요일 밤 1시

그의 속달을 받았다.

"……토요일 사도 세자의 내력도 알 겸 수원으로 가면 어떨까? 뒤주 속에 간힌 사도 세자의 비극은 렌도 잘 알겠지만 직접 가서 그의 무덤을 보면 더 실감이 날 듯해서, 거기 가면 ××사(寺)라는 절이 있지. 내가 잘 아는 스님이 주지로 계시고, 대접도 잘 해 주실 거요. 오후 다섯시 경부선 차를 타고 수원역에 내리면 누가 거기서 안내를 해 줄 것이오.

이렇게 렌을 오라 하는 일이 옳은지 옳지 않은지는 지금의 나로서는 판단을 못 하겠소. 그저 오라고 하고 싶소.

기다리겠소. 전보로 가부(可否)를 알리오. 시몬—"

나는 흥이 났다. 사도 세자의 이야기도 중요하거니와 무수히 일어나는 이 마을의 작은 바람들을 그를 만나 이야기로 진정시 킨다는 일이 더 중요한 일이기에 나는 가겠노라고 전보를 쳤다. ××사에 있는 ○○스님은 또 누굴까?

칠월 보름, 석양이 서늘한 틈을 타서 산책을 하고 늦은 밤차 로 돌아오리라 마음하신 듯하다. 나는 토요일에 해야 할 빨래 다림질을 대강 끝내고 동창 Y의 일요일 초청을 사양하는 전화 를 걸고 나서 시간 맞추어 역으로 나가려 했다. 그때 문간방 김 씨가 전보 한 장을 또 전해 준다.

"렌! 미안하오. 내려오지 마시오. 가서 편지 쓰겠소. S"라 했 다. 무슨 급한 일이 있어 날짜를 연기하는가 생각했지만, 그 시 간 사이에 심경의 변화가 이처럼 심할 수가 있을까 하고 나는 맥이 탁 풀렸다.

아홉시나 되었을까, 보름달이 뜰에 가득 차 있을 때 그의 편 지가 어떻게 전달되었는지 문간방에 와 있었다.

렌! 나는 렌에게 약했고, 나 자신에게도 약했소. 나는 렌을 그 산사(山寺)에서 만날 자신을 잃었소. 나는 나 자신을 속일 수는 없소. 용서하오. 나와 함께 석양을 걸으며 이야기하는 동 안 밤이 오고 우리는 각각 다른 차를 타고 예상하지 않았던 슬 픈 밤을 안고 돌아올 것이오.

애초에 내 생각은 나는 주지 스님 방에서 그 밤을 지내고, 그 아래 어느 여관에서 렌을 지내게 하려고 마음먹었소. 내일은 어느 시간, 어느 차를 타고 올라와도 좋고.

이런 나의 계획은 잘못이었음을 고백하오. 이 글은 차에서 쓰고 있소. 지금 서울로 가는 길이오. 렌! ××사는 이 다음 내가 이 세상에 없을 때 렌의 사랑하는 사람이나, 없으면 혼자라도 와 보아 주오. 그리고 약했던 옛날의 시몬을 추억해주오.

나는 지금 열로 기침을 하도록 뉘우침에 상기되어 있소.

렌! 나를 이해하겠소? 세상은 아니, 좁은 사회는 너무 속된 색안경으로 우리를 보아 줄지 모르오.

나는 나 자신과 싸우고 있소. 윤리나 도덕과 싸우는 것이 아니라 나 자신이 제일 경계하고 주의해야 할 대상이란 말이오. 렌을 또 한 번 애처로운 슬픔에 빠지게 했소. 내 마음과 싸우다 내가 지게 되면 이런 비참한 자가 되고 마오. 그러나 우리는 서로 이겨야 하오. 만나고 싶음을 누르고 보고 싶음을 참아야 하오.

그저 서로의 믿음을 속임 없이 쓰는 것으로 우리의 애절한 정을 지속시켜야 하오.

오늘 밤 이 글 받고 렌은 놀라고 당황하고 나에게 절망과 분노까지 느낄 것이오. 존경하는 어른으로 알았던 사람이 하찮은 인간인 남성이었구나 함을 폭로한 것 같은 나의 부조리에 대하여.

나는 렌을 영원히 안고 가기 위해 한 동리에서 밤을 가져서는 안 되오.

아나톨 프랑스의 소설 「타이스」를 보내오. 신과 인간과의 싸움이지. 그의 문장도 문장이려니와 그의 작가로서의 솔직한 직관력이 얼마나 위대한가를 나는 그 소설을 읽으면서 알았소.

어떤 특정한 인간이 아니라 인간 전체의 진실과 위선을 잘 가늠해 놓았단 말이오.

이 글은 렌의 문간방 김씨에게 내 손으로 전하고, 나는 렌이 안에 있는 것을 알면서 그대로 바람같이 사라지오.

그 밤 아홉시 반

나의 회의자시여!

마치 나무에서 떨어졌을 때 부주의에서 오는 참회의 느낌입니다. 몰랐습니다. 당신 스스로 취소할 수밖에 없었던 남성 어른의 심리 상태를 말입니다.

사도 세자는 잔인한 권력자에 의해 뒤주 속에 갇힘이 되어 죽었지만 철이 든 인간들은 또 다른 자기가 만든 뒤주 속에 갇히게 되어 포로가 된다는 일!

당신이시여! 자신이 만든 천국과 지옥의 양면은 자기의 판단에 의해서만 그 우열과 가치가 좌우될 거예요.

당신의 용기! 그 억제의 힘! 나는 이런 당신에게 바람에 떨어

288 『렌의 애가』

져 누운 봉선화 한 송이를 보내겠습니다. 그러나 뒤를 이어 태양이 내리고 이슬이 젖어 오면 가지는 또 다른 꽃송이를 잉태할 것입니다.

아나톨 프랑스의 「타이스」 잘 읽겠습니다. 인왕산은 달빛에 그 모습을 환히 드러내고 있습니다.

당신이시여! 수면을 보내 주십시오. 그리고 내 가슴 꿈길 위에서 당신을 만나게 해 주십시오. 여름밤을 누가 짧다 하였습니까? 길고 긴 이 밤을!

렌 올림

화요일 밤

당신이 중지시킨 수원행은 참 잘된 일 같습니다마는 아무리 생각해도 저를 너무 혼란하게 만든 가혹한 처사가 아닐 수 없습니다. 선한 거부의 행위란 그 순간엔 어리둥절한 의심을 내포하지 않고는 이루어지지 않으니까요. 나는 잠이 들어지지 않습니다.

당신을 선한 겁쟁이 혹은 용감한 약자로 생각하면서 작은 산들과 빛깔 가진 새들이 지저귀는 폐허의 황혼을 혼자 상상해 보았습니다. 사도 세자의 아픔이 어린 그 황혼을!

당신이 또 두려워졌습니다. 사도 세자의 역사가 문제가 아니라 그 역사를 빙자하여 당신이 마치 어떤 연극의 주인공으로 무대에 올랐다가 자기 역이 아닌 것으로 잘못 알고 뛰어 내려오는 서투른 배우 같기도 했던 점에서.

당신의 그 가엾은 뉘우침의 내부나 의식의 부정확성을 참으로 동정할 수 없을 만큼 당신의 마음이 엿보이는 듯했습니다마는 어린 아이처럼 되어 스스로 자기 수습을 그렇게 해 버리는 그 용기도 나는 존경하지 않을 수가 없었습니다.

종교가 따로 있겠습니까? 후회하고 바르게 자기를 정립하는 일! 그런 종교 말입니다.

> 당신은 가고 싶은 대로 가시다가
> 물을 마시고 새소리를 들으면서
> 욕망 속에서 헤엄치는
> 어지러운 벌레들을
> 과감하게 떨어버리며
> 산봉 같은 의지 위에 서서
> 영원을 향해 기도하는
> 인간의 사도입니다.

보내 주신 「타이스」 읽고 있습니다.

파프니스와 타이스, 그렇게 사랑하던 소녀 타이스를 버리고 성직자가 되었던 파프니스는 로마의 어느 번화가에서 창녀가 되어 간다는 타이스의 소식을 들었을 때 주저없이 달려가 그 여인을 천국으로 데리고 갈 차비를 하더군요.

열사의 사막으로 낙타 위에 타이스를 태우고 오아시스를 찾으며 걸어가는 모습……

얼마나 뜨거운 모래 바람이 그들을 덮쳐 왔을까요?

목이 타는 정처 없는 내세의 길, 무거운 법복을 입은 파프니스는 오직 신께 타이스를 구해 달라 하면서도 신의 계명 때문에 가슴을 앓는 타이스의 옷깃 하나 스쳐보지 못하고 기도로 그를 구원하려는 애매한 신의 환상과만 싸우는 사람!

인간의 진실한 애정을 거부하며 기도 속에 타이스를 함몰시키려는 노력은 지옥의 형벌보다 더 무서운 고통이었어요.

읽어 내려가는 나의 이마와 가슴속에는 뜨거운 땀방울이 흘러 내렸습니다. 정말 중세의 신앙은 인간을 너무 참혹하게 채찍질하며 몰아가고 있어요. 그러나 20세기인 오늘에도 수없는 성당이나 예배당의 촛불 밑에는 이러한 신앙의 비극이 존재하고 있습니다.

지나치게 형식화된 중세의 법망 속에 꼼짝 못 했던 인간의 고통을 그린 것이 바로 아나톨 프랑스의 작가다운 진리 탐구였다고 봅니다.

오아시스에서 한 잔의 물이 겨우 나올까 말까 하는 그 사막! 그 폭염! 지친 두 영혼이 천막을 치고 해가 지면 타이스를 천막 밖에서 보호하며 신의 계명을 가르치던 그 파프니스! 낙타는 등

높은 몸뚱이를 모래 위에 눕히고 깊은 잠이 들었어도 폐에 병마
저 들어 죽음으로 가는 창백한 여인에게

　　　천국! 저 장미의 하늘이 보이지 않소?
　　　죄악의 도시 로마의 번화가는
　　　지금 사라져 가고 있고
　　　젊음의 매혹으로 모든 남자를 사로잡던
　　　당신의 몸은 성 마돈나의 구하심으로
　　　죄를 이기고 저 천국을 향해
　　　걸어가고 있지 않소?
　　　타이스! 조금만 참아요.
　　　오래지 않아 우리는 그곳으로 함께
　　　들어갈 것이오. 타이스! 타이스!

　이렇게 임종의 마지막 말이 끝난 후 타이스는 죽었습니다.
그의 목소리 속에서, 그의 고난의 피나는 설교에서 환상의
천국을 바라보며 타이스는 고요히 눈을 감고

　　　저 장미의 천국이 보입니다.
　　　천사의 환호 소리가 들립니다.

　타이스가 숨이 지자 파프니스는 갑자기 세상이 캄캄해 와서

몸을 비틀거리며 정신을 못 차리는 구절들!

> 타이스가 없는 세상
> 신과 태양은 이제 죽었다.
> 그는 법복을 찢고
> 손에 들었던 촛대를 던지고
> 타이스가 없는 세상
> 신과 태양은 죽었다.

다시 중얼거렸습니다.

당신이 읽으라는 책이 아니라도 갈등과 얽어맨 계율 때문에 감정의 사슬에서 헤어나지 못하는 인간 사회의 비극을 잘 표현한 작품이라고 생각했습니다.

당신이 나에게 보내 준 책 중에서 제일 가슴 아프게 읽는 것이 이 책입니다. 무슨 까닭인지는 모르나 그저 헤어나지 못하고 눌려 있는 불성실한 판단 그 판단에 의해 인간이 매여 산다는 것, 이것이 현실이요, 우리의 생존인 것 같습니다.

그동안 여러 고을을 다녀오신 이야기를 들려주신다 하셨으나 어디서 어떻게 만날까요?

인간은 자칫 종교적인 흥분에 인간 그 자신을 상실하기 일쑤입니다. 가장된 자신, 가장된 감정을 감추느라 애쓰는 현상이 딱합니다.

가면과 가장된 감정이 우리에게도 필요합니까? 이렇게 먼 시간 사이에서 겉치레의 자아를 벗어 버리고 조심스러운 대화의 숨결로 혹은 이 애끊는 서로의 편지로 생을 이어가야 합니까?

우리의 그리움은 물레방아에서 흘러내리는 물의 순환처럼 생명의 바퀴를 쉬지 않고 휘감아 돌고 있습니다. 잡을 수도 만질 수도 없는 그 물살들!

토요일 밤

이 마음의 재난은 대상을 잃어버린 채 파리해 가고 있습니다.

차라리 잿빛 베일을 쓰고 저 시온성 오솔길로 영원을 찾아 걷는 순례자들 속에 합류되고 싶습니다.

우리가 숨 쉬는 도시는 바람, 비에 흔들리고 사람들은 땅에서 땅으로 그 발을 옮겨가며 뒤돌아보지 않습니다.

그 기나긴 역사는 우리에게 대낮도 밤도 아닌 유황빛 지리한 감정만을 충만하게 하였을 뿐이지만 이 속에서 당신은 나의 반려자로 때로는 하늘도 되고, 땅도 되어 나를 감싸 주었습니다. 당신의 슬픈 고백을 지난번 편지에서 읽고 눈을 감아 당신의 고독이 점점 더 가까이 나의 마음 곁으로 걸어오심을 느꼈습니다.

당신의 그 발소리, 그 말 없는 말의 속삼임을! 당신을 버리고, 잊어버리고 새 길을 찾으라는 설교 같은 충고도 잘 읽었습니다. 그러나 당신이시여! 당신을 버리는 순간 나는 나 자신을 버리지 않으면 안 될 것입니다.

당신이 안 계신 내 마음의 내부는 생각할 수도 없습니다.

얼마나 당신에게서 해방되어지기를 갈망하였습니까? 그러나 당신을 잃어버린 나는 존재할 수가 없습니다.

기댈 곳 없는 내 영혼의 방랑! 우수와 캄캄한 낮과 밤이 운명보다 더 애처롭게 나를 유린할 것입니다.

그간 나는 평양 S양 집과 신의주 그의 사촌 언니 집에도 다녀왔습니다. 만주에서 살다 왔다는 그의 사촌 언니는 당신의 이야기를 많이 하고 있었습니다. 집안끼리 잘 알고 지내는 처지라고 하면서 당신의 성품에 대해서도 반가운 얘기를 많이 해 주었습니다. 그간 저는 제 마음을 진정시키기 위해 개성, 사리원, 평양, 신의주 여러 곳으로 친구집과 친척집들을 돌아다녔습니다.

돌아오는 길로 책상 위에 놓인 당신의 글들을 다 읽고 나서도 마음은 안정되지 않습니다.

나는 당신의 편지를 이렇게 남모르게 받고 있지만 나는 당신에게 마음 내키는 대로 글을 써 보내지 못하는 대신 일기책에다 나의 마음을 기록해 두는 것입니다. 연령으로는 내가 많이 뒤졌으나 내가 먼저 저 세상에 가기 전에야 어찌 이 글을 읽으실 수가 있겠습니까. 그리고 나는 당신이 나보다 먼저 무슨 불행으로 저 세상으로 가신다는 일은 상상도 못 하겠습니다. 앞으로 다가 올 새 역사의 영광이나 수난이 무엇인지 짐작도 헤아림도 가질 수가 없군요.

창을 열었습니다. 마침내 숨었던 별들이 캄캄한 허공에 빛을 뿌리기 시작합니다. 거문고 소리라도 들릴 듯한 저 팽팽한 하늘의 울림을!

높은 구름은 높은 환희와 함께 여름의 어두웠던 빛깔을 맑게 변화시키면서 희고 부드럽게 별과 별 사이로 흘러갑니다.

당신이시여! 제 조용한 저녁의 수심들이 가슴에 찬란히 피어나는 지금 어느 산에 가 계신다는 당신의 편지를 읽고 웬일인지 전번 Y씨를 통해 겨우 전달된 나의 편지가 너무 실례가 되지 않았나 하는 후회를 느낍니다.

작은 귀뚜라미가 울어 대고 그렇게 윤나는 바람들이 내 뜰을 지나가면서 가을을 예언하는 밀사가 되어 산드러운 안개를 뿌립니다.

당신은 나를 피하고 나는 또 당신을 피하고…… 신앙의 갈증을 면하기 위해 오아시스를 찾는 유목민같이 주소도 목적도 없이 기댈 곳 없이 떠도는 우리의 감정, 애수, 계절의 음악들! 모두 우리가 소유한 신이 주신 선물들이기에 그대로 곱게 느끼고 견디는 것입니다.

이 식민지 수용소에서 정신의 압박과 자유의 몰락을 감수하면서 그래도 우리는 우리끼리의 슬픈 인생을 떠받들고 사는 것이 아닙니까?

언제 돌아오시려는지요? 전화를 걸어 주시면 이번엔 아무 핑계 없이 가서 뵙겠습니다.

P씨, L씨들의 말에 의하면 시시각각으로 세계정세는 변해가고 있다 합니다. 마치 눌렸던 목소리들이 한강과 대동강의 푸른 정령들과 함께 손을 모아 쥐고 크나큰 교향악을 울릴 것이라고도 합니다.

사상의 해방이란 무엇을 의미함인지 모르지만 그들은 비밀 속에서 무슨 큰일을 마련하고 있듯이 눈시울을 붉히며 흥분합니다. 요즘은 긍정과 부정의 이론이 마구 일어나고 있어요.

우리는 서로를 구제하기 위해 정직하고 승화된 민족의 신앙을 가져야겠지요.

나는 당신의 갈증난 목소리를 듣습니다.

어수선한 이 시대의 혼선 속에서 고통보다 더 날카로운 비난의 칼이 당신을 향해 비웃을 것도 상상해 봅니다.

쌓여 온 우리들의 분노가 엇갈려 제 민족의 발꿈치에 밟히어 쓰러질 것도 상상해 봅니다.

오래 당신을 못 뵈온 지금 쓸데없는 상념들이 불행한 나래를 펴고 내 가슴 위를 날고 있습니다.

당신은 항상 과거의 이 나라 역사를 이야기해 주셨습니다. 태반이 질투와 시기 권력과 권력의 싸움으로 막을 내린 그 얼룩진 역사 이야기를 말입니다.

홍릉에도 한 번 같이 가자 하셨지요? 잔인했던 세조의 말로를 말씀해 주신다고요. 그리고 인간으로 차마 못한 일을 했던, 단종의 주위에서 칼을 휘두르던 사람들! 시간이 더 지나기 전에 이번에 꼭 홍릉 잔디밭 머리에서 그 비참했던 이야기를 듣고 싶습니다.

잠시 왔다 잠시 살고 가는 인생이거늘 행복해야 할 그 시간의 입술들에서는 원한의 피만이 흐르고 있는 것이 우리가 가진 과거가 아닌가요?

화요일 밤

저렇게 어디로 가는지도 모를 낙엽을 따라 망명자처럼 나는 하늘을 몸에 감고 날아갑니다.

당신의 한 송이 흰 구름이 되게 해 주시고 당신의 새벽 섬돌 밑에서 우는 귀뚜라미가 되게 해 주십시오.

새벽 시내와 바람이 되고 높은 가지 위에 혼자 앉아 우는 새가 되어 당신을 부르게 해 주십시오.

어제 보내 주신 편지에도 당신의 주소는 씌어 있지 않았습니다. 나는 나를 당신의 말대로 가련한 여자라고는 보지 않습니다.

당신은 나에게 가련함 대신에 추구하는 영감(靈感)을 느끼게 해 주셨고, 장미의 미소를 가슴에 불어넣어 주셨기에 당신은 나를 걱정하시고 불타는 정겨움으로 나의 영혼을 안아 주셨습니다.

나의 지극하신 이여!

결코 고통이거나 상처를 이야기하지 맙시다.

당신은 이미 나의 길잡이로 흔히 젊은 시절에 경험할 수 없는 애정, 고독, 낮과 밤의 신비로운 곡조들을 시대를 통해 알려 주는 스승이었습니다.

눌리고 황폐한 이 땅이지만, 숨어 사는 젊음이 되어 죽음이 되고 싶지는 않습니다.

당신은 이 조용히 우는 역사 속에 아무도 모르게 밖으로 터져 나온 나의 최초요, 최후의 청춘입니다.

나는 저번 신의주 내 친구의 외갓집에 갔을 때, 잠을 안 자고 눈에 열을 올리면서 행복, 불행, 고행의 인생 이야기를 했습니다.

S양은 저와 고등학교, 전문학교를 함께 공부한 명석한 머리를 가진 친구입니다. 앞으로 의사 공부를 더 하겠다고 벼르고 있습니다.

그리고 내가 가지고 간 사과 두 알을 보고 '한 알은 아담이 먹을 사과, 한 알은 이브가 먹을 사과'라고 하면서 서로 웃던 생각이 납니다.

정말 이번 S양 집에 가서는 늘 보고 싶었던 압록강도 보았고요, 인력거를 타고 안동현으로 가로지른 국경의 다리를 지나는 사람들도 보았습니다.

압록강 물은 꼭 달빛 같은 빛깔을 띠고 흘렀습니다. 그때 문득 당신이 그렇게 만나고 싶을 수가 없더군요. 바람 소리마저 남쪽과는 다른 소리를 내는 듯 언젠가 당신으로부터 들은 대륙에 접해 있는 두만강, 압록강이 우리나라의 수호신적인 강이라는 말이 기억났던 때문입니다.

산 빛, 강의 숨결, 여름 풀숲의 반딧불의 꿈! 홍갑사빛 단풍들. 눈 내리는 겨울의 정경들은 당신에게서 들은 대로 내 눈에는 우주의 아름다움을 함빡 지닌 향수의 땅으로만 느껴졌습니다.

마치 촛불 아래 은은히 울리는 가야금 소리같이 산과 강이 모두 눈물겨운 애수의 행복으로 꽉 차 있는 듯해요.

다른 나라에 가 보아야 제 나라의 자연과 풍토의 멋을 더 잘 알게 된다고 하셨지요. 나에게도 그런 때가 언제 올까요? 먼 훗날 우리의 역사가 바뀌어지면 혹시 무슨 이유가 있어 이국의 산천들을 구경할 날들이 있을까요?

친구 S양은 내가 때로는 사물에 대하여 갈팡질팡 갈피를 못 잡는다고 의미 있게 나를 걱정해 줍니다.

나의 정신 분석을 해보아야겠다고 하면서 자기가 의사가 되거든 솔직하게 다 말해 보자고도 합니다. 이 충만한 향수의 의욕은 점점 커 갈수록 우리나라 사람에겐 영원으로 가는 조국의 희망이 되겠지요.

아시아의 거대한 대륙의 그림자 밑에 깔리어서만 살아가는 우리가 되어서는 안 되겠지요.

이 밤 당신은 어디서 무엇을 하고 계신가요?

무수한 책과 자연에서 인생을 깨닫고 어두운 무지를 밝히면서 당신의 생은 피곤해 있습니다.

만났다 헤어지면 다시는 만나지 않으리라 결심을 하면서도 어느 시간이 우리에게 은총을 내려 이별을 위한 만남이 있었으면 하고 빌 뿐입니다.

푸른 나무들은 갈색 빛을 띠어 가고 하늘은 머나먼 높은 위치로 그 자세를 더욱 돋보이게 하고 감빛 달은 서쪽으로 기울고 있습니다.

연한 바람들이 나무 사이에서 아기 숨소리를 연상케 하고요, 이 하늘 이 땅 사이에 태어난 당신을 다시 찬양합니다.

'내가 태어나 내가 자라고 숨 쉬는 곳. 낮의 햇빛이 곡식을 거두게 하고 밤의 이슬이 포도원의 꿈을 축복해 주는 곳.

덩굴 해당화와 도토리 굴러 내리는 여기는 정든 사람과 추억의 무덤들이 같이 사는 곳.

하늘 한가운데 은빛을 뿜는 향수의 땅.'

수요일 저녁

시몬!

그날들은 지났습니다. 낡은 비석과 풀잎이 깔려 있던 그 황혼! 치마 깃엔 마른 가시나무들이 묻어와 뒷걸음을 치며 멀리 앞서 가시는 당신을 뒤따랐던 기억! 우리는 제각기 자기 생각에 잠기면서 생도 사도 무상한 영원의 과제임을 깨달았던 것입니다.

구름 너머 파란 하늘 한 점이 허공에 촛불처럼 빛날 때 당신의 눈동자 안에 잠긴 제 영혼의 떨림을 누를 수가 없었습니다. 순간만이 운명의 시간이었습니다. 대화 없는 대화만이 당신과 나의 만남의 언약이요, 이별의 언어 같기도 했기에 굴러 내리는 정든 날의 낙엽들을 발등에 날리며 그 황혼의 길을 따랐습니다.

당신은 그날따라 환한 웃음을 웃으시며 내게로 가까이 오시어 잠시 우리가 사는 주위와 상황, 세계의 인물들을 말씀하시었지요.

낙엽도 우리를 버리고 시간을 따라 흙 속으로 파묻히고 승리의 하늘을 휘어 감으려던 그 손길들도 신의 심판 아래 당신은 또 혼자 걸으시며,

"인간은 대개 다 마찬가지야. 기회와 여건이 갖추어지면 히틀러가 되고 싶고 무솔리니가 되고 싶은 충동을 느끼는 모양이오. 물론 다 그런 건 아니겠지만 인간에겐 제3의 본성이랄까? 남을 휘어잡는 데서 쾌감을 느끼는 버릇이 있는 모양이오. 기도와 꿈과 사색을 떠난 사람은 사람을 위협하여 굴복시키는 수단을 자랑으로 생각하는 때가 많지. 꼭 그들만이 세계역사에 부작

용을 일으킨 것은 아니지. 나폴레옹 같은 인물도 한때 애국자였음이 분명했으나 나중엔 과잉 욕심이 눈을 어둡게 하여 비참한 자가 되고 말지 않았던가? 그 외에도 동양의 진시황을 비롯하여 많은 인물들이 세상을 시끄럽게 했지. 지금 우리가 걷고 있는 이 능의 세조[수양 대군]도 그랬고, 2차 대전이 끝나면 또 똑같은 이치를 가지고 민주주의를 내세우고 잘 하느니 못 하느니 실랑이들을 할 것을 나는 거울 보듯이 환히 내다보고 있소. 렌! 렌은 성삼문(成三問)이란 인물을 좋아하나? 그 무서운 오해와 모략으로 역적으로까지 몰렸던 그분 말이야."

"제일 좋아합니다. 마지막 황천길을 넘으면서 자기 의지를 굽히지 않은 그 죽음의 선언이 제일 제 가슴에 파고들어요."

우리는 푸르고 둥근 세조의 능을 돌며 거품 같은 영광에 도취되었던 그의 지나간 흔적을 눈물겹게 되새겼습니다.

모여드는 어스름 저녁 빛 속에서 작별의 인사를 할 때에는 핏빛 같은 노을이 부서져 내리며 불안한 어둠 속에 우리 가슴을 그늘지게 했습니다.

화요일 오후

당신의 우수로 물들여진 또 다른 편지를 지금 막 읽고 또 한 번 읽었습니다.

내 마음을 당신에게서 멀리 옮겨 놓는 일은 내가 할 일이지 당신이 걱정하실 일이 아닙니다. 나는 그저 나의 생의 여정에서 잠시 만난 당신의 마음 한구석에 짧은 인생을 숙박시킨 듯한 착각을 느낍니다만 나 자신이 구름같이 떠나게 될 때에는 서슴없이 떠나겠습니다.

식민지 시대에 암흑이 밀려 왔을 때 당신의 음성과 대화를 통해 이 처녀의 영혼이 얼마나 구제를 받았는지 당신은 모르실 것입니다.

생은 빛깔을 알 수 없는 여러 마술사에 의해 유혹되기도 하고 방향도 정해지는 것이지만, 당신은 저의 마술사도 유혹자도 아닙니다. 마치 저를 급히 쏟아지는 폭포의 웅덩이로 몰아넣는 듯한 당신의 심경을 나는 동정하고 슬퍼합니다. 바라기는 나의 젊음에게 최후의 만종 소리를 보내지 마십시오. 밖에서는 부슬비가 내립니다. 창에서는 날던 벌 한 마리가 비에 젖어 조용히 숨을 거두었습니다.

시몬!

아직 S양은 돌아오지 않은 채 건넌방에 희미한 등불이 그녀를 기다리고 있습니다. 편지, 편지만은 끊을 수가 없어요. 당신의 얼굴, 몸의 형체는 못 만나는 한이 있더라도 당신의 글만은 그대로 계속해 주실 것을 믿습니다.

목요일 석양

어제와 오늘은 종일 낯선 비행기의 폭음과 숨찬 사람들이 무엇을 예감했던지 거리로 골목으로 달리는 모습들이 아우성을 치고 있습니다.

일기는 쓰다가 중단되고 글씨가 왔다갔다 하는 마음의 혼란을 걷잡을 수 없습니다. 황급하게 문을 열고 들어오는 S양의 긴장된 얼굴에서 그 모든 상황이 설명되는 듯했습니다. 최후의 안간힘을 쓰는 저 폭음! 하늘은 이따금 찢어질 듯 소란했습니다.

낮과 밤은 흔들리고 사람들은 무슨 암시에 눌려 있습니다. 열풍! 환희! 통곡 직전의 당황함이 이 사람 저 사람의 가슴에서 어떤 준비들을 하고 있는 듯, S양은 옷가지를 주섬주섬 싸서 구석진 곳에 밀어 놓고 내 책들과 옷들을 싸서 말없이 정돈해 줍니다.

이 폭음 속에서도 당신은 그대로 내 속에 살아 계시고, 떠들썩한 사회 속에서도 당신은 그대로 나의 마음의 주인으로 계십니다. 지나간 어둡던 시절에도 당신을 위해선 태양과 달, 별들이 미소지으며 함께 살았고 시내와 바다가 그대로 신의 음악이되어 우리의 혼을 즐겁게 해 주었습니다.

서울은 기절을 했습니다. 깨어난 듯 뒤집어질 역사의 구호를 기다리고 있습니다. 일본 사람들은 흩어져 달아날 준비로 겁에 질린 얼굴들이었습니다.

나의 이해자시여! S양과 대한문 앞에 뛰어나가 통곡하는 우리 사람들과 함께 몸부림쳐 과거의 암울했던 소녀 시절을 울고도 싶습니다.

당신의 나라가 왔습니다. 부르고 또 부르던 마음의 벗들이 다가옵니다. 터지도록 당신의 가슴이 밝아져서 저 우리의 하늘을 껴안으소서. 저 기름진 들판과 흙의 향기를 이제 다시 이별할 수가 있겠습니까?

오늘 오후 애절한 말씀으로 가득 채워진 편지 D군을 통해 받았습니다. 보내주신 몽테뉴의 「수상록」과 하디의 「테스」도요. 몽테뉴는 일본말이니 그냥 읽을 수 있으나 하디의 것은 영어 원문이어서 내 힘에 겹지만 사전을 찾아가면서라도 읽겠습니다. 나에게 언젠가 하신 영어를 알아야 할 시대가 올 것이란 말씀을 기억합니다만, 영어뿐이 아니고 우리 한글로부터 다른 나라 말도 다 읽어 낼 수 있는 실력을 가져야겠지요.

과도기를 이겨낼 비판의 피투성이 시대도 우리가 겪어야 할 고역이 아닐까요? 수난스런 민족의 고함소리로 알고 참고 견디어 나가는 것만이 첩경이겠습니다.

일요일 밤

오늘 다시 당신의 글월을 D군을 통해 받았습니다. 군과 함께 저 강 건너 깊숙한 촌마을로 몸을 옮기셨다니 어찌 된 일인지요.

다 어찌하시고 혼자 가시었는지요? 휴양과 섭생을 위하신 일이라면 몰라도 불편하셔서 어떻게 하시렵니까?

Y형이 당신의 거처를 아시겠지만 물어 보기도 안 되어 Y형의 방문을 기다릴 뿐입니다.

서울에서 한참 떨어진 곳이라니 당신의 지금 심경을 가히 짐작합니다. 또 다른 고역의 시대가 다가옵니다. 이 미지의 지층을 뚫고 새 희망을 일으키는 모든 사람 중의 한 존재로 그렇게 나날을 의미 있게 살아 보겠습니다.

저의 가족은 그대로 이북에 계신 채 저를 다녀가라 하시어, 내주에는 잠시 다녀오겠습니다. 머리 땋아 내리고 머루 다래 덩굴을 휘어잡고 오르던 그 북쪽 산기슭에도 다시 한 번 가보겠습니다.

지금은 얼마나 백옥 같은 물 구슬들이 바위를 적시며 마을과 마을 사이를 흐르고 있을까요?

어떤 날은 전율을 느끼도록 이 새로운 세계의 음향이 온몸을 놀라게 합니다. 스러진 영혼들의 원무(圓舞)의 형상이 하늘을 돌며 땅에 살아 있는 우리에게 다시 더 없을 행복의 꿈을 길이 간직하라 하십니다.

이제 가난과 불행을 밀어내는 시와 음악이 들려올 것입니다. 오늘 B여사의 간곡한 글을 받았을 때 나는 다시 한 번 나의 앞날을 정돈해가며 살아가기로 결심했지요.

내일은 B여사가 초대한다는 남쪽 해안 그의 집에 갔다가 그 길로 어머니, 아버지를 뵈러 H시를 돌아 올라가겠습니다. 그럼 안녕히.

렌 올립니다

15년 후

시대는 조급하게 엎치락뒤치락 한다.

인간의 숨소리는 절벽에 부딪히듯 오한을 내뿜는다. 갈증이 인다. 억누를 수 없는 후회와 무정한 운명의 소나기.

창문은 얼어붙어 햇빛도 달빛도 새어 들지 않는다.

과거는 밀려가고 두려운 현실이 다가온다. 오지 않는 사람! 기다리던 열망의 시간들도 힘을 잃었다. 남과 북은 더욱 고독한 반신들이 되어 몸부림친다. 굴러가던 기차의 레일은 깨어지고 우정과 친척들과 만났던 과거의 감동들도 조각조각 땅 위에 흩어졌다.

날씨는 여름인데도 추워 오고 햇빛은 검회색으로 대지를 우울하게 한다.

사람들은 마른 입술을 빨며 용케도 넘어지지 않으려 안간힘을 쓴다.

그러나 지나간 표정들 속에서 지금도 미지근한 부활의 모습

308 『렌의 애가』

들이 보인다.

행복은 망각되었으나 불행은 체념되지 않는다. 나는 한국 흙에서 나서 이제 한국 흙으로 가는 길이다. 흙의 조형 미술! 인간의 소외된 얼굴! 나를 키우던 낡은 싸리 울타리들과 초가의 시대도 풍우가 몰고 날아갔다.

멍석 위에 뒹굴던 나의 밤들도 몰락되었다. 무수한 변화 속에 쫓기며 쫓아가며 숨차하는 이 지상의 삭막함.

정신병자들이 속출한다. 가난해서 정신병자가 되고 너무 갑자기 잘 살아서 정신 착란증에 걸린다. 병원은 만원이고 정신 요양원엔 자리가 없다. 무기를 소유한 사람들은 불을 지르고 싶어 잔인한 탁자 위에서 위스키를 마신다.

그 사람은 자주 의심과 적의를 몰고 온다. 그 숨소리를 들어라. 그 숨찬 마(魔)의 숨소리를! 노동은 명령에 예속되고 영웅의 몸집은 군중의 함성으로 커 간다.

서쪽 하늘엔 진한 어둠 빛 구름들이 일고 있다. 살면서도 죽어 있는 많은 사람들은 비밀로 교회당의 설교와 독서를 탐구하고 있다.

어디서인지 하늘이 울며 소리를 발한다. 천둥, 번개와 우레소리가 온 땅을 뒤집는다. 인간들이 질겁을 했던 네로의 잔인한 시대를 생각해 본다.

현대의 네로! 노예의 피를 꽃처럼 쳐다보는 그 사람! 유형(流刑)과 수용소는 이 지구 곳곳에서 번식하고 있다. 이 작은 나라에 언제 그런 숨막히는 처소들이 생겼는가?

나의 사람도 그 속에 끼여 자갈처럼 구르고 있으리라.

19일

어머니의 묘지가 그립다. 봉선화 한 그루라도 심어 드리고 싶은 날이다.

반신불수거나, 벙어리거나, 귀머거리가 아닌데 남쪽 사람은 그곳을 향해 걸을 수가 없다. 물을 수도 없는 나의 사람들.

들을 수도 없는 그대들의 아픈 하소들! 지구를 다 돌아도 못 가는 가장 나의 가까운 피의 고향! 그 아름답던 꿈의 강물들! 아시아는 앓고 있다.

우리 땅도 그 속에 끼여 열병을 앓는다.

21일 여수(旅愁)일기

이따금 그러나 요행을 바라고 있다. 혹시 그는 사는 것보다 죽음을 갈망할지 모른다. 나는 지금 스페인 어느 촌락길을 걸으며 또 그를 생각해 본다. 밀짚모자를 쓴 서민풍의 젊은 남자가 기타를 치며 둘러선 촌락의 사람들 한가운데서 흐느끼는 목소리로 노래를 한다. 쭉 둘러선 사람들은 손뼉을 치며 그의 음악에 취해 춤을 춘다. 내 나라엔 없는 풍경이다. 한 쪽엔 술인지 물인지 모를 음료수를 놓고, 번갈아 마셔 가며 체면 없이 돌아간다. 요란하고 벅찬 리듬이다. 프랑코 시대다. 먹고 마시고 춤추는 것만은 자유인 모양. 희로애락의 발산이 용감하다. 들에는 장밋빛 오후가 무르익었다. 이름 모를 꽃들이 왕성히 피었다. 여인들은 머리에 꽃타래를 쓰고 남자의 팔에 안기어 노래를 즐긴다. 큰 설움 덩이가 가슴을 맴돈다. 누더기 같은 과거가 마비된 줄만 알았는데 하나하나 고개를 들고 일어난다.

나는 그 촌락으로 안내했던 마리아에게 돌아가자고 했다. 길가의 아이들이 그 커다란 눈으로 내 얼굴을 보는 게 아니라 내 옷을 더 쳐다본다. 즐거운 고통들이 살고 있는 스페인이다. 여기도 자유와 애정과 권리 때문에 앓는 사람들이 있겠지. 전통과 인습에서 보는 몸짓, 율동, 보이지 않는 아픔, 그리고 비밀스런 눈물들! 감미로운 낯선 풍경!

숙소에 돌아와 오렌지 하늘을 바라보며 쉬었다. 밤에 마리아가 왔다.

서른이 훨씬 넘었으나 결혼은 안 했다 한다. 어느 대학의 음악 교수로 있는 마리아는 한손엔 작은 한국의 인형을 들고 한손엔 스페인 포도주 한 병을 들고 왔다. 인형은 한국의 어떤 남자에게서 받았다면서 그 남자가 스페인을 떠난 후론 그가 준 인형을 항상 머리맡에 두고 그를 생각한다고 한다. 사교로 친한 사이보다는 좀 깊이가 있을 듯한 암시를 느꼈으나 더 깊은 이야기는 안 하기로 했다. 그러나 그는 품었던 이야기를 스스럼없이 털어놓았다. 약간 개성이 강해 보이는 이 여성은 복종형은 아니고 자기주장을 묵살해 버리는 타입도 아니다. 음악 공부를 파리에서 했다고 한다.

포도주를 절반이나 마신 우리는 누구의 이야기인지 모를 인생과 여성의 고민 등을 밤새껏 지껄였다. 다시 마리아는 Y라는 한국 남자의 동양적인 성격과 침묵스러운 내면에 숨겨 있는 석류 속 같은 정열을 높게 평가한다 했다. 나의 착각인지 모르나 마리아는 그대로 그를 추억으로 생각할 뿐 원망은 하지 않았다. 우리나라 남성이 한 이국의 여성으로부터 선망의 대상이 되었다 함은 자긍스러운 일이다.

포도주를 조금씩 더 마시며 젊음과 사랑이라는 괴물에 관해 솔직한 대화를 하고 싶으면서도 솔직성을 드러내지 못한 것은 대화의 미덕을 제 나름대로 수습하려는 조심성에서였던가 싶다. 유쾌했다. 마리아는 한시가 다 되어 떠났다.

문장(門帳)은 무겁게 드리웠으나 밖에서는 사람들의 왁자지껄하는 소리가 점점 가까이 들려온다. 대낮의 흥청거림처럼 요란하다. 호텔 보이에게 물었더니 지금부터 야시(夜市)가 열리는데 싸고 좋은 물건이 많으니 나가 보라고 한다. 옷을 입고 나갔다. 사람들이 떼를 지어 웃고 지껄인다.

나는 별로 흥을 느끼지 못했으나 핸드백용 칼 하나를 사 가지고 들어왔다. 잠은 야시로 빨려가고 피곤하여 읽던 책도 계속할 수 없었다. 칼집에 들어 있는 작은 칼은 윤이 나고 깜찍하다.

너무 슬프거나 분한 일이 일어났을 때 이 칼이 소용되어서는 안 되겠지. 그러나 나는 이런 일들이 길게 끌지 않게 하기 위해서 잘 장만한 듯이 대견했다.

소싸움에 갔다. 훈련이 잘 될수록 공포와 죽음마저 몰아온다. 휴식과 스릴을 유혹하는 좋은 술법이다.

8월 2일, 아테네 시외에서 지중해변을 걷습니다

시몬! 오래간만에 불러 봅니다. 세상에 계실지도, 혹은 멀리 가셨을지도 모를 당신의 이름을 마음에서 불러 봅니다.

그 전에는 공허와 적막감에서 당신을 불렀으나, 지금은 방랑하는 생존인으로서 당신의 방랑을 불러 봅니다. 우리의 운명은 분단될 수도 소멸될 수도 없는 것이기에, 현세의 분단을 초월하여 당신은 원대한 나의 영원으로 계속되고 있습니다.

언젠가는 잃어버린 땅에 잃어버린 당신을 찾으며 소란한 군중 속에 끼여들지도 모르겠습니다.

아크로폴리스의 웅장한 대리석 기둥에서 옛 희랍의 목소리들을 듣습니다.

숨겨 간 옛 철학자의 사형장은 관광지로 사람들이 몰려들고 있었습니다. 나는 문득 우리나라의 성삼문을 생각했습니다. 사람의 권력과 욕망이 존재하는 곳엔 어디나 피 어린 골고다의 광장이 있습니다. 진초록 비취색으로 하늘과 맞닿은 지중해변을 걷습니다. 생각하고 고민하여 신과 악마를, 천국과 지옥을 창조하던 희랍의 지성인들이 걷던 이 길!

조심조심 그때의 사람들을 생각해 봅니다.

물은 마치 기도의 숲 속처럼 경건합니다. 바람이 영화(榮華)를 대변하고 올리브나무 숲이 영원을 대화하는 여기 반디만이라는 고을을 지납니다. 많은 사람들은 당나귀가 끄는 수레에 익은 과일을 가득 싣고 어디론가 한가하게 가고 있습니다.

자동차나 아스팔트가 없는 이 마을은 동서로 뚫려 있어 포근한 기운을 맛보게 합니다. 어느 고을에 가나 익은 고기와 음악과 잘 곳이 준비되어 있고 가는 곳마다 안내원이 있고 친절한 경찰이 있어 신변이 위험치 않다고 만나는 사람마다 자상하게 일러 주는군요.

천국과 지옥의 투쟁을 가장 먼저 알았던 이 나라, 행복과 불행을 가장 예민하게 깨달았던 이 사람들, 지금은 베일을 벗은 역사를 오고가는 행인에게 숨김없이 드러냅니다. 신의와 의지와 악마의 번뇌를 가장 솔직하게 깨닫는 사람들이 바로 희랍인들이었다는 당신의 옛 이야기를 지금 기억하며 보고 있습니다.

목적 없이 떠난 여행이기에 어느 땅에 또 여장을 풀어야 할지 모르겠습니다.

B시에서 동행했던 E여사는 사촌을 만난다고 파리로 간 후 다시 만날 곳을 약속하지 못했습니다. 문득 시리아의 수도 다마스커스가 보고 싶습니다.

시리아 시인은 지금 맹렬한 ○○주의자가 되어 만날 생각도 없지만 우리처럼 작은 나라일수록 변화의 바람은 더 심하게 불어 닥치는 듯합니다.

11월 17일

시몬!
다마스커스 어느 사원 옆을 지납니다.

사도 바울이 가장 죄의식에 목메어 하던 곳! 지금도 성 바울의 아픈 발자국이 지워지지 않은 듯 햇빛은 성난 불빛모양, 가슴을 죄어 옵니다. 잠시 이곳을 지나며 이스라엘, 요르단, 팔레스타인들의 지리적 부조리와 종교 이념의 차이로 증오하고 죽이기까지 하는 살벌한 분위기를 상상합니다.

그 달 20일 오후 아랍에서

바다는 천 년 포옹을 뜨거이 계속한다.

태양병에 걸린 환자 같은 감각이 잿빛 하늘의 기후 탓일까? 유난히 경이로운 풍경이다. 여기는 보이지 않는 알라신만이 그들의 마음의 눈을 통해 구원자로 존재할 뿐이다.

흰 양 떼를 몰고 영원을 찾는 한 유목민의 뒤를 따라 사막은 기도의 전당이 되었고 하늘은 그들의 장막이 되었다. 바다와 긴긴 사막(沙漠)이 기도에 잠겨버렸다. 기나긴 흰 옷들은 사막에 신이 앉을 자리를 마련한다. 그들의 무릎은 모래 속에 겸손히 파묻혀 버린다. 집도 가재(家財)도 없는 유목민의 떼가 황혼을 몰고 온다. 여기는 이미 절망은 포기되었고 삶과 죽음이 연결된 고된 신앙만이 존재할 뿐이다. 과거와 현재 그리고 미래조차도 신앙으로 연결된 종교를 안고 산다. 나는 어떤 동기로 여기까지 내 발이 다다르게 되었는지 그 이유를 잘 모르겠다.

시몬!

당신의 어느 글월에 사막의 일월이 그립다 하시고 이 감방 같은 인간 사회에서 탈출해 무지개와 이따금 퍼붓는 소나기 속으로 사막을 향해 가슴을 열고 싶으시다 하지 않았습니까? 철없는 감정들이 설레는 벌레모양 자신을 괴롭힐 때 유목민이 되어 모래에 발자국을 파묻으며 쉬지 않고 지구의 끝까지 가다가 다 숨지겠노라고 하셨지요. 그때부터 나는 당신을 생각할 때마다 머나먼 사막의 어느 길을 늘 마음으로 걸었습니다. 당신이 나의 향수인 것처럼 사막의 달과 별은 나를 항상 불렀습니다.

시몬!

빛 다른 사람들도 없고 계절의 다름도 없는 아픈 진실만을 허공에 전달하며 사는 단순한 사람의 그림자들이 있습니다.

내 마음의 주인이시여!

여기서 당신의 잃어버린 웃음과 슬픔들을 다시 찾으소서. 여기는 시대(時代)를 유혹하는 사상도 없고 서로 달라붙어 욕심 때문에 쫓기고 끌려가는 고통도 없습니다. 나는 미련스럽게 뜨거운 모래 위에 당신의 모습을 그리고 이름을 써 봅니다. 어디로 어떻게 풍화시켜 갈지 모르지만, 나는 잃어버린 당신의 모습을 하늘에, 땅에, 마음대로 그려 봅니다.

창문과 대문이 없이 새 떼와 양 떼에 어울려 인간의 속박에서 해방되는 일이 가장 당신과 내가 바라던 일이 아니었습니까? 우리들만을 위한 마음의 집, 오직 하늘과 사막이 우리의 수호신이 될 이곳에 나 혼자 걸어갑니다.

시몬!

우리의 최후는 허무인 것입니다.

생을 단념한 당신에게는 이 광대한 바다의 천둥과 구름이 오직 신의 음악으로 당신을 유혹할 것입니다. 우리들을 기다리는, 간혹 가다 빨간 꽃을 피우고 있는 저 나무들이 숨겨 가는 우리의 마지막 생을 즐겁게 해 줄 것입니다.

나는 한참이나 실현될 수 없는 사실을 기록하여 당신을 위로

하려 애썼나 봅니다. 나와 당신을 거부하고 삶과 고통을 거부하려는 나의 노력은 또다시 물거품이 되고 말았습니다.

　나는 나의 소박한 고향의 여인으로 다시 돌아가야 할지 모릅니다. 장미와 봉선화의 향기 속에서 나는 당신을 싣고 가는 영원의 마차를 바라보다 내 생의 문을 닫을지도 모릅니다,

　　최후의 글

　　　시몬!
　　　어슴푸레한 모래의 땅
　　　천 년의 순교자들이 줄을 이어
　　　삶과 죽음의 주문을 외는
　　　가라앉은 애원의 목소리들.

　　　노래인가? 기도인가? 신음인가?
　　　상처에 넘어진 생명을 위해
　　　저도 모르는 방향 없는 길을
　　　허무에 안겨 바람과 함께
　　　안개 빛 옷에 맨발을 숨기며
　　　내 이웃이 아닌 낯선 길을 간다.

나는 이방인, 언덕과 산 밑에서
뻐꾸기 울음 따라 자라던 여인!

조그만 가슴에 젊음을 감추고
타는 노을 속에 몸을 사리며
기도의 문을 열어
인생의 신을 따라갔건만

바다는 솟는 기름불에 주름이 진다.
대사원엔 알라신을 찾는 신도들
촛불에 원죄를 밝히며
무상으로 뻗어 가는 대열을 짓는다,

시몬!

모래밭에 신발은 벗겨지고 이 부조리한 옷들이 땅에 녹아 내
려 내 자신의 감정이 어디 와 있는지 이해할 수 없습니다. 유유
히 황혼 길을 혼자 가는 유목민의 한 사람을 바라봅니다.

두어 마리의 양과 함께 어둠이 깔리는 사막 저편으로 사라져
가는 그 사람!

나는 아무 미련 없이 혼자 먼 사막을 가는 당신의 이상을 따
르던 한 여인이 아니었던가 합니다. 이런 감정으로 당신을 착각
했던 지난날들을 여기서 왜 또다시 찾는지 모릅니다.

우리는 서로가 서로를 상실하면서 시간과 생존의 모습을 망각하고 제각기 고독한 영혼을 안고 가도 가도 끝이 안 보이는 사막의 여행자가 아니었던가 합니다.

이상과 행복, 사랑의 성전을 찾기 위해 우리는 유목민의 인생을 살지 않았습니까?

당신은 흰 상복을 입으시고 생의 먼 길을 찾아 피로감도 모르신 채 벌써 떠나신 것이 아닌가요.

18일 낮

옥색 태양이 눈부시다.

여기서는 덥다거나 땀이 흐른다는 말은 사치다. 인간의 몸은 태양보다 강하다. 별들은 야자나무로 눈을 가린다. 마음은 저 혼자 모래 위에 뒹군다.

절망할 힘마저 잃었을 때 영생 아닌 죽음은 찾아온다. 그러나 이 마지막 순간에도 시몬은 파도의 잔주름살이 되어 가슴에 밀려온다. 잠시 그의 영혼 속에 녹아 들어간다. 나는 다시 사탄에게 그를 빼앗긴다.

이별과 함께 행복한 고독이 되어 그가 다시 온다. 눈을 감고 그가 살아 있을, 혹은 죽어 있을 수용소로 달려가 본다. 그는 영혼을 비틀며 하늘과 달빛을 만나게 해 달라 기도했으리라.

사막은 밤에 잠긴다. 그의 환상은 더욱 맑아 온다. 이 광막한 하늘과 땅 위로 그의 혼을 안고 나는 길을 걷는다.

모래 언덕에 잠시 휴식한다.

우리의 양 떼는 깊은 잠에 빠졌고, 우리들의 간절한 눈동자는 타오르는 별을 먹는다. 바다는 깨어나 환호의 파도를 일으키고 바람은 멀리서 산과 마을을 밀어온다. 죽음을 마신다. 긴긴 밤들이 흰 나래를 펴 우리를 초대한다.

그의 눈은 대사원 촛불 위에 빛나고 있다. 신이여! 그립던 우리들의 골짜기로 우리의 영혼을 옮겨 주소서.

〈끝〉

미완성(未完成)의 백서(白書)

1937년의 어느날이었다. 조지훈(趙芝薰)이 찾아와 내가 그동
안 틈틈이 써두었던 시와 서간문(書簡文)과 일기를 보여 달라고
졸라댔다. 그것을 읽고 난 조지훈은 한데 묶어 단행본으로 출간
하겠다고 제의했다. 그때까지 내가 쓴 시나 서간문이나 일기는
나 아닌 다른 사람을 의식하고 쓴 것이 아닌, 숨김없는 내 영혼
의 고백서(告白書)였다. 남이 보기에는, 아니 책으로 만들어 독
자들이 읽기에는 너무나 부끄러운 내 마음의 고백물이 아닌가.
그것을 공개한다면 내 영혼은 너무나 허탈할 것만 같았다. 그
허탈한 나의 영혼을 무엇으로 위로할 것인가. 나는 책으로 만든
다는 것을 주저했지만 조지훈은 내 원고를 거두어 그가 관계하
던 안국동의 '일월서점'에서 39페이지의 『렌의 애가』라 이름 지
은 책을 내고야 말았다.

닷새 만에 매진된 초판

『렌의 애가』는 발간되자마자 날개 돋힌 듯 팔려 초판 발간 닷새 만에 매진되었고, 나머지 일기문도 발표해 달라는 독자들의 성화가 빗발쳤다. 그와 함께 주위 친지들의 격려와 권유에 못견뎌 나는 비밀스런 내 마음의 고백을 세상에 노출시킨다는 두려움도 잊은 채 완전히 작품화했다.

그후 1956년, 중앙출판공사(中央出版公社)에서 단행본으로 만들어 현재까지 52판이 세상에 나왔으나 39페이지짜리 첫발표 때부터 친다면 판 수가 넘었을 게다. 유진오(兪鎭午) 선생은 『렌의 애가』를 읽고 나서 내게 '이 작품은 한국판 「좁은門」이요, 역(逆) 「젊은 베르테르의 슬픔」이다'고 평하여 주었다.

『렌의 애가』는 나의 생(生)에 대한 미련, 아직까지 내 마음 한가운데 자리잡은 영원한 미완성의 애정물(愛情物)인 것이다.

남녀 교제에 있어서 퍽이나 대담하게 실질적 애정 교환을 하는 현대에도 여성뿐만 아니라 남성들까지도 꼭 한번쯤은 읽어보게 된다는 책이라니 아마도 현대 사랑의 방식에 식상한 젊은 이들 마음 한구석에 아직도 플라토닉한 사랑에의 향수가 스며있지 않나 생각하며, 그 많은 독자들의 사랑을 받아온 이유 중의 하나가 나 자신의 솔직한 마음의 고백이라는 데 있지 않나 생각한다.

글쓰는 작가가 독자를 의식하고서, 독자의 마음을 사로잡는 문체의 스타일로 조금은 낭만적이며 사람과 사람의 정을 오고 가게끔 이음다리 구실을 하는 것에 대해 연구를 하며 쓰는 것이 베스트 셀러가 되는 가장 중요한 문제겠다. 그렇다면 『렌의 애가』가 그처럼 깊이 있게 인간의 정과 정을 이어주는 이음다리 구실을 할 만큼 대담하게 썼는가고 나 자신에게 반문해 볼 때 조금은 비겁했다고 생각한다.

내 시대로 말한다면 1936~7년이니까 아직도 봉건적 사상이 농후했던 시기였을 때, 문학 작품에 있어서도 사랑을 주제로 다룬 작품이 많이 있었는데도 대담하게 묘사하지는 못했고, 더구나 아내 있는 남자를 사모하는 글을 바로 '나'라고 설정하는 자전적 성격이 짙은 작품은 그때나 지금이나 별로 찾아볼 수 없다. 아내 있는 작가들 역시 어느 아름다운 소녀를 사랑하면서도 자신의 체험에서 일어난 사랑 이야기를 대담하게 쓸 수 있는 용기를 갖지 못했던 것이다. 모든 창작에 있어 작가 자신이 체험해보지 못한 사건은 있을 수 없으며 가상으로 꾸며낸 이야기라 할지라도 사건 전개의 실마리는 자신의 직접적인 체험(體驗)에서 그 꼬투리가 풀려나오게 마련이다.

영적(靈的) 감흥의 교감(交感)

이런 의미에서 『렌의 애가』는 인간과 인간 사이에서 일어나는 영적(靈的) 감흥(感興)에서 파생된 정신적인 흔들림이 주조(主潮)를 이루고 있다. 영적 감흥이란 상대방의 뛰어난 외모에서 일어날 수도 있겠지만 그보다는 상대방과 주고받는 대화 속에서 나 스스로가 인생의 참을 깨달을 때 표현할 수 없는 신비스런 무엇이 내부에서 파르르 떨려와 마음속 가장 깊숙한 곳까지 와 닿는 느낌을 영적 감흥이라 하겠다.

두 사람의 평온한 영혼, 즉 정신세계가 시계추처럼 왔다갔다 하는 것이다. 이 영적인 감흥은 경험해 보지 못한 사람에게는 전혀 공감할 수 없는 무아(無我)의 상태인 것이다.

여기 어느 한 남자를 사랑하고 있는 소녀가 있다고 하자. 그녀에게는 상대방의 호적등본도 필요 없고 그 사람의 지위도 부도 아무것도 필요없다. 다만 그 사람의 눈동자를 바라보며 나누는 대화에서만이 다정한 감정을 느낄 뿐이다. 상대방의 평범한 말 가운데서도 그 감흥이 하나가 되어 가슴 한가운데 닿아 부딪쳐 음악이 되어 올 때 생은 황홀한 빛 속에서 감싸진다.

나 자신도 20대에 이런 느낌을 처음 느꼈다. 여자가 아닌 남자에게서, 그것도 나보다 연령이 높은 스승격인 분에게서 신비로운 감흥을 받았다고나 할까. 그때는 우리 사이의 연령의 차이도, 그 사람의 주위환경도 나의 감흥을 방해할 수는 없다고 생각했고, 내 느낌과 상대방의 느낌이 융화가 되어 하나가 될 때, 이 우주에는 우리 사이를 갈라놓을 아무런 방해물이 없다고 단정했다. 국경도 초월할 수 있었고, 드높은 하늘도, 드넓은 바다도 모두 초월할 수 있을 것만 같았다. 오로지 두 인간의 느낌의 합치만이 가장 중요하다고 믿었기 때문이다. 『렌의 애가』는 이 느낌을 주고받는 두 사람 사이에서 일어나는 사건으로 이루어진 작품이었던 것이다.

렌은 그의 빛나는 혼의 광채 속에서 그가 알려준 인생의 길, 진리, 평화에 대한 높은 대화를 떠날 수가 없었다. 그는 때로 렌의 생명을 장성시켜 주는 거룩한 사도(使徒)로 여겨지기도 했다.

그 당시는 검정 치마에 흰 무명 적삼을 입고 다녔지만 이 세상에서 렌이 제일 부유한 여자, 행복한 여자로 생각되어지고, 혼자 있어도 혼자 있지 않은 것 같은 황홀감에 빠져, 이러한 느낌을 글로 쓰지 않고는 도저히 견딜 수가 없었다.

시로 써서 발표하자니 출판사가 두렵고, 상대방 이름을 향하여 편지를 쓰자니 추궁하는 기자가 무서워 주저하게 되고, 단단히 용기를 가지고 쓰려면 현실적인 방해 요소가 자꾸만 나에게 공포감을 안겨주어 멈칫멈칫하게도 되었다.

나는 결심을 했다. 어떠한 두려움과 장애물에도 굴하지 않고 창작으로써 길이 남을 문학 작품을 완성해 보겠다는 굳은 결심이었다. 주위가 무서워 글을 쓰지 못한다면 이 세상에 태어나 아무런 이루어 놓은 것 없이 헛되이 왔다가는 것 같은 심정이었다. 그리하여 『렌의 애가』는 창조되었다.

깊은 숲 속에서 홀로 우는 새

'렌(Ren)'은 아프리카 깊은 숲 속에서 저 혼자 우는 새의 이름이다. 혼자서 울지만 멀리서 울려오는 어느 누구도 듣지 못한 소리를 혼자만이 듣는 새다. 어두운 허공을 향해 조용히 꿇어앉아서 눈을 감으면 그의 이야기 소리가 내 귓가에 맴도는 나를 닮은 새다. 우연히 책을 읽다가 이 새를 알게 되어 여자 주인공의 이름을 '렌'이라 지었다.

상대방인 '시몬(Simon)'은 성경에 나오는 베드로의 옛 이름이다. 변하기 쉬운 성격의 소유자다. 빨리 뜨거워졌다가는 곧 식어버리고, 그러고는 자신에게서 깨어나 후회도 하고 반성도 할 줄 아는 남자다. 내가 잘 아는 대부분의 한국 남성이 이러한 성격의 소유자들이 아닌가 싶다. 애국을 하다가는 변절하기도 하고, 물결에 자주 흔들리다가는 평온한 상태에서는 자신을 찾는 남성들이다. 마치 물위에 떠 있는 검부러기나 갈대잎처럼……

문화에 있어서나 정치, 심지어 남녀교제에 있어 과도기에 처한 현실에서 한국 남성을 해부해 볼 때 뿌리깊은 봉건적인 인습은 쉬이 사그라질 줄 모른 채 본인도 모르는 사이에 인습적인 피의 지배를 받고 있다. 봉건적인 낡은 사상과 풍속을 타파하고 신문화를 지향하는 개화사상이 들어옴에 따라 남녀동등을 주장하게 되었지만 대대로 이어져 온 인습은 남자와 여자의 윤리에 있어서도 그 현격한 차이점은 메워지지 않았다. 남자는 다른 좋은 여인이 나타났을 땐 정(情)이 그곳으로 옮겨가는 것은 당연한 일로 여겼지만 여자는 다른 좋은 남자가 나타나도 옮길 수 없는 윤리관을 지니고 태어났다. 정의 옮김이라는 것이 결코 나쁜 것은 아니지만 남성이 본인도 모르는 새에 일종의 특권으로서 행사되어지는 데서 남녀의 애정 파탄은 일어나고 있는 것이다. 인간이 역사적으로 내려오는 인습적 윤리에 매여 있으면 자기도 모르는 사이에 행동이 취해지므로 변하기도 잘하고 쉬이 뜨거워져 사랑도 하게 되는 것이 한국 남성의 특성이라고 생각한다. 선망 받는 애국자에게도, 훌륭한 정치가에게도, 위인에게도, 한국 남자가 아닌 외국 남성에게도 이러한 요소는 있는 것이지만 특히 한국 남자에게 더 쉽게 애정의 옮김이 특권인 양 그들을 지배하고 있는 것이다.

시몬이라는 남성은 렌의 스승으로서 어떤 때는 정치적으로 흔들리기도 하고, 그 흔들림에 후회를 곧 하되 인간적인 후회라기보다는 영생에 대한 동정심을 갖고 후회를 했다간 반성으로 자기의 상고 방식을 재완성, 재창조하는 남성으로 표현된다. 사랑하고, 시기하고, 미워하고, 책동하고, 이런 것은 다 인간의 장성을 위하여 필요한 요소가 되어 있듯이 시몬 역시 이러한 모든 요소 때문에 머리를 괴롭히는 숙명적인 남성이지만 이 모든 현실의 문제와도 싸울 수 있는 준비를 갖춘 인간이기도 하다. 이렇듯 시몬은 한 남자의 성격만을 설정하여 이룬 것은 아니며 내가 접한 한국 남성의 부분 부분을 모아 한 인간으로 창조한 것이다.

사랑했기 때문에 가능했다

시몬의 모든 것이 왜 그처럼 예민하게 렌에게 감촉되어졌느냐 하면, 그것은 사랑했기 때문이다. 그 당시의 남녀교제란 악수도 못하던 시대라 육체적인 접촉이란 상상조차 할 수 없었다. 교제의 순서가 일종의 계약된 절차로 진행되는데 나는 그 어떠한 순서[절차]보다도 더 고귀한, 무쌍한 즐거움에 도취되어 어찌할 수 없는 정신적 황홀감에 사로잡혀 있었다. 애정의 계약된 절차는 오히려 나의 환희와 황홀한 감정을 끌어내리려는 방해물이었다. 결혼도 하기 전인 미혼 여성으로서 이 숭고한 감정을 시몬이라는 남성에게서 느낀 때부터 『렌의 애가』가 완성되지 않았나 싶다.

이러한 감정을 기성 종교인들이 말하는 종교감정이라고는 생각지 않으며 인간이 인간을 만나 무언(無言) 가운데서도 그 감정은 읽을 수 있는 교감(交感), 옷깃을 스쳐도 상대방의 영감이 내게 전해져 와 무상의 환희의 순간에 빠지는 상태가 사람과 사람 사이에는 확실히 존재한다고 나는 믿는다.

하나 불행히도 렌은 그러한 감정을 기혼남성에게서 느낀 데서 그의 비극은 더욱 심해졌다. 그러나 그 감정은 고도(高度)의 감정이었기에 렌은 그가 부인이 있건 아이들이 있건 그의 사회적 지위가 어떻건 전혀 구애되지 않았다.

시몬 주위에 얽혀 있는 방해물 때문에 한편으로 렌은 자기의 감정을 삼가고 억제하며 노골적으로 글을 써서는 안 되겠다는 생각도 들었지만 그것이 너무도 순수한 고도의 감정이기에 내가 문학작품으로 이를 완성치 못한다면 내 한평생이 온통 후회로써 끝나버릴 것만 같은 심정이었다. 나는 이 모든 방해물을 헤치고 원고를 집필할 결심을 하였던 것이다. 밤마다 조용히 글을 써 내려갔다. 귓가엔 사회의 비난 소리가 들려오는 듯해서 섬뜩해지기도 했으나 책상에 앉으면 그와 렌의 감정의 교감은 날개 달린 새처럼 훨훨 날아가고 있었다.

시몬과 렌은 사회적인 모든 조건에 순응해 나가는 인물이다. 순응을 한다고 해서 원통할 것도 없고 야속할 것도 없었다. 그 사회적 여건이나 도덕률은 그들의 감정하고는 너무도 동떨어져 그것들의 압력에도 굴치 않고 떳떳이 일어설 수 있는 힘을 그들은 가지고 있었기 때문이다.

렌의 혼은 방황하여 잠을 못 이루고 정처없이 광야에도 헤매어 다닌다. 그리고는 김일성의 유혹에 빠져 살로메의 품에 안겨 잠들고 있는 시몬을 찾아내어 살로메를 죽인다. 렌이 살로메를 죽이던 순간의 감정은 결코 살로메가 공산주의 여성이라는 그의 주의(主義)를 투쟁하기 위해서 죽인 것은 아니다. 시몬을 대한민국에서 빼어가려는 정치적 모략이 싫어서 죽인 것도 아니다. 오직 시몬이 살로메의 유혹에 빠져 방황하는 모습이 괴로웠던 까닭이다. 온몸은 가시덤불에 찢기고, 치맛자락은 해진 채 눈물에 외로움을 씻으며 렌은 손수레에 시몬을 싣고 남으로 내려온다. 거기에는 시몬을 기다리는 아내가 있고, 어린 아들이 있고, 신음하는 백성들이 있는 곳이다. 이처럼 시몬을 실은 수레는 밤과 함께 은하수를 따라 슬픈 사람들이 모여 사는 조국으로 향한다. 풀잎을 치마에 담아 시몬이 누운 수레에 깔아준다. 밤이슬에 젖을까, 낮의 태양에 눈이 따가울까, 가슴 아파 풀이불을 덮어준다. 시몬은 렌의 선(善)이며, 의지(意志)이고, 오직 하나인 조국의 슬픈 사랑이었다. 내 정신의 천국에서 시몬을 끌어내리는 자가 있다면 나는 이 적을 향해 싸우지 않을 수 없었다.

'당신의 잠든 얼굴은 달빛에 대리석처럼 희었습니다. 얼마나 그립던 당신이었습니까? 얼마나 당신 옆에 있고 싶어 몸부림치며 눈물 속에 해지는 저녁, 달뜨는 그 하늘을 말없이 울던 저입니까? 그런데 이렇게 달빛에 빛나는 당신 얼굴 옆에 내 몸이 섰건만 나는 어이해서 당신의 뺨에 내 얼굴을 가까이 하지 못합니까? 그렇게 당신에게 다정하고 싶어 울던 제가 이렇게 혼자 누운 당신이언만 그 손가락 하나도 마음대로 만질 용기가 없나이까? 나는 영원히 당신의 몸에 다정한 입김을 불어넣지 못할 비겁한 존재입니다. 이대로 당신의 몸을 고이 끌어 당신의 아내와 애기들이 있는 곳, 그리고 당신을 기다리는 그 나라로 옮겨다 드리겠습니다.'

부술 수 없는 울타리

시냇물이 흐르고 사방엔 수풀이 우거져 있고 둘만의 호젓한 시간을 동경해 오던 렌이었지만 그의 손목 한 번 잡아보지 못한 것은 아내가 있는 사람과 육체적인 교섭은 할 수 없다는 렌의 고도의 윤리성에 있다. 렌은 시몬에게서 육체의 의미를 가지진 않았지만 육체의 의미를 가진 것 이상의 정신적 신비감에 늘 젖어 있었던 것이다.

나는 영감에서 울려오는 감정을 지키기 위해서는 시몬이란 인간의 육체적 애정이 렌을 감동시킨 것이 아니라 영혼이 날 움직였다고 느꼈으며, 육체는 그의 아내에게 속한 것이고 영혼에서 울려 나오는 감흥은 내게 속한 것이라고 믿었다.

인간 사회에 순응해 살며 봉건적인 한국 사회에 길들여진 렌은 그의 가정의 질서를 파괴할 권리를 가지고 있지 않다는 것은 누구보다도 렌 스스로가 잘 알고 있었기에 그의 행복된 울타리를 부수고 들어가진 않았다. 그 고민을 풀어준 것은 시몬과 처음 만났을 때 첫 인상에서 받은 황홀한 감정뿐이다.

창밖에서 빗겨 들어오는 달빛을 받으며 베개가 흥건히 젖도록 흘리는 눈물의 아픔은 그의 아내의 자리를 빼앗으려는 여인의 아픔보다 더 진했을 것이다. 눈을 감아도 눈을 떠도 렌의 맑디맑은 감정의 흐름은 물결을 이뤄 아련히 가슴에 와 부딪쳐 기쁨으로 화하여 용솟음치면 렌은 고독한 줄을 몰랐다.

렌 역시 인간적인 한 여성이기 때문에 인간을 그리워하고 한 남성의 형상을 보고 싶어 하는 것은 당연한 것이며, 느낌의 자유는 렌에게 부여된 특권이라 여겨 이 특권을 마음껏 행사하고픈 욕망과 자긍(自矜)을 가지고 솔직한 심정으로『렌의 애가』를 작가로서 나는 풀어 나갔다.

『렌의 애가』는 일종의 서한문학(書翰文學)인데 시몬이라는 한 남성에게 보내는 글이 아니며 인간과 인간이 주고받는 편지 일 뿐, 한 개인과 개인과의 편지는 결코 아니다.

부끄럽지 않은 告白

1932년[1] 시몬과의 만남에서 일어나는 사건을 일기장에 기록

---

1) 중앙출판공사판(1980)과 성한출판사판(1986)에는 모두 1936년으로 기록되어 있지만 작가의 오기로 보고 수정한다. 춘원을 처음 만난 것은 첫시집 발간(1933년) 이전의 일이고, 결혼도 1934에 했다.

해 두었다가 나는 결혼을 했다. 작품에서도 시몬이 혜명이란 남성을 소개해 주어 결혼하게 되는 이야기가 잠깐 나오는데 렌은 시몬에게서 느끼는 감정을 혜명에게서는 느껴보지 못한 채 결혼생활을 파탄으로 이끌고 만다. 마침 나 역시 결혼생활이 순탄하지 못했던지라 독자들은 더욱 더 렌과 나를 동일 인물로 단정짓기까지 했다. 세상에는 렌과 시몬을 나와 어떤 특정 인물로 설정해서 구구한 억측도 많지만 난 그대로 침묵할 뿐이다. 렌은 시몬이란 남자를 법적으로 침해한 적도 없었기에 시몬과 렌의 정신적 결합은 결코 부끄럽지 않으리만큼 떳떳하니 세상이 아는 그대로 자백해도 좋다.

렌이 혜명과의 결혼생활에서 안주하지 못하고 뛰쳐나온 것은 그에게서는 아무런 감정도 느낄 수 없는 죽음의 생활일 뿐더러 자신을 속이는 삶은 더 이상 영위할 수가 없다고 깨달았기 때문에 뛰쳐나와 농촌에도 가서 땀을 흘리고 야학에도 나가 학생들을 가르친다. 밤에는 그를 향한 시도 쓰고 편지도 쓰며 고독한 생활을 하지만 시몬에게서 받은 영향은 그 고독을 이길 수 있는 힘이 되었기 때문에 렌은 외로우면서도 외롭지 않았는지도 모른다.

나는 거의 한평생을 혼자서 살아왔지만 고독하다거나 혼자 있는 외로움을 전혀 느껴보지 못했다. 그런 감정이 작품에도 반영된 것이 아닌가 싶다.

시몬의 아내는 애정 감정보다 질투 감정이 앞서는 인물로 설

정한 것은 봉건적 사회인습에 젖어 자신의 위치를 스스로 찾지
못한 한국 여성의 한 전형이다. 새 사조가 물밀 듯 들어온 현대
에도 대문 안에 갇힌 채 남편이 나가 활동하는 바깥 세상에의
의심이 자연 가게 되어 질투의 감정은 독버섯처럼 자라나 남편
에의 반감은 사정없이 부풀어 오르는 것이다.

지금 생각하면 어떻게 이처럼 노골적으로 『렌의 애가』를 썼
는지 참으로 대답하기 짝이 없었다고 생각된다. 많은 독자들이
렌과 시몬에 대하여 너무도 묻기 때문에, 묻고는 그 모델에 대
해서 어느 인물을 만들어내어 나의 긍정을 요구하지만 난 부정
치는 않는다. 혹시 그렇다고 생각되어질 때가 있는 것이다. 작
품을 쓰게 된 동기가 내가 시몬과 같은 한 남성을 사랑하게 된
데서 구상이 되어 완성되었기 때문에, 그 사랑에서 내가 무상의
감응을 받았기 때문에 글로 쓸 수 있지 않았나 생각되어지니 독
자의 상상에 맡길 뿐이다.

지금까지도 독자들에게서 무수한 편지가 오고 있다. 거의 두
세 번을 통독했다는 편지다. 대개는 미혼 여성들에게서 가슴에
지닌 자기의 고민을 해결해 달라는 애절한 편지도 있고, 더러는
기혼 남성에게서도 너무나도 공감한다는 그들의 심정을 털어놓
는 이가 있다. 지금 그들에겐 모두 시몬이 있고 렌이 있는 좋은
경험을 하고 있는데 그걸 낸들 어찌 해결해 줄 수 있나 내심 걱
정도 해보았지만 렌과 시몬이 마주치는 감정에 빠져 있는 좋은
테스트이기 때문에 너 스스로 해결은 하되 렌과 같은 비극적 해

결은 하지 말라는 답장을 보내주곤 했다.

또 어떤 부부가 있었다. 남편과 아내는 각기 『렌의 애가』를 섰다. 하지만 둘 다 내놓고 함께 읽을 수 없는 서로의 비밀이 있었던 모양이다. 남편이 늦게 집에 돌아오니 아내가 정신없이 무슨 책인가를 읽고 있었다. 무슨 책을 읽고 있느냐고 물어보았더니 아내는 요리책이라고 대답했다. 남편 역시 아무 말 없이 자리에 눕더니 무슨 책인가를 펼쳐 읽더란다. 아내는 무슨 책이냐고 물었다. 요즘 회사 일이 복잡해서 회사에 관한 서적이라는 남편의 대답이었다. 둘은 서로 아내 몰래 남편 몰래 『렌의 애가』를 읽고 있었던 것이다. 이 사실을 안 두 사람은 대판 싸웠다고 그 부인은 내게 말한 적이 있다. 이렇듯 곁에서 보기엔 평온하고 행복하기 짝이 없어 보이는 부부일지라도 서로의 마음엔 시몬도 있을 수 있고 렌도 있을 수 있는 것이다.

시몬을 갖거나 렌을 갖는다는 사실은 결코 그릇된 죄악은 아니며, 인간의 정이란 어느 한곳에만 뿌리를 내릴 수 없는 것이기 때문이다.

『렌의 애가』에 수록되지 않았던 일기가 일부 보관되어 있는데, 이 부분을 다시 재조정하여 『렌의 애가』 제2부를 완성할 계획이다.

남은 생은 제2부의 완성에 바치리라 생각한다. 그것은 나의 영원한 미련이며 꿈이기에 ……

운명을 담보한 불멸의 사랑가

송영순

1. 『렌의 애가』, 불멸의 텍스트

1930년대는 한국현대문학의 기반이 확고하게 다져진 시기였다. 이 시기에 모윤숙은 이화여전을 졸업하고 북간도 영신여고 영어교사로 있을 때 쓴 「피로색인 당신의 얼굴을」(1931)로 문단에 등단하여 본격적인 시작활동을 하였다. 그는 식민지 시대에 「조선의 딸」, 「이 생명을」 등의 작품에서 민족혼을 치열하게 노래하였으며, 한국전쟁의 비극성을 노래한 전설적인 시 「국군은 죽어서 말한다」를 남겼다. 말년에는 분단극복의 의지를 담은 서사시 「논개」와 「황룡사 구층탑」을 통해 가열찬 민족주의를 다시 불태웠다.

『렌의 애가』는 처녀시절부터 시작해서 생의 말년에 이르기까지 지속적으로 증보하며 운명을 담보한 글쓰기의 결정체였다. 이 작품은 1936년『여성』지(1936.4-12)에 발표하고 1937년 조지훈이 관여했던 일문서관에서 단행본으로 출간한 후, 마지막 본은 8부인 <렌의 애가 후편>을 첨가하여 1980년 12월에 완성한다. 1981년 1월 시인이 쓰러지기 직전에 결정본을 마무리 한 점으로 미루어 보면 이 작품의 창작 기간은 그의 문학인생 50여년 동안에 걸쳐 쓴 것이라고 할 수 있다.

그는 1937년 초판 이후 1947년에『문화』지에 '속 렌의 애가'를 연재한 후 1949년에 청구문화사에서 두 번째 단행본을 출간한다. 이때 쓴 서문에서 "나의 한 생애를 두고 연속해서 쓰일 나의 영원한 영혼의 노래"라고 예고하였다. 그의 예고와 같이 1951년, 1954년, 1956년, 1959년에 걸쳐 계속 증보하여 7부의 분량으로 완성한다. 작품내용의 서사는 이 시기에 완성되나 처녀시절에 썼던 글이지만 공개하지 않았던 <렌의 애가 후편>을 첨가하여 1980년에 결정본을 낸다. 이 작품은 1950-60년대 베스트셀러 목록에 올랐고 1990년대 초까지 90쇄(중앙출판공사판)가 넘을 정도로 꾸준히 독자의 사랑을 받아왔으며 한국문학사에서 연서문학의 기념비적인 글로 평가받아 왔다.

『렌의 애가』가 오랫동안 독자의 사랑을 받을 수 있었던 이유는 솔직하게 애정을 고백한 연애문학의 정수라는 데 있을 것이다. 아내가 있는 남성을 사랑하는 처녀의 비극적인 감정을 솔직하게 고백한다는 것은 당시로서는 상당히 용기를 필요로 하는 일이었다. 이 책의 서문에는 "이 적은 글을 이역에 유랑하는 S형에게 드리노라" 라는 속지의 표제 글이 있다. 이 때문에 특정한 대상을 향해 썼다는 내밀한 편지글이라는 암시를 은연중에 드러내었다고 볼 수 있다. 이에 시인의 자전적 고백의 글로 받아들이게 되어 독자들은 '시몬'의 존재에 대하여 많은 호기심을 나타내기에 이른다.

모윤숙은 시몬의 존재에 대하여 공개적으로 인정하지는 않았지만 전기적 사실로 보아 '춘원'이라고 추측할 수 있는 부분이 많다. 제1-2부와 마지막에 첨가한 8부의 내용은 1930년대 춘원을 만날 당시에 쓴 일기와 편지라는 것을 알 수 있듯이 자전적인 내용이 많이 노출되어 있다. 미혼인 당시 시인의 모습과 춘원과의 교류가 상세하게 묘사되어 있기 때문이다.

모윤숙이 춘원을 처음 만난 것은 1931년이다. 춘원이 『동광』지에 발표된 모윤숙의 시를 보고 만나기를 청해 동아일보사에서 극적으로 조우하게 된 것이다. 첫 만남에서 춘원은 모윤숙에게 조선 여성으로서 좋은 시를 많이 쓰라는 격려와 함께 "시의 기교보다 혼이 담긴 시를 많이 쓰라"는 지침을 주었는데 이는 훗날 민족주의에 입각한 시편들을 생산하는 계기가 되었다. 그와의 만남은 "생전 처음 뼛속까지 스며드는 충고였다"고 술회할 만큼 이후 모윤숙 시정신에 큰 영향을 끼친다.

교류가 빈번했던 당시 춘원은 모윤숙에게 '영운(嶺雲)'이라는 호를 지어 준다. 이어 1933년에 발간한 첫시집의 서문을 장식해주며 그의 문학에의 길을 축복해 주었다. 한국전쟁이 일어나기 전까지 두 사람이 교류했던 사실은 1-2부와 8부에 잘 반영되어 있다. 한국전쟁 때 춘원이 납북되어 생사를 알 수 없었던 시기에 쓴 3부부터 7부까지는 다소 허구적으로 전개되었으나 여전히 애절하게 호명되는 '시몬'이 춘원이었음을 부정할 수는 없을 것이다.

이처럼 『렌의 애가』가 오랫동안 씌어질 수 있었던 배경에는 한 사람에 대한 깊은 사랑이 있었기에 가능했다. 일제강점기의 암울한 역사, 한국전쟁의 비극을 겪은 시인의 삶과 이에 더하여 사랑에 대한 낭만적인 기질이 결합되면서 탄생된 것이다. 결국 끊임없이 '시몬!'으로 호명된 '자기만의 방'에서 고백된 사랑의 노래는 시인 자신의 존재론적 탐구에 필적하는 운명적인 글쓰기가 되었던 것이다.

2. 장르와 장르를 넘나들며, 자유롭게

『렌의 애가』는 사랑의 감정을 솔직하게 표명하는 고백체와 시인이 체험한 역사적 사실을 문학적으로 형상화함으로써 복합적인 장르의 성격을 지니게 된다. 그런 까닭에 이 작품의 장르에 대하여 '산문시', '장편 산문시', '일기체 산문집', '수필집' 등의 명칭으로 알려져 왔지만 대부분 '산문시'라는 표현이 압도적으로 많다. 이처럼 형식과 내용에 따라 장르가 달라질 수 있는 독특함으로 어느 한 장르로 귀속할 수 없는 '장르 없는 글쓰기', '장르의 혼성'이라는 특징을 가진다.

그럼에도 보다 확정해서 말한다면 『렌의 애가』는 서정양식을 상위개념으로 하면서 서간문 형식을 차용한 서술시라는 독특한 장르적 위상을 갖는다고 할 수 있다. 지금까지의 서정양식에서는 볼 수 없었던 새로운 형식을 창출, 독특한 장르영역(suigeneris)을 개척하여 한국문학의 두께를 더 해준 것이다.

『렌의 애가』를 담화 양식으로 상정할 때 렌이라는 화자와 시몬이라는 청자의 선택은 이 텍스트의 필수적인 조건이 된다. 편지글의 형식이기에 렌의 목소리는 수신자인 시몬이나 실제 독자에게 직접 사랑의 감정을 고백하는 듯한 현실감을 극대화시킨다.

시몬!

그러나 저는 책보다 당신을 더 동경해서는 안 될 것을 알아요. 저 하늘에 윤회하는 성좌의 비밀을 알기 전에 당신이란 환상의 비밀을 알려고 고민함이 의롭지 못함인 줄 잘 압니다.(1부에서)

시몬!

당신은 내 눈물을 씻어 주십니다. 그리고 당신의 두 팔 안에 저를 안아 주십니다. 더욱 더욱 눈물이 쏟아져 당신의 손등과 옷은

해설-운명을 담보한 불멸의 사랑가 **343**

젖었습니다. 길에는 냉이, 달래, 바위틈에서 진달래 봉오리가 터지고 있습니다.(2부에서)

시몬!
당신의 마음으로 달려가는 이 밤을 받아 주소서. 저 뜨거운 별들을 먹겠습니다.
그래서 당신이 모르는 저의 길을 지혜와 빛으로 수놓겠습니다.
강이 추워요. 바람이 거칠게 일기 시작하니까요.
어느 아늑한 마을이라도 있으면 몸을 숨기고 싶습니다.(4부에서)

화자인 렌의 고백을 통해 시몬의 존재가 묵중하게 드러난다. 시몬은 렌에게 눈물의 원천인 동시에 그 눈물을 닦아주는 대상이기도 하다. 렌의 사랑은 결코 겉으로 표명될 수 없는 비극을 안고 있다. 그렇기 때문에 이룰 수 없는 사랑을 호소하는 렌의 목소리는 조용하면서도 격정적일 수밖에 없다.

"진달래 봉우리가 터지고 있습니다"에서와 같은 격렬함은 이를 잘 반영한다. "당신의 마음으로 달려가는 이 밤을 받아 주소서. 저 뜨거운 별들을 먹겠습니다"에 이르러서는 더욱 거센 어조를 보이는데 이는 사랑의 비극성을 더욱 고조시키는 역할을 한다. 위의 예문에서 볼 수 있듯이 『렌의 애가』는 대부분 서정적 자아라 할 수 있는 렌의 목소리로 유지된다. 또한 리듬의

고려와 애절한 어조는 간절한 사모를 대변하기에 알맞은 장치
가 된다.

『렌의 애가』에서 화자가 간절하게 호명하는 시몬은 손 닿을
수 없이 높은 곳에 위치한다. 시몬을 향한 닿을 수 없는 그리움
의 절규는 다음과 같은 영탄법으로 드러나기에 이른다. 다소 감
상적인 분위기를 짙게 드러내는 이 부분의 절규는 다음과 같다.

> "사랑하는 나의 사람이여!", "제가 홀로 아는 시몬이시여!", "내
> 영혼의 친구 시몬!", "부를 수도 없는, 찾을 수도 없는, 나의 이데
> 아여!", "나의 서러움이시고 두려움이시여!", "제 머리카락에 입맞
> 추었던 이여!", "껴안아도 껴안아도 지침 없는 나의 별이여!", "나
> 의 빛!", "나의 향수와 밤의 주인이시여", "한마디 말도 없이 가버
> 린 사람!", "나의 호젓한 사람이시여!", "나의 유일자시여!", "소탈
> 한 사람이여!", "나의 대화자!", "나의 회의자이시여!", "내 영혼의
> 전당이여!", "사랑하는 자여!", "나의 아끼고 높이는 시몬", "오직
> 하나인 나의 길잡이여!", "나의 등불이여!", "사무쳐 잊지 못할 어
> 른이여!", "눈동자 속의 눈동자여!"

위와 같이 시몬을 향한 영탄의 목소리를 통해 낭만적 사랑의
열정은 극치에 달한다. 시몬을 높이 치켜드는 이 작품의 목소리
들은 독자를 텍스트 안으로 끌어들이며 사랑의 상상력을 한껏
발동시켜 준다. 시몬은 렌이 홀로 사랑하는 사람이며, 친구이며,

사무치게 잊지 못할 어른이며, 생의 길잡이, 등불 등 다양한 스펙트럼으로 번져간다. 그렇기 때문에 격정적으로 호명된 시몬은 결국 렌의 의지나 욕망을 대변하는 기제가 되기도 한다. 즉 시몬으로 표상된 객체는 분리되는 것이 아니라 '나의 이데아', '나의 대화자'가 되어 렌과 동일화되는 것이다. 즉 렌의 삶 자체가 시몬에게 투사되어 자아화된 것이라고 해야겠다. 나아가 시몬에게 투사된 렌의 자아는 독자에게 감염되어 독자와 렌은 어느 결에 하나가 되어 시몬을 사모하기에 이르는 것이다.

시몬!
서울까지 오던 길은 너무 힘이 들었습니다.
38선을 넘던 밤은 비 내리는 어둔 밤이었습니다. 보따리와 짐들을 진 이북 사람들이 도적같이 행장을 하고 산마루를 타고 넘느라고 숨도 못 쉬던 광경! 육십이 다 된 노할머니 한 분이 떨리는 목소리로 "멀었니? 고개가 보이오?" 하던 그 가엾은 광경! '멀었니고개'는 전에 없던 산마루턱의 이름입니다. 38선 넘기가 너무 힘들어 이남 쪽으로 붙은 고개를 '멀었니고개'라 이름을 지었다 합니다. '아직도 멀었느냐?'는 탄원(嘆怨)의 명사입니다. 저도 노인들과 '멀었니고개'를 바라보면서 나무숲 사이로 밤을 타고 넘어왔습니다. "지옥의 행로가 이러리라"하며 밤을 새워 걸었습니다. 한국 땅을 밟던 순간 나의 피곤과 울음은 다 스러지리라 믿었으나 갈라진 삼천리 허리를 넘을 때 오직 캄캄함과 울분이 가슴을 미여

지게 할 뿐이었습니다. (3부에서)

　1・4후퇴의 체험을 구체적으로 묘사한 이 부분은 풍부한 서사성을 드러내고 있다. 구체적 인물들의 목소리를 삽입하며 이야기성을 잘 살려내고 있다. 바로 38선을 넘는 피난민들의 고통이 생생하게 묘사되어 전쟁의 비극성이 은연중 배면화되어 있는 것이다. 이 작품에서 1차적으로 내세운 것은 물론 사랑의 정서일 것이다. 그러나 그 배면에는 일제강점기의 암울함이나 한국전쟁의 비극과 분단의 아픔, 현실 정치의 부당함을 비판하는 목소리가 깔려 있음을 부정할 수 없다. 그렇기 때문에 작품 전체를 통해서 은연중 한국의 근・현대사를 겪은 시인의 첨예한 현실인식과 역사의식을 감지할 수 있는 것이다. 이는 말할 것도 없이 평소 강한 민족의식을 품고 살았던 시인의 애국 의지를 읽게 해준다.

　한편 『렌의 애가』는 극적인 장면을 삽입하며 서술시로서의 묘미를 한층 더한다. 렌은 전쟁 포로가 되어 강제 수용소에 갇혀 있고, 시몬은 남한의 유명인사로 끌려와 북한의 회유를 받고 있는 사건이 그것이라 하겠다. 이 사건은 렌이 시몬과 함께 있던 살로메라는 여인을 죽이고 시몬을 남한으로 데리고 온다는 충격적인 내용으로 펼쳐진다. 이 외에도 렌이 혼혈아를 입양하여 키우는 것, 렌이 병이 들어 통영에서 요양하다가 죽음을 맞이하는 것 등이 이 작품의 극적 묘미를 더한다고 할 수 있을 것이다. 결국은 렌의 죽음이야말로 가장 극적이며 렌의 죽음과 함께 사랑의 비극은 일단락된다.

> 시몬!
> 안녕히. 행복하게 계셔요. 저 갈매기의 흰 날개로 내 몸을 덮어 주셔요. 나의 마지막을 가리워 주셔요.
> 신의 품 안에 시몬 안녕히……
>
> 렌이 절명한 5분 후에 시몬이 왔다. 시몬은 렌을 안고 오래오래 그 얼굴을 바라보다가 기절했다. 이튿날 렌은 시몬의 주선에 의해 건너편 언덕에 매장되었다. 밤이 될 때까지 시몬은 무덤에서 떠나지 않았다.
> 시몬은 렌이 두고 간 '죄스러운 기록'을 읽었다.
> K 記(6부에서)

6부의 마지막 부분으로 렌이 죽어가면서 시몬에게 남긴 마지막 말과 절명한 후의 장면이다. 여기서 렌이 스스로 발화하던 1인칭 서술은 K라는 익명에게 맡겨진다. 렌이 죽은 후에 시몬이 돌아와 렌이 남긴 글을 읽는다는 것으로 6부는 마무리되고 있다. 서술 주체였던 렌의 죽음으로 작품이 끝나지 않고 7부로 이어지면서 서술주체를 K로 설정한 것이다. 한편 7부에 와서 렌이 다시금 서술주체로 전환되는 것은 다소 의아한 느낌을 주지만 그만큼 렌의 목소리를 전경화하려는 시인의 의도를 엿보게 하는 대목이라고 할 수 있다.

한편 8부는 <렌의 애가 후편>이라는 소제목 하에 전개되는 데 1부를 쓸 당시의 글들을 따로 모아 두었다가 이어놓은 것이다. 이 부분은 춘원과 모윤숙이 실제로 주고받은 편지와 일기가 그대로 공개됨으로써 「렌의 애가」의 리얼리티를 한껏 높여준다. 해방 이전의 풍경과 북한 여행의 체험, 춘원과의 만남 등을 상세하게 추정하도록 만들어 준다. 이 부분은 전체 분량의 1/4에 해당할 정도이며 제1부에서 표명된 젊은 날 사랑의 열정을 해명해주는 단서가 되기에 족하다.

3. 불멸의 사랑, 그 현전성

사랑의 감정은 대상을 통해 자신의 현존을 가장 극명하게 경험하는 황홀한 사건이라 할 수 있다. 렌의 존재는 시몬이라는 대상에 골몰함으로써 자신을 잃는 것이 아니라 오히려 참 '나'의 존재감에 다다르는 여정을 보여준다. '시몬'을 향한 끝없는 '렌'의 목소리는 자신의 결여를 메우려는 욕망의 부르짖음이기도 하다. 시몬과 렌의 공간은 분리된 현실적 공간이 아니라 렌의 의식 속에 자리한 만남의 환상적 공간이다. 결국 '시몬'과 '렌'이 청자와 화자로 설정되어 있지만 온전히 렌의 공간에서

둘은 하나가 되기 때문이다.

또한 전편에 흐르는 편지체와 일기체의 어투는 애정의 복합적인 내면심리를 독자에게 진술하게 전달하면서 동시에 현실감을 자아내는 데 적절하게 기여한다. 이러한 방식은 '시몬'과 '렌'의 사이를 더욱 은밀하게 맺어주며 읽는 이로 하여금 정서적 감응과 동일시를 느끼도록 해준다. 결국 누구나 시몬이 되고 렌이 될 수 있도록 감정이입을 최대화시키는 기제였다 할 것이다.

'시몬'으로 호명된 '말문 열기'는 닿을 수 없는 대상에 대한 '문열기' 방식이며 '자기만의 내밀한 방'을 통과하여 나가는 출구가 된다. 사랑의 고통과 대상에 대한 그리움의 감정은 조용한 목소리로, 때론 격정적인 목소리로 간절한 재회를 열망하는 목소리로 나타난다. 이리하여 목소리의 주체는 "나는 아무 미련 없이 혼자 먼 사막을 가는 당신의 이상을 따르던 한 여인"이 되거나, "서로가 서로를 상실하면서 시간과 생존의 모습을 망각하고 제각기 고독한 영혼을 안고 가도가도 끝이 안 보이는 사막의 여행자"가 되는 것이다.

시몬은 렌에게 끊임없이 체념해야만 할 존재이지만 "당신의 빛난 혼의 광채를 벗어나서는 살 수 없는" 당위의 존재이기도 하다. 때문에 시몬은 "당신이 알려준 인생의 길, 진리 평화에 대한 높은 대화들을 떠날 수는 없는" 존재로서 렌의 일생을 관통해갈 빛으로 승화된다. 그리하여 시몬은 호명되는 그 순간마다 렌의 실존을 현현하는 빛으로 반짝인다. 렌의 영혼 안으로 깊숙이 각인된 시몬은 렌의 삶과 빈틈없이 겹쳐지며 곧바로 사랑의 권화로 자리한다.

열정의 뮤즈 모윤숙이 처절하게 내딛었던 사랑의 가시밭길은 결국 『렌의 애가』로 승화됨으로써 향기로운 화원으로 변주될 수 있었다. 불가능한 사랑을 노래하는 사랑의 노래는, 그 애절함은 모윤숙이 남긴 모든 문학의 에너지였음을 떠올린다.

고통스럽기 짝이 없었을 매번의 글쓰기 과정을 통해 시인은 자신의 실존을 맵게 응결하곤 하였을 것이다. 이 중에서도 『렌의 애가』는 더욱 맵고도 매웠을 글쓰기였음을 의심할 수 없다. 이제 『렌의 애가』는 모윤숙이 그의 전 인생에 바친 숭고한 사랑의 노래로 자리하며 또한 사랑하기를 그치지 않는 모든 이들에게 바치는 애가(哀歌)이며, 애가(愛歌)임을 우리는 영원히 잊지 않을 것이다.